UNE HISTOIRE DES ABEILLES

Maja Lunde

UNE HISTOIRE DES ABEILLES

Roman

Traduit du norvégien
par Loup-Maëlle Besançon

PRESSES DE LA CITÉ

Titre original : *Bienes Historie*
Publié par Aschehoug & Co (W. Nygaard), Oslo, Norvège.

NORLA
NORWEGIAN LITERATURE ABROAD

Cet ouvrage a été traduit avec le concours financier de Norla, la Norwegian Literature Abroad.

ISBN 978-2-258-13508-6

Presses de la Cité | un département **place des éditeurs**

place des éditeurs

À Jesper, Jens et Linus

TAO
District 242, Shirong, Sichuan, 2098

Tels des oiseaux disproportionnés, nous nous tenions en équilibre chacune sur notre branche, un bac en plastique dans une main, un plumeau dans l'autre.

Je progressais lentement, avec le plus de précaution possible. Je n'avais aucune disposition pour l'escalade, contrairement à beaucoup d'autres femmes de l'équipe. Mes mouvements étaient souvent trop brusques, ma motricité fine pas assez développée, je manquais d'habileté. Je n'étais pas faite pour cette tâche, et pourtant chaque jour je devais passer ici plus de douze heures d'affilée.

Les arbres avaient atteint leur maturité de production, mais étaient encore jeunes. Leurs branches, aussi fragiles que du verre, craquaient sous notre poids. Je grimpai avec prudence pour ne surtout rien abîmer. Je posai mon pied droit sur une branche plus élevée encore puis hissai avec circonspection mon pied gauche. J'avais enfin trouvé une position sûre pour travailler, inconfortable mais stable. De là, je pouvais même atteindre les fleurs les plus hautes.

Le petit récipient en plastique était rempli d'un or vaporeux minutieusement pesé et distribué également à chacune d'entre nous tous les matins. Je plongeai le plumeau dans le bac et disséminai cette précieuse poudre autour de moi.

Chaque fleur devait être pollinisée à l'aide de la balayette en plumes de poule, des poules de laboratoire conçues spécifiquement pour cet usage, car l'efficacité de leur plumage était supérieure à celle de n'importe quelle fibre artificielle. Une multitude de tests avaient été menés au fil du temps : dans mon district, ce savoir-faire remontait à plus d'un siècle. Les abeilles avaient disparu dès les années 1980, bien avant l'Effondrement, tuées par les insecticides. Quelques années plus tard, quand les substances en cause avaient cessé d'être utilisées, les abeilles étaient réapparues, mais la pollinisation manuelle avait déjà commencé et fournissait de meilleurs résultats, même si elle requérait un nombre de personnes – de mains – incroyable, colossal. Ainsi, lorsque survint l'Effondrement, mon district avait une longueur d'avance sur ses concurrents. Notre pays avait été le plus touché par les dégradations environnementales : pionniers en matière de pollution, nous étions devenus pionniers en matière de pollinisation manuelle. Ce paradoxe nous sauva.

J'avais beau m'étirer au maximum, la fleur demeurait hors de ma portée. J'étais à deux doigts d'abandonner, mais la crainte d'une sanction me poussa à persévérer. Un bac de pollen vidé trop vite pouvait nous valoir une retenue sur salaire. Tout comme un bac encore trop plein après des heures de labeur. Notre travail était invisible. Quand, à la fin de la journée, nous redescendions au sol, seules des croix rouges tracées à la craie sur le tronc des arbres – jusqu'à quarante, idéalement – indiquaient où nous avions pollinisé. Il fallait attendre l'automne, quand les arbres ployaient sous les fruits, pour savoir qui avait bien œuvré. Mais souvent nous avions déjà oublié qui était passé par là.

Ce jour-là, on m'avait affectée à la parcelle 748. Sept cent quarante-huit sur combien ? Je l'ignorais. Nous n'étions qu'un groupe parmi des centaines d'autres. Dans nos uniformes beiges, nous nous ressemblions toutes, comme les arbres. Et nous étions aussi proches les unes des autres que l'étaient les fleurs. Toujours en groupe, perchées sur les branches ou marchant le long des ornières lors des changements de verger. La solitude, nous ne la trouvions qu'entre les murs de nos appartements exigus, à peine quelques heures par jour. Sinon, toute notre vie se déroulait à l'extérieur.

Le silence régnait dans le champ. Il était interdit de parler en travaillant. Les seuls sons provenaient de nos déplacements prudents, de légers raclements de gorge, de quelques bâillements, du frottement du tissu de nos uniformes contre le bois. Et parfois aussi de ce que nous avions appris à détester : le craquement d'une branche qui, dans le pire des cas, se brise. Une branche cassée, c'était moins de fruits, et un motif supplémentaire de retenue sur salaire. Hormis cela, on n'entendait que le vent soufflant dans les ramages, sur les fleurs, dans les herbes.

Il venait du sud, de la forêt sombre et sauvage, au-delà des fleurs blanches des fruitiers encore dépourvus de feuilles ; dans quelques semaines seulement, cette forêt serait un mur de verdure luxuriante. Nous n'y mettions jamais les pieds, nous n'avions aucune raison de nous y rendre. Toutefois, le bruit courait qu'on allait bientôt la raser, elle aussi, et la replanter d'arbres fruitiers.

Une mouche passa près de moi en bourdonnant, un spectacle exceptionnel. Les oiseaux aussi se faisaient rares, souffrant de la pénurie d'insectes, mourant de faim, comme tout le monde.

Un bruit strident et le calme vola en éclats. Le coup de sifflet en provenance du baraquement de la direction signalait la seconde et dernière pause de la journée. Je remarquai alors que j'avais la bouche sèche.

Dans une synchronisation fluide et parfaite, nous commençâmes avec précaution à descendre des arbres. Les autres femmes bavardaient déjà – cette cacophonie démarrait à l'instant même où elles se savaient autorisées à parler –, comme si on avait appuyé sur un bouton.

Concentrée sur mes mouvements, je gardai le silence pour atteindre le bas sans casser de branches. J'y parvins. Un pur coup de chance. Au sol, une gourde en métal éraflé était posée au pied du tronc. Je la saisis avec avidité. L'eau, tiède, avait un goût d'aluminium, ce qui me dissuada malgré ma soif d'en ingurgiter davantage.

Vêtus de blanc, deux jeunes garçons du service de l'économat distribuèrent sans tarder les boîtes recyclables qui contenaient le second repas de la journée. Je m'assis à l'écart contre un arbre et j'ouvris la mienne. Aujourd'hui, mélange de riz et de maïs. J'en avalai une cuillerée. Un peu trop salé, et assaisonné de piment et de soja artificiels, comme d'habitude. Cela faisait longtemps que je n'avais pas mangé de viande. Le fourrage, dont une grande partie requérait également une pollinisation manuelle, demandait trop de terres arables. Et les bêtes ne méritaient pas qu'on leur consacre tant de travail.

La boîte fut vide avant que je sois rassasiée. J'allai la déposer dans le panier, avec les autres. Puis je me mis à courir sur place en dépit de ma fatigue. Mes jambes étaient ankylosées après ce temps passé dans les arbres. Parcouru de picotements, mon corps avait besoin d'exercice.

Rien n'y fit. Je jetai un coup d'œil furtif autour de moi. Aucun représentant de la direction ne me regardait. Discrètement, je m'allongeai par terre pour étirer mon dos douloureux.

Je fermai les yeux un instant, essayant de faire abstraction du bavardage des femmes. Je me concentrai plutôt sur les voix et leurs modulations. Ce besoin de parler toutes en même temps, d'où venait-il ? Mes collègues travaillaient ici depuis leur enfance. Des heures et des heures à discuter en groupe, des conversations ayant pour sujet le plus petit dénominateur commun, où aucune question n'était jamais approfondie. Sauf peut-être quand la personne évoquée n'était pas là.

Pour ma part, je préférais les discussions en tête à tête. Ou alors ma propre compagnie. Surtout au travail. À la maison, j'avais Kuan, mon mari. Même si on ne pouvait pas dire que nos longues conversations constituaient le ciment de notre relation. Kuan vivait dans le moment présent, c'était un homme concret, il n'avait pas soif d'apprendre. Il se contentait de ce que la vie lui offrait et n'aspirait à rien d'autre. Mais, au creux de son épaule, je trouvais la paix. Et puis nous avions Wei-Wen, notre fils de trois ans. *De lui* nous pouvions parler.

Alors que je m'étais presque endormie, les bavardages qui m'avaient bercée s'interrompirent.

Je me redressai. Mes collègues regardaient en direction de la route.

Le cortège s'avançait vers nous en suivant les ornières.

Les enfants n'avaient pas plus de huit ans, et j'en reconnus plusieurs, ils fréquentaient la même école que Wei-Wen. Vêtus de la même tenue de travail que nous, le même uniforme beige en synthétique, ils marchaient aussi vite que le leur permettaient leurs petites jambes.

Deux adultes de l'équipe dirigeante les escortaient. L'un en tête, l'autre en queue. Dotés de voix puissantes, ils ne cessaient de leur donner des ordres, mais sans les tancer, avec chaleur et compassion. Car, à la différence des petits, les adultes, eux, savaient ce qui les attendait.

Les enfants marchaient deux par deux, main dans la main. Ils formaient des duos mal assortis, les plus grands avec les plus petits, les plus âgés veillant sur les plus jeunes. La procession avançait d'un pas irrégulier, en rangs désorganisés, mais toujours en se tenant la main. On les aurait dits scotchés les uns aux autres. Peut-être leur avait-on enjoint de ne surtout pas se séparer.

Leur regard était rivé sur nous et sur les arbres. Curieux.

Certains plissaient les yeux ou penchaient la tête de côté. Comme s'ils découvraient les lieux, bien que tous aient grandi dans le district et ne connaissent aucun autre paysage que ces rangées d'arbres fruitiers qui s'étendaient à l'infini, avec en fond, plus au sud, l'ombre de la forêt. Une fillette me fixa longuement de ses grands yeux rapprochés, qu'elle cligna deux ou trois fois avant de renifler un grand coup. Elle tenait un garçon maigre par la main. Ce dernier bâilla bruyamment sans faire l'effort de couvrir sa bouche, béante. Il ne bâillait pas pour exprimer son ennui, il était trop jeune. Sa fatigue était la conséquence directe du manque de nourriture. Une grande fille maigrichonne entraînait un petit garçon derrière elle. Le nez bouché, celui-ci respirait péniblement et marchait la bouche ouverte. La grande fille qui le tirait par la main avait le visage tourné vers le soleil, les yeux plissés et le nez froncé. Malgré l'éblouissement, elle persistait à défier le soleil, comme pour prendre des couleurs ou des forces.

Chaque printemps, on voyait arriver un nouveau groupe d'enfants. Étaient-ils aussi petits d'ordinaire ? Cette année, ils me semblaient plus jeunes.

Ils avaient pourtant huit ans. Comme à l'accoutumée. Leur scolarité était terminée. Scolarité… Ils apprenaient les chiffres et quelques caractères, mais l'école était surtout une sorte d'entrepôt bien organisé où les enfants étaient parqués et préparés à la vie aux champs. Entraînement à rester assis longtemps, immobile. *Reste assis. Sans bouger. Oui, comme ça.* Et exercices visant à développer leur motricité fine. On leur faisait nouer des tapis dès l'âge de trois ans. Leurs petits doigts convenaient parfaitement pour les ouvrages aux motifs délicats. Ils étaient maintenant parfaitement préparés pour le travail dans les arbres.

Les enfants passèrent devant nous et poursuivirent leur route vers un nouveau verger. Quand le garçon au nez bouché trébucha, la grande fille le retint.

Puis ils disparurent en contrebas du chemin.

— Où vont-ils ? demanda une des femmes de mon équipe.

— Sans doute vers le 49 ou le 50, répondit une autre. Personne n'a encore commencé à travailler là-bas.

Ma gorge se serra. L'endroit où ils se rendaient, le terrain sur lequel on les emmenait, là n'était pas la question. L'important, c'était ce qu'ils allaient y faire.

Un autre coup de sifflet retentit. Nous remontâmes dans les arbres. Ce n'était pas à cause de l'effort que mon cœur battait la chamade. Les enfants n'étaient pas plus jeunes que les années précédentes… Wei-Wen. Dans cinq ans seulement il aurait huit ans. Dans cinq ans seulement ce serait son tour. Ses petites mains énergiques valaient plus ici que n'importe où ailleurs. Ses doigts étaient déjà formés pour ce type de tâches.

Dès huit ans dans les champs, jour après jour, des petits corps harassés s'échinaient entre les branches. Ils n'avaient pas d'enfance, contrairement à nous qui étions allés à l'école jusqu'à quinze ans. Leur vie n'en était pas une.

Mes mains tremblaient alors que je soulevais le récipient contenant la précieuse poudre. Nous devions tous travailler et faire pousser les aliments destinés à nous nourrir, nous disait-on. Chacun de nous devait contribuer à l'effort collectif, enfants compris. Car qui a besoin d'aller à l'école quand les réserves de blé s'épuisent ? Quand les rations diminuent de mois en mois ? Quand on se couche le soir la faim au ventre ?

Je me retournai pour atteindre les fleurs derrière moi, d'un mouvement trop brusque. Heurtant une branche que je n'avais pas remarquée, je perdis l'équilibre et dus prendre lourdement appui sur mon autre pied.

Ce qui devait arriver arriva. Le bruit sec d'une branche qui se casse.

La chef d'équipe accourut. Les yeux fixés sur la cime,

elle estima les dégâts sans un mot. Puis griffonna à la hâte quelques notes dans son carnet et s'en alla.

La branche n'était pas particulièrement fournie, mais je savais que, pour ce mois-ci, tout l'argent destiné à la boîte en fer-blanc dans le placard de la cuisine, là où nous rangions les yuans que nous réussissions à épargner, venait de partir en fumée.

J'inspirai profondément. Ce n'était pas le moment d'y penser. Je n'avais pas le choix, il me fallait continuer – plonger le plumeau dans le pollen, le déposer délicatement au cœur des fleurs, comme l'aurait fait une abeille.

J'évitais de regarder ma montre. Cela ne servait à rien. Je savais seulement que chaque nouvelle fleur pollinisée me rapprochait un peu plus du soir. Et de la petite heure que je réussissais à passer chaque jour avec mon fils. Cette petite heure était tout ce que nous possédions, et peut-être me permettrait-elle de faire la différence. De planter une graine qui, à terme, lui donnerait la chance que je n'avais jamais eue.

WILLIAM
Maryville, Hertfordshire, Angleterre, 1851

Tout était jaune autour de moi, d'un jaune infini. En haut, en bas, à droite, à gauche, où que mon regard se posât, cette couleur m'aveuglait. Le jaune était là. Il n'était pas le fruit de mon imagination, c'était la couleur du brocart dont ma femme avait tapissé les murs quand nous avions emménagé quelques années auparavant. Nous vivions alors dans l'aisance. Mon petit magasin de semences dans la grand-rue de Maryville prospérait. Optimiste, je croyais encore pouvoir mener de front mon activité de commerçant et ma passion : mes études de naturaliste. Mais ça, c'était il y a longtemps, avant que nous ne devenions parents d'une ribambelle de filles, et bien avant mon dernier entretien avec le Pr Rahm.

Si j'avais su quels tourments cette tapisserie jaune me causerait, jamais je n'aurais consenti à son achat. Car cette satanée couleur jaune n'était pas seulement celle du tissu. Yeux clos, yeux ouverts, elle était là. Elle me poursuivait jusque dans mon sommeil, ne me laissait aucun répit : elle était ni plus ni moins la maladie.

Aucun diagnostic n'avait été vraiment posé, toutefois mon mal portait plusieurs noms : spleen, tristesse, mélancolie. Bien que personne autour de moi n'osât prononcer ces mots. Notre médecin de famille faisait mine de ne pas comprendre. Il ne s'exprimait qu'en termes médicaux, parlait de dyscrasie, de perturbation de mes fluides corporels, d'un excès de bile noire. Dans les premiers jours de mon alitement, il avait essayé les saignées, puis les purgatifs qui me réduisaient à l'état de nourrisson. De toute évidence, il n'osait plus. Il avait abandonné toute forme de traitement et se contentait de secouer la tête quand Thilda abordait le sujet. Les récriminations de mon épouse étaient suivies de messes basses animées. Je distinguais des bribes ici et là, *trop faible*, *ne le supporterait pas*, *aucune amélioration*. Ces derniers temps, ses visites étaient devenues plus rares, ce qui était sans doute lié au fait que je semblais destiné à rester cloué au lit.

C'était l'après-midi, la vie de la maisonnée battait son plein au rez-de-chaussée, le vacarme des filles montait jusqu'à moi. Ainsi que les odeurs de nourriture, il se faufilait à travers le plancher et les murs. Je discernais la voix de la sage Dorothea qui à douze ans se comportait en adulte miniature. Elle lisait la Bible, d'un ton à la fois saccadé et monotone, mais ses mots ne me parvenaient pas, comme si la parole de Dieu ne pouvait plus m'atteindre. La voix perçante de la petite Georgiana retentit et Thilda lui adressa un chut sévère. La lecture de Dorothea terminée, les autres prirent le relais. Charlotte, Martha, Olivia, Elizabeth, Caroline. J'étais incapable de les distinguer les unes des autres.

L'une d'elles rit, un rire bref, et la réminiscence du rire de Rahm s'imposa à moi, ce rire qui avait clos notre entretien de manière définitive, comme un coup de ceinture dans le dos.

Puis Edmund intervint. Sa voix avait mué, il s'exprimait d'une manière un peu hautaine qui n'avait plus rien d'enfantin. Mon aîné, mon unique rejeton mâle, avait seize ans. Je tentai de raviver le souvenir de sa voix, de m'y raccrocher, j'aurais tant aimé saisir ce qu'il disait, l'avoir auprès de moi, peut-être était-il la personne capable de me réconforter, de me donner la force de me lever, de m'extraire de mon lit. Mais il ne me rendait jamais visite et j'ignorais pourquoi.

Un bruit de casseroles retentit dans la cuisine. À l'idée du repas qui se préparait, mon ventre se réveilla. Se noua. Je me recroquevillai en posture fœtale.

Je regardai autour de moi. Un morceau de pain intact et une tranche desséchée de jambon fumé gisaient dans une assiette à côté d'un gobelet d'eau à moitié vide. À quand remontait mon dernier repas ? Quand avais-je bu pour la dernière fois ?

Je me mis sur mon séant et attrapai le gobelet, le liquide coula dans ma bouche puis ma gorge, effaçant le goût de la décrépitude. Le jambon salé était rance, le pain noir indigeste, mais, Dieu merci, la nourriture apaisa mon estomac.

Quoi que je fisse, je ne trouvais pas de position confortable, mon dos n'était plus qu'une cloque géante et, à force d'être couché, j'avais l'impression que la peau de mes hanches était élimée.

Une agitation dans les jambes, des picotements.

La maison tout à coup était devenue bien silencieuse. Étaient-ils tous partis ?

Je n'entendais plus que le crépitement du coke dans le poêle.

Et puis, subitement, un chant. Des voix claires en provenance du jardin.

Hark the herald angels sing
Glory to the newborn King

Serait-ce bientôt Noël ?

Ces dernières années, différentes chorales des environs

s'étaient mises à chanter devant les portes des maisons durant l'Avent, non pour s'attirer des dons, mais pour apporter un peu de joie à leurs prochains, conformément à l'esprit de Noël. Il fut un temps, j'aimais ces petits concerts, ils pouvaient m'illuminer intérieurement, mais je n'étais pas certain que cette lumière existât encore. Tout cela me semblait remonter à une éternité.

Les voix claires affluaient vers moi, telle l'eau des rivières à la fonte des neiges :

Peace on earth and mercy child
God and sinners reconciled

Je posai les pieds sur le sol, qui me parut dur. Tout à coup j'étais ce nourrisson aux petons encore inaptes à la marche, mais façonnés pour danser sur la pointe des pieds. C'est le souvenir que je gardais de ceux d'Edmund, avec une cheville forte et un pied cambré aussi doux sur le dessous que sur le dessus. Je pouvais passer des heures à les contempler et à les caresser, comme tout parent le fait avec son premier-né, se jurant d'être pour lui, *d'être pour toi*, meilleur que le père dont il est issu. Je restais ainsi jusqu'à ce que Thilda me l'arrachât sous prétexte de lui donner le sein ou le changer.

Mes pieds de bébé se dirigèrent lentement vers la fenêtre. Chaque pas était douloureux. Le jardin m'apparut, et je les vis.

Toutes les sept. Car ce n'était pas une chorale du village composée d'illustres inconnus qui chantait sous ma fenêtre, mais mes filles.

Les quatre grandes derrière, les trois petites devant, vêtues de leurs sombres habits d'hiver, de leurs manteaux en laine trop courts ou trop grands, et rapiécés à de multiples endroits ; on avait essayé de cacher leur usure avec des rubans bon marché et des poches curieusement placées. Des béguins de laine marron, bleu foncé ou noirs, bordés de dentelle blanche, encadraient les visages étroits à la pâleur hivernale. Leur chant se transformait en fumée blanche devant leur bouche.

Comme elles avaient minci, toutes les sept !

Les empreintes dans la neige épaisse indiquaient le chemin qu'elles avaient emprunté. Elles s'y étaient enfoncées jusqu'aux genoux, leurs jambes devaient être mouillées à présent. Je pouvais sentir le contact des bas de laine humides sur la peau, et le froid glacial montant du sol à travers les semelles fines – chacune ne possédait qu'une seule paire de bottines et celles-ci resteraient trempées longtemps.

Je m'approchai de la fenêtre, m'attendant à voir d'autres personnes, un public venu écouter la chorale, Thilda, ou peut-être des voisins, mais le jardin était désert. Mes filles ne chantaient que pour moi.

Light and life to all he brings
Risen with healing in his wings

Toutes avaient le regard rivé sur ma fenêtre, même si elles ne me voyaient pas encore. Je me tenais dans l'ombre et, comme le soleil tapait contre la vitre, elles ne distinguaient probablement que le reflet du ciel et des arbres.

Born to raise the sons of earth
Born to give them second birth

J'avançai d'un pas.

Charlotte, ma fille aînée de quatorze ans, chantait de tout son être. Sa poitrine se soulevait et s'abaissait au rythme de la mélodie. Peut-être ce petit concert était-il son idée. Elle chantait depuis l'enfance, fredonnant le nez dans ses leçons ou la tête penchée au-dessus de la vaisselle, un murmure mélodieux, comme si cette petite musique faisait partie de ses mouvements.

C'est elle qui m'aperçut la première. Son visage s'éclaira. Elle donna un coup de coude à Dorothea, la petite adulte de douze ans, qui pointa le menton dans ma direction à l'intention d'Olivia, sa cadette de un an, qui à son tour, les yeux écarquillés, se tourna vers sa jumelle Elizabeth. Ces deux-là ne se ressemblaient en rien, si ce n'est par leur caractère. Elles étaient toutes deux douces et gentilles, et profondément idiotes – même en leur plantant les chiffres dans le crâne, jamais on ne pourrait leur enseigner l'arithmétique. L'agitation parcourut le premier rang : les petites m'avaient, elles aussi, découvert. Martha, neuf ans, serra le bras de Caroline, sept ans, et Caroline, qui pleurnichait sans arrêt parce qu'elle aurait voulu rester la petite dernière, donna un violent coup de coude à Georgiana, la benjamine qui, pour sa part, aurait bien voulu être plus âgée. Aucun éclat de joie, elles ne se le permettaient pas, pas encore. Seul un très léger couac dans leur interprétation révéla qu'elles m'avaient vu – le couac et leurs sourires, si tant est qu'il fût possible de sourire quand on chante, la bouche en O.

Une émotion enfantine me saisit, ma gorge se noua. Elles chantaient plutôt bien, très bien même. Leurs visages étroits rayonnaient, leurs yeux brillaient. Elles avaient imaginé ce petit spectacle pour moi, rien que pour moi, et elles croyaient maintenant avoir atteint leur but : sortir père de son lit. Le cantique terminé, elles laisseraient éclater leur exaltation, courraient dans la neige fraîche, radieuses, et se précipiteraient dans la maison pour annoncer le miracle qu'elles avaient elles-mêmes accompli. Nos chants l'ont guéri ! jubileraient-elles. Nos chants l'ont guéri ! Un flot de voix de fillettes excitées se déverserait dans les couloirs, irait battre contre les murs : bientôt il sera de retour. Bientôt il sera de retour parmi nous. Nous lui avons montré Dieu, Jésus – le nouveau-né. *Hark, the herald angels sing, glory to the newborn King.* Quelle brillante idée, oui, vraiment lumineuse, nous avons eue de chanter pour lui, de lui rappeler que la beauté existe, le message de Noël, tout ce qu'il a oublié durant son alitement que nous appelons maladie, mais qui, comme chacun le sait, abrite une vérité plus sombre et plus grave, même si mère nous interdit d'en parler. Pauvre père, comme il a souffert, il est aussi pâle que la mort, on dirait un revenant, nous l'avons bien vu dans l'entrebâillement de la porte en passant discrètement devant sa chambre, oui, un vrai revenant, il n'a plus que la peau sur les os, et avec cette barbe qu'il a laissée pousser, comme Jésus sur la croix, il est méconnaissable. Bientôt il sera de retour parmi nous, bientôt il pourra retravailler, et de nouveau nous aurons du beurre sur nos tartines et des manteaux neufs. Ma foi, si ce n'est pas un vrai cadeau de Noël, ça ! *Le Christ est né à Bethléem !*

Mais c'était un mensonge, je ne pouvais pas leur faire ce cadeau, je n'étais pas digne de leur allégresse. Le lit m'attirait à lui, mes jambes flageolaient, mes jambes de nouveau-né ne réussissaient plus à me porter, mon estomac se souleva de nouveau, je serrai les dents, comme pour écraser ce que je sentais monter en moi. À l'extérieur, le chant se tut. Il n'y aurait pas de miracle aujourd'hui.

George
Autumn Hill, Ohio, États-Unis, 2007

J'étais allé chercher Tom à la gare routière d'Autumn. Il n'était pas rentré chez nous depuis l'été précédent. J'ignorais pourquoi, je ne lui avais pas posé la question. Peut-être n'avais-je pas envie d'entendre la réponse.

Une demi-heure de trajet nous attendait avant de rejoindre la ferme. Nous n'étions guère bavards. Tandis que la voiture cahotait sur la route, ses mains reposaient sur ses genoux ; des mains pâles, fines, inertes. À ses pieds, son sac s'était sali. Je n'avais pas nettoyé l'intérieur du pick-up depuis que j'en avais fait l'acquisition. De la terre de l'année dernière ou même de l'année précédente s'était réduite en poussière pendant l'hiver, et la neige accrochée aux grosses chaussures de Tom l'avait transformée en boue.

Son sac était neuf, la toile encore rigide. Il l'avait sûrement acheté à la ville. J'avais été surpris de son poids en le soulevant à la gare routière. Tom avait insisté pour le porter, mais je l'avais attrapé avant qu'il esquisse un geste – il n'avait vraiment pas l'air d'avoir fait beaucoup d'exercice physique depuis qu'il était parti. Et puis, pourquoi un bagage si lourd ? Quelques vêtements lui auraient suffi, pourtant : il avait prévu de ne passer qu'une semaine à la maison. Et tout ce dont il avait besoin, ou presque, était dans le sas de l'entrée : combinaison, bottes, chapka. Apparemment, il avait emporté tout un tas de livres. Croyait-il vraiment qu'il aurait le temps de s'y consacrer ?

Il patientait quand j'étais arrivé. Le car était en avance, ou peut-être étais-je en retard. Sans doute parce qu'il m'avait fallu déneiger la cour avant de partir.

« Ça n'a aucune importance, George. Tu sais bien que de toute façon il n'y fera pas attention, il a toujours la tête dans les nuages », avait dit Emma, les bras croisés, tremblant de froid, alors qu'elle me regardait travailler.

Sans répondre, j'avais continué à dégager la cour. Fraîche et légère, la neige se comprimait comme un accordéon. Je ne transpirais même pas.

« On dirait que tu attends la visite du président, avait poursuivi Emma.

— Je déneige la cour puisque tu ne le fais pas. »

Levant les yeux, j'avais été ébloui par une multitude de points blancs. Elle me contemplait avec son petit sourire en coin. Je n'avais pu m'empêcher de le lui retourner. Nous nous connaissions depuis l'école, et je crois que pas un seul jour ne s'était écoulé sans que nous ayons échangé ce sourire.

Elle avait raison. Je faisais toute une histoire d'un problème qui n'en était pas un. La neige ne resterait pas, nous avions déjà eu plusieurs journées chaudes, le soleil cognait et tout ruisselait. Cette chute de neige n'était qu'un dernier petit pet de l'hiver, elle aurait fondu d'ici à la fin de la semaine. J'avais poussé le bouchon un peu loin en nettoyant aussi les toilettes. Derrière les toilettes, pour être exact. Ce que je ne faisais pas tous les jours. Mais nous attendions sa visite depuis si longtemps, je tenais seulement à ce qu'il trouve une ferme impeccable à son arrivée. À ce que son attention se porte sur la cour déneigée et les toilettes propres, et non sur la peinture qui s'écaillait sur la façade exposée plein sud, ou sur la gouttière qu'un coup de vent avait descellée cet automne.

Lorsqu'il nous avait quittés l'été précédent, il était bronzé, musclé, plein d'entrain. Pour une fois, j'avais eu droit à une étreinte prolongée, et j'avais alors senti la force de ses bras. Certains parents affirment, à chaque fois qu'ils voient leurs rejetons, qu'ils ont encore grandi, ils ont presque un choc en les retrouvant après une longue absence. Ce jour-là, je n'aurais pas pu en dire autant. Tom avait rapetissé. Son nez était rouge, ses joues blanches, ses épaules étroites et voûtées. Cela n'arrangeait rien qu'il grelotte : on aurait dit une poire ratatinée. Il cessa de frissonner pendant le trajet, mais il avait toujours l'air d'un gringalet sur le siège passager.

— C'est comment la nourriture là-bas ? demandai-je.

— À la fac, tu veux dire ?

— Ben non, sur Mars.

— Quoi ?

— Évidemment, à la fac ! Tu t'es rendu ailleurs, dernièrement ?

De nouveau, il rentra la tête dans les épaules.

— C'est juste que… t'as l'air sous-alimenté.

— Sous-alimenté ? Papa, est-ce que tu sais au moins ce que ce mot signifie ?

— Aux dernières nouvelles, c'est moi qui paie tes études, alors tu ne me parles pas sur ce ton.

Un silence s'ensuivit.

Un long silence.

— Mais ça va bien sinon ? finis-je par dire.

— Oui, ça va.

— J'en ai pour mon argent ?

J'essayai de sourire mais, du coin de l'œil, je vis qu'il restait sérieux. Pourquoi ne riait-il donc pas ? Il aurait pu faire un effort, histoire de passer à autre chose après ce premier échange pesant et de bavarder agréablement pendant le reste du trajet.

— Dans la mesure où la nourriture est payée, tu pourrais faire en sorte de manger un peu plus, tentai-je.

— Ouais, se contenta-t-il de répondre.

Je sentis la moutarde me monter au nez. Je voulais juste qu'il sourie, mais non, monsieur ne se déridait pas. J'aurais dû me taire. La fermer. Ce fut plus fort que moi.

— T'attendais qu'une chose, de toute façon. Foutre le camp d'ici, pas vrai ?

Allait-il se fâcher ? Était-ce reparti pour un tour ?

Il se contenta de soupirer.

— Papa...

— Mais non, je rigole. Oh là là...

Je ravalai la fin de ma phrase. Je savais que je risquais de prononcer des paroles que je regretterais. Nos retrouvailles n'auraient pas dû se dérouler ainsi, alors qu'il était enfin de retour.

— Je voulais juste dire, ajoutai-je en essayant d'adoucir ma voix... Quand t'es parti, tu avais l'air plus heureux qu'aujourd'hui.

— Je suis heureux. OK ?

— OK.

Le sujet était clos. Il était heureux. Super heureux. Il bondissait de joie. Il était impatient de nous retrouver, de revoir la ferme. Il ne pensait à rien d'autre depuis des semaines. Ça sautait aux yeux.

Je me raclai inutilement la gorge. Tom était assis, toujours passif, les mains toujours aussi inertes. Je déglutis, la gorge étrangement nouée. Qu'avais-je espéré ? Qu'après quelques mois loin l'un de l'autre nous serions devenus copains ?

Emma serra longuement Tom dans ses bras. Bien sûr, elle avait encore le droit, elle, de le prendre dans ses bras et de lui faire des papouilles.

Il n'accorda pas un regard à la cour déneigée. Emma avait eu raison sur ce point. Et il ne porta guère plus d'attention à la peinture qui s'écaillait sur la façade. Pour le coup, ça m'arrangeait...

Et puis non. Parce que, en fait, j'aurais voulu qu'il les

remarque l'un et l'autre. Qu'il fasse un effort, maintenant qu'il était enfin revenu à la maison. Qu'il s'implique.

Emma nous servit du pain de viande et du maïs en portions généreuses dans des assiettes vertes qui faisaient ressortir le jaune du maïs. La sauce à la crème fumait. Il n'y avait rien à redire à la nourriture, mais Tom picorait, il ne touchait pas à la viande. Il ne semblait tenté par rien. Ce garçon ne passait pas assez de temps à l'extérieur, voilà le problème. Il fallait y remédier.

Emma voulait tout savoir. Sur la fac. Les profs. Les cours. Les amis. Les filles… Elle n'obtint guère de réponse sur ce dernier point, mais la conversation, fluide, allait bon train, comme d'habitude quand ils bavardaient ensemble. Même si Emma lui posait plus de questions qu'il ne lui donnait de réponses. Il en avait toujours été ainsi, ils n'avaient jamais eu de mal à communiquer, ils étaient proches. Mais bon, c'était sa mère.

Les joues rosies, appréciant ce moment, elle couvait Tom du regard et ne pouvait s'empêcher de le toucher – depuis des mois elle en mourait d'envie.

Pour ma part, je n'étais pas très causant, j'essayais de sourire quand ils souriaient, de rire quand ils riaient. Après le flop de notre conversation dans la voiture, je préférais être prudent. J'avais intérêt à attendre le bon moment pour avoir une discussion d'homme à homme, comme on dit. L'occasion finirait bien par se présenter. Il était quand même censé rester une semaine.

Je me régalai en silence et n'en laissai pas une miette, il y avait au moins une personne dans cette maison qui savait apprécier les bonnes choses. Je sauçai mon assiette avec un morceau de pain, posai mes couverts et me levai.

Tom voulut m'imiter alors que son assiette était encore à moitié pleine.

— Merci, c'était bon, dit-il.

— Tu dois finir ce que ta mère a préparé, fis-je remarquer.

Je m'étais efforcé de garder un ton désinvolte, mais sans doute m'étais-je exprimé d'une voix un peu acerbe.

— Il a déjà bien mangé, le défendit Emma.

— Elle a passé des heures en cuisine.

Ce en quoi j'exagérais grandement. Tom se rassit. Souleva sa fourchette.

— Ce n'est qu'un pain de viande, George ! s'exclama Emma. Ça ne m'a pas pris tant de temps que ça.

Je voulus protester. Elle s'était décarcassée, aucun doute là-dessus, elle était tellement contente d'avoir Tom à la maison. Elle méritait vraiment que le gamin sache le mal qu'elle s'était donné.

— J'ai mangé un sandwich dans le car, avoua Tom, le nez dans son assiette.

— Tu as mangé juste avant de retrouver les bons petits plats de ta mère ? Ils ne t'ont pas manqué ? As-tu déjà goûté meilleur pain de viande que celui-ci ?

— Mais papa… c'est juste que…

Il se tut.

J'évitais de regarder Emma, je savais qu'elle me fixait, la bouche pincée, avec un « Stop ! » dans les yeux.

— C'est juste que quoi ?

Tom tripota la nourriture dans son assiette.

— Je ne mange plus de viande.

— Quoi ?!

— Allons, allons, s'empressa de dire Emma en commençant à débarrasser.

Je me rassis. Tout s'expliquait.

— Pas étonnant que tu sois aussi mal en point.

— Si tout le monde était végétarien, on aurait largement de quoi nourrir la planète entière, rétorqua Tom.

— Si tout le monde était végétarien…, le singeai-je en

le considérant par-dessus mon verre d'eau. Les hommes mangent de la viande depuis toujours.

Emma avait réuni les assiettes et le plat en une seule pile qui émit un bruit alarmant.

— S'il te plaît. Tom n'a certainement pas pris cette décision à la légère, intervint-elle.

— Je crois que si.

— Je ne suis pas le seul végétarien dans ce pays, ajouta Tom.

— Ouais, eh bien ici, à la ferme, on mange de la viande ! répliquai-je.

Et je me levai si brusquement que ma chaise se renversa.

— Allons, allons, répéta Emma en continuant à débarrasser avec des gestes brusques.

Elle me jeta un nouveau regard qui ne disait pas seulement stop cette fois, mais « Ferme-la ! ».

— Ce n'est pas non plus comme si tu élevais des porcs, rétorqua Tom.

— C'est quoi le rapport ?

— Ça ne change rien pour toi que je mange de la viande ou pas ! Tant que je continue à consommer du miel !

Il laissa échapper un petit rire. Amical ? Non. Légèrement insolent.

— Si j'avais su que tu deviendrais comme ça, je ne t'aurais jamais envoyé à la fac.

Chacun de mes mots en entraînait un autre sans que je puisse les retenir.

— Bien sûr que si, il doit faire des études ! s'exclama Emma.

Ça semblait aussi clair que la nuit des premières gelées. Tout le monde devait faire des études.

— Tout ce que j'avais besoin d'apprendre, je l'ai appris ici, dis-je en agitant la main d'un geste vague.

J'avais d'abord eu l'intention de la pointer vers l'est, en

direction du pré où se trouvaient les ruches, avant de découvrir, trop tard, que j'indiquais l'ouest.

Tom ne prit même pas la peine de répondre.

— Merci pour le repas.

Il enleva ce qui restait sur la table et se tourna vers Emma.

— Je peux m'occuper de la vaisselle. Va te reposer.

Elle lui sourit. Ni l'un ni l'autre ne m'adressèrent le moindre mot.

Ils me fuyaient : Emma disparut dans le salon avec le journal et Tom mit le tablier – oui, vraiment, il mit un tablier – et entreprit de récurer le plat.

J'avais la bouche sèche. J'avalai en vain une gorgée d'eau.

Ils m'évitaient, j'étais un éléphant dans la maison. Ou plutôt un mammouth. Une espèce disparue.

Tao

— Si j'ai trois grains de riz et que tu en as deux, combien ça fait en tout ?

Je pris deux grains dans mon assiette et les posai dans celle de Wei-Wen, déjà vide.

Le visage des enfants continuait à me hanter. La grande fille cherchant le soleil, le garçon bâillant à s'en décrocher la mâchoire. Ils étaient si petits. Et Wei-Wen, soudain si grand. Bientôt il aurait le même âge. Ailleurs dans le pays, des écoles étaient destinées à quelques privilégiés triés sur le volet, les mêmes qui allaient être appelés à diriger, à occuper un poste à responsabilités, et qui échapperaient ainsi au travail aux champs. Si seulement Wei-Wen pouvait se révéler suffisamment doué pour sortir du lot…

— Pourquoi toi tu en as trois et moi seulement deux ?

Wei-Wen baissa les yeux sur son assiette en faisant la grimace.

— Si tu préfères, j'en garde deux et toi, trois.

Je procédai à l'échange.

— Combien ça fait en tout ?

Wei-Wen posa sa main potelée à plat dans son assiette et la fit tourner, comme s'il peignait avec les doigts.

— Encore du ketchup !

— Wei-Wen…

D'un geste ferme, je retirai sa main toute poisseuse.

— On dit : *Je pourrais avoir du ketchup, s'il te plaît ?*

Avec un soupir, je pointai de nouveau les grains de riz de l'index.

— Deux chez moi. Et trois chez toi. Comptons ensemble : un deux trois quatre cinq.

Wei-Wen passa une main sur sa joue en y laissant une traînée de sauce tomate. Puis il tendit le bras vers la bouteille.

— Je pourrais avoir du ketchup, s'il te plaît ?

J'aurais dû commencer plus tôt. Nous n'avions que cette petite heure par jour ensemble et je la gaspillais souvent en consacrant trop de temps au dîner et aux câlins. Nous avions pris du retard.

— Cinq grains de riz, dis-je. Cinq. D'accord ?

Il renonça à atteindre la bouteille et se rejeta en arrière sur sa chaise, si fort que les pieds claquèrent sur le sol. Robuste depuis sa naissance, il était coutumier de ces mouvements brusques. Cependant, il avait marché tard ; il ne semblait pas éprouver tant que ça le besoin de se déplacer, il aimait rester assis par terre et sourire à tous ceux qui l'approchaient. Et ils étaient nombreux à craquer devant ce petit garçon si souriant.

Je versai un peu d'ersatz rouge dans son assiette. Peut-être se montrerait-il plus coopératif ainsi.

— Voilà. Bon appétit.

— Ouais ! Du ketchup !

Je prix deux autres grains.

— Regarde. Deux de plus. Ça fait combien maintenant ?

Mais Wei-Wen ne pensait plus qu'à manger. Il avait la bouche barbouillée de sauce.

— Wei-Wen ? Combien ça fait ?

Il vida une fois de plus son assiette et la souleva en imitant les vrombissements d'un moteur, comme un de ces vieux avions d'autrefois. Il adorait les véhicules du passé.

Il faisait une fixation sur les hélicoptères, les voitures, les autobus, il passait des heures à quatre pattes à construire des routes ou des aéroports.

— Wei-Wen, s'il te plaît !

D'un geste vif, je lui retirai l'assiette des mains et la reposai hors de sa portée. Puis je recommençai à pointer du doigt les grains de riz froids.

— Regarde. Cinq plus deux. Ça fait combien ?

Ma voix tremblait légèrement. Je compensai par un sourire que Wei-Wen ne vit pas, car il essayait d'attraper l'assiette.

— Je veux l'assiette ! Je veux l'avion ! Il est à moi !

Kuan, assis dans le salon, se racla la gorge. Un thé à la main, les pieds sur la table, il m'observait, affichant la plus grande décontraction.

Je les ignorai tous les deux et me mis à compter.

— Un, deux, trois, quatre, cinq, six et... sept !

Je souris à Wei-Wen, comme si ces sept grains de riz avaient quelque chose d'extraordinaire.

— Ça fait sept en tout. D'accord ? Tu le vois que ça fait sept ? Un, deux, trois, quatre, cinq, six, sept.

Je ne lui demandais rien de plus, qu'il comprenne cela et je le laisserais jouer. Un petit pas, chaque jour.

— Je veux mon assiette !

Il tendait son bras potelé.

— Non, mon poussin, l'assiette doit rester là.

Ma voix était montée d'un cran.

— Et maintenant on compte, d'accord ?

Kuan émit un soupir à peine audible, se leva et nous rejoignit. Il posa la main sur mon épaule.

— Il est huit heures.

Je me dégageai.

— Il n'en mourra pas de rester debout un quart d'heure de plus, répondis-je en levant les yeux vers lui.

— Tao...

— Il n'en mourra pas, répétai-je sans le quitter du regard.

Il hésita.

— Mais pourquoi ?

Je détournai la tête, je n'avais pas le courage de le lui expliquer, de lui parler des enfants. De toute façon, je connaissais déjà sa réponse. Ils sont aussi jeunes que ceux des années précédentes. Pas plus. C'est comme ça. Et c'est comme ça depuis longtemps. Et s'il poursuivait, il emploierait de grands mots qui ne seraient plus les siens : Nous devons nous estimer heureux de vivre ici. Ç'aurait pu être pire. On aurait pu vivre à Beijing. Ou en Europe. Nous devons en tirer parti, du mieux que nous pouvons. Vivre ici et maintenant. Profiter de chaque seconde.

De belles paroles, qui ne ressemblaient pas à sa façon habituelle de s'exprimer, qu'il avait lues quelque part, mais qu'il récitait avec conviction : il y croyait vraiment.

Kuan caressa les cheveux raides de Wei-Wen.

— J'aimerais bien jouer avec lui, murmura-t-il doucement.

Wei-Wen se tortilla sur son siège, une chaise haute qui n'était plus de son âge, mais qui me permettait de l'attacher pendant la leçon de calcul. Il allongea le bras vers l'assiette.

— Donne-la-moi ! C'est la mienne !

— Tu ne l'auras pas, mais tu sais quoi ? La brosse à dents peut se transformer en avion, elle aussi, lui répondit Kuan sans me regarder, d'un ton toujours aussi calme.

Sur ce, il extirpa Wei-Wen de sa chaise et partit avec lui vers la salle de bains.

— Kuan… mais…

Feignant de ne pas m'entendre, il le faisait sauter entre ses bras, comme s'il était aussi léger qu'une plume, tout en pépiant gaiement. Et dire que je commençais déjà à avoir du mal à le soulever.

Je restai assise. J'aurais voulu parler, protester, mais les mots me manquaient. Kuan avait raison : Wei-Wen était épuisé. Il était tard. Il valait mieux le mettre au lit avant qu'il ne soit surexcité et ne puisse plus s'endormir. Car, là, je connaissais la chanson. Il était capable de continuer son cirque encore longtemps, y compris quand nous serions couchés. D'abord pour rire, en jouant à ouvrir la porte de notre chambre, en multipliant les visites dans notre lit, en riant aux éclats, *viens m'attraper !* avant que l'amusement cède la place à la frustration puis à la colère et aux hurlements, et qu'il se débatte violemment. Voilà ce qui arriverait, comme avec tous les enfants de trois ans.

Même si je ne me rappelais pas m'être comportée ainsi. Je savais lire à trois ans. Je reconnaissais les idéogrammes sans l'aide de personne, et mon institutrice avait été surprise en m'entendant un jour lire des contes à voix haute, seule dans mon coin. Je n'en faisais jamais profiter les autres enfants, je les évitais. Sur la touche, mes parents assistaient, abasourdis, à mes prouesses. S'ils me laissèrent lire des histoires pour la jeunesse, jamais ils ne me firent découvrir d'autres textes. À l'inverse de mes professeurs, qui m'autorisaient à rester en classe quand les autres enfants sortaient dans la cour et me montraient des émissions de télévision scolaire, des textes et des films vieillots et indigestes. Beaucoup dataient d'avant l'Effondrement, d'avant la chute des démocraties et la guerre mondiale qui avait suivi, quand la nourriture devint une denrée réservée à une infime minorité. La production d'informations était alors tellement colossale que plus personne n'en avait une maîtrise totale. Des traînées de mots aussi longues que la Voie lactée. Des images, des cartes, des illustrations à n'en plus finir, de quoi couvrir des étendues aussi grandes que la superficie du soleil. Des heures et des heures imprimées sur la pellicule, des heures correspondant à des millions de vies humaines. La technologie avait rendu tout cela accessible. L'accessibilité était le mantra de cette époque où les gens se connectaient en permanence grâce à des outils toujours plus sophistiqués.

Mais l'Effondrement toucha aussi les réseaux numériques. En l'espace de trois ans, ils furent anéantis. Il ne resta plus alors aux gens que les livres, les vieux DVD, les bandes magnétiques usées, les CD rayés contenant des logiciels dépassés, et le réseau hors d'âge de téléphonie fixe, qui ne tarderait pas lui-même à se désagréger.

Je dévorais tout. Et je me souvenais de tout. Comme si les livres et les films avaient été marqués au fer rouge dans ma mémoire.

J'avais honte de ce savoir, car il me rendait différente. Plusieurs enseignants tentèrent de faire comprendre à mes parents que j'étais une enfant intelligente, pleine de capacités, mais eux se bornaient à sourire, gênés ; ils auraient préféré qu'on leur dise que j'avais des amis, que je courais vite, que j'étais une grimpeuse agile, que je tressais bien. Autant de domaines dans lesquels j'échouais. Mais la soif d'apprendre fut la plus forte et la honte disparut progressivement. J'approfondis ma connaissance de la langue, découvrant ainsi que chaque objet, chaque sentiment pouvait être décrit ou nommé non pas de une, mais de plusieurs façons. Et j'appris notre histoire. L'extermination des insectes pollinisateurs, l'élévation du niveau de la mer, le réchauffement climatique, les accidents nucléaires et ce qui était arrivé aux États-Unis et à l'Europe, ces deux anciennes superpuissances qui, en l'espace de quelques années seulement, avaient tout perdu. Faute d'avoir su s'adapter, elles vivaient désormais dans la plus profonde pauvreté, amputées de la majeure partie de leur population, avec comme seules sources de subsistance le blé et le maïs. Alors qu'ici, en Chine, nous avions réussi à nous relever. Le Comité nous avait dirigés d'une main de fer et sortis de l'Effondrement en prenant un cortège de décisions que le peuple n'avait pas comprises, mais qu'il n'avait pas la possibilité de remettre en question. Tout cela, je l'avais appris. Et je ne voulais pas m'arrêter là. J'en redemandais, encore et encore, j'avais une boulimie de savoir, mais j'engrangeais les informations sans les remettre en question.

Jusqu'à ce que je tombe sur un vieil exemplaire de *L'Apiculteur aveugle*. Malgré la traduction depuis l'anglais, lourde et maladroite, sa lecture me passionna. Le livre avait été publié en 2037, quelques années avant que l'Effondrement devienne réalité et que les insectes pollinisateurs disparaissent de la surface de la terre. Je l'emportai à l'école pour montrer à mon institutrice les photos des ruches et les minutieux dessins d'abeilles. C'étaient elles qui me subjuguaient le plus. La reine et ses enfants, de simples larves dans des alvéoles, et tout ce miel doré dont elles s'entouraient.

La maîtresse ne connaissait pas cet ouvrage, mais il la fascina, elle aussi. Elle s'arrêtait sur des passages pour les lire à haute voix, particulièrement ceux qui faisaient l'éloge du savoir. Grâce au savoir, nous pouvions agir à l'encontre de nos instincts : pour vivre en harmonie avec la nature, nous devions nous libérer des pulsions propres à notre espèce. Or l'éducation avait un rôle à jouer dans cette prise de conscience.

J'avais huit ans et je ne saisissais pas tout ce que je lisais. Mais je compris que ma maîtresse avait un immense respect pour ce texte et qu'il l'avait touchée, comme je compris l'importance des passages sur l'éducation : sans elle, nous ne sommes rien. Sans elle, nous sommes des animaux.

Dès lors, je commençai à cibler mes lectures. Je ne voulais plus seulement apprendre pour apprendre, je voulais apprendre pour comprendre. Je ne tardai pas à me distinguer des autres élèves de la classe et je fus la plus petite de l'école à rejoindre les Jeunes Pionniers et à avoir le droit de porter le foulard. Comme tout le monde, j'en tirai une certaine fierté. Même mes parents souriaient quand on noua pour la première fois le bout d'étoffe rouge autour de mon cou. Grâce au savoir, je possédais une richesse que les autres enfants n'avaient pas. Je n'étais ni belle, ni athlétique, ni habile, ni robuste. Le miroir me renvoyait l'image d'une enfant maigrichonne, aux yeux un peu trop petits, au nez un peu trop grand. Un visage ordinaire qui ne révélait rien de ce que cette fille portait en elle : un trésor, un trésor qui rendait chaque journée digne d'être vécue. Un trésor qui pouvait aussi représenter une échappatoire.

À dix ans déjà, j'avais étudié les différentes possibilités qui s'offraient à moi. Il y avait des établissements scolaires ailleurs, à plusieurs jours de voyage. J'aurais pu m'y inscrire à partir de quinze ans, à l'âge où j'aurais dû commencer à travailler dans les champs. La directrice de l'école, persuadée que j'avais mes chances, proposa de m'aider dans les démarches. Mais ces établissements coûtaient cher. J'en parlai à mes parents, qui ne voulurent rien savoir. Ils me regardaient comme si j'étais une extraterrestre qu'ils ne comprenaient pas, voire qu'ils craignaient. La directrice tenta elle aussi de les convaincre. Je ne sus jamais ce qu'elle leur dit, mais ses propos ne firent que raffermir leur détermination. Ils n'avaient pas l'argent nécessaire et n'étaient pas non plus prêts à se serrer la ceinture.

C'était à moi de m'adapter, estimaient-ils, à moi de redescendre sur terre, d'arrêter de « tirer des plans sur la comète ». Je n'y parvins pas. J'étais faite ainsi. Et j'allais le rester.

Wei-Wen s'esclaffa, je sursautai. Il riait aux éclats dans la salle de bains, dont les murs amplifiaient l'écho.

— Non, papa ! Non !

Kuan devait être en train de le chatouiller et de souffler sur son ventre doux.

Je me levai, mis l'assiette dans l'évier et me dirigeai vers la salle de bains. Je restai à la porte à les écouter. J'aurais voulu enregistrer le rire de Wei-Wen et le lui faire écouter quand il serait grand et qu'il aurait mué.

Pourtant son hilarité ne m'arracha pas un sourire.

Je poussai la porte. Penché sur Wei-Wen allongé par terre, Kuan faisait semblant de se battre avec le pantalon de notre petit garçon pour le déshabiller.

— Dépêche-toi, s'il te plaît, implorai-je Kuan.

— Me dépêcher ? Impossible avec ce pantalon qui cherche la bagarre ! s'exclama Kuan, déclenchant un nouvel éclat de rire de notre fils.

— Mais tu ne fais que l'exciter !

— Écoute, pantalon, maintenant arrête tes bêtises !

Wei-Wen rit encore plus fort.

— On ne va jamais réussir à le coucher, répliquai-je.

Kuan détourna le regard sans me répondre, mais obtempéra. Je sortis en refermant la porte derrière moi et je fis rapidement la vaisselle.

Je pris ensuite un papier et un crayon. Un petit quart d'heure de plus ne lui ferait pas de mal.

WILLIAM

Souvent elle restait assise à mon chevet, la tête penchée sur un livre dont elle tournait lentement les pages, absorbée. Je veux parler de ma fille Charlotte, qui, à quatorze ans, aurait dû avoir mille autres choses plus intéressantes à faire. Et pourtant elle passait de plus en plus de temps auprès de moi, seule sa présence me permettait de distinguer le jour de la nuit.

Thilda ne m'avait pas rendu visite aujourd'hui. Je la voyais moins, d'autant qu'elle n'avait plus à escorter le médecin de famille jusqu'à ma chambre, puisqu'il ne venait plus. Peut-être n'avions-nous vraiment plus d'argent.

Elle n'avait jamais prononcé le nom de Rahm, même lorsque je dormais. Je l'aurais su. Ce nom m'aurait réveillé, jusque dans l'au-delà. Elle n'avait sans doute jamais fait le lien, jamais compris que ma dernière discussion avec lui, son éclat de rire m'avaient conduit tout droit ici, dans cette chambre, dans ce lit.

C'était Rahm qui m'avait demandé de venir. J'ignorais pourquoi. Je n'avais pas mis les pieds chez lui depuis des années, je m'étais contenté d'échanger quelques mots avec lui les rares fois où nous nous croisions en ville, une conversation à laquelle il coupait court, invariablement.

L'automne atteignait son apogée le jour où je partis le

voir. Jaune clair, marron foncé, rouge écarlate : les feuilles chatoyaient sous le vent, qui ne les avait pas encore arrachées et condamnées à rejoindre le tapis d'humus en décomposition. La nature regorgeait de fruits : les arbres ployaient sous les pommes, les prunes juteuses, les poires au suc suave et, bien que les moissons ne fussent pas encore tout à fait terminées, la terre foisonnait de carottes croquantes, de citrouilles, d'oignons, d'herbes aromatiques en bordure des champs ; le tout prêt à être ramassé, mangé. Un vrai jardin d'Éden. Mes pieds foulaient le sol avec légèreté en traversant le petit bois envahi par le lierre d'un vert profond tandis que je me dirigeais vers la maison de Rahm. Cet entretien me réjouissait, il me tardait de retrouver nos discussions d'autrefois, d'avant que je ne devienne père de famille nombreuse, d'avant que le magasin de semences ne m'accapare.

Il m'accueillit sur le pas de la porte, le cheveu ras, le corps toujours aussi maigre, nerveux, solide. Il esquissa un sourire, un de ses sourires aussi fugaces que précieux, puis m'introduisit dans son bureau rempli de plantes et de bocaux qui abritaient des batraciens, grenouilles et crapauds adultes, élevés depuis le stade du têtard. C'était son domaine de prédilection. En venant le trouver après mes examens dix-huit ans auparavant, j'espérais pouvoir étudier les insectes, tout particulièrement les espèces eusociales, cet ensemble d'individus fonctionnant comme un seul et même organisme – un superorganisme. Les bourdons, les guêpes, les termites, les abeilles étaient ma passion. Et les fourmis. Mais ce serait pour plus tard, décida-t-il, et bientôt je me retrouvai plongé dans l'étude des espèces intermédiaires qui pullulaient dans son bureau, ces créatures ni insectes, ni poissons, ni mammifères. En tant que simple assistant, il m'était difficile de protester : c'était un honneur de travailler pour lui, et il valait mieux que je me montrasse plus heureux qu'exigeant. J'essayai de m'imprégner de sa passion en souhaitant que, le moment venu, il me laisse le temps de me consacrer à mes projets. Ce jour n'advint jamais, et je compris vite que, si je voulais mener mes recherches, il me faudrait le faire en dehors de mon travail. Mais, que ce fût avant ou après Thilda, je n'en avais jamais trouvé le temps.

La gouvernante nous apporta des petits gâteaux et du thé, servi dans des tasses qui semblaient trop fragiles pour mes doigts ; Rahm avait rapporté ce service de l'un de ses nombreux voyages dans le lointain Orient, dans les années qui avaient précédé son installation ici, à la campagne.

Alors que nous sirotions notre thé, il me parla de ses recherches, de sa dernière conférence, de son prochain article. Je l'écoutais en hochant la tête, je posais des questions en veillant à avoir l'air d'un fin connaisseur. Et je le fixais, désireux de croiser son regard – en vain, hélas : il m'ignorait et préférait laisser ses yeux errer dans la pièce, se poser sur les objets, comme si c'était à eux qu'il s'adressait.

Puis le silence tomba, seul nous parvenait le bruissement du vent dans les arbres. J'avalai une gorgée de thé, le bruit que je fis en aspirant le liquide résonna dans le bureau silencieux. Le rouge me monta aux joues, et je m'empressai de reposer ma tasse. Mais il semblait ne rien avoir entendu ; il s'était tu et ne m'accordait plus la moindre attention.

— C'est mon anniversaire aujourd'hui, finit-il par déclarer.

— Désolé… je l'ignorais… Mes sincères félicitations !

— Savez-vous quel âge j'ai ?

Il braqua ses yeux sur moi.

J'hésitai. Quel âge pouvait-il bien avoir ? Il devait être vieux. Une bonne cinquantaine. Ou peut-être était-il plus près de la soixantaine ? Je me tortillai sur ma chaise, remarquai soudain combien il faisait chaud dans la pièce, me raclai la gorge. Que répondre ?

Comme je ne disais rien, il baissa les yeux.

— Peu importe.

Était-il déçu ? L'avais-je déçu ? Une fois de plus ?

Son visage n'exprimait rien. Il prit un biscuit qu'il posa dans sa soucoupe – quel geste banal, à quelques instants d'une discussion si cruciale pour moi.

Il ne le toucha pas. Le silence s'abattit sur la pièce. C'était à mon tour de parler.

— Vous allez fêter ça ? demandai-je en le regrettant aussitôt.

Il n'était plus un enfant !

Il ne s'abaissa même pas à répondre ; l'air absorbé, il fit tanguer le gâteau sec dans la soucoupe et le rattrapa de justesse.

— Vous étiez un étudiant prometteur, déclara-t-il soudain en reposant la soucoupe.

Il inspira, comme sur le point d'ajouter quelque chose, mais aucun son ne sortit de sa bouche.

Je m'éclaircis la voix.

— Oui ?

Il changea de position.

— Quand vous êtes venu me voir, je fondais de grands espoirs sur vous.

Ses mains glissèrent le long de sa tasse, il se tenait droit.

— Votre enthousiasme débordant et votre ardeur m'ont séduit. Jusqu'alors, je n'avais pas envisagé de prendre un assistant.

— Merci, professeur. Ces mots me flattent.

Il se redressa un peu plus, il était maintenant aussi raide qu'un piquet ; il semblait que ce fût lui, l'élève. Il me jeta un coup d'œil furtif.

— Et puis… que s'est-il passé ?

Mon cœur se serra. Une question. C'était une question. Mais quelle réaction attendait-il de moi ?

— N'est-ce pas lors de votre conférence sur Swammerdam que tout a basculé ?

Il me lança un nouveau coup d'œil furtif ; son regard d'ordinaire si droit était devenu fuyant.

— Swammerdam ? Mais c'était il y a très longtemps ! m'exclamai-je.

— Oui. Justement… Et c'est là que vous l'avez rencontrée ?

— Vous voulez parler de mon épouse ?

Son silence me confirma que j'avais vu juste. Oui, c'était là que j'avais rencontré Thilda, après la conférence. Ou plutôt : les circonstances m'avaient conduit à elle. Les circonstances… Non, c'est Rahm qui m'avait conduit à elle. C'était son rire, son dédain qui m'avaient poussé à regarder ailleurs, à regarder dans la direction de Thilda.

J'aurais voulu me défendre, mais les mots m'échappaient. Comme je demeurais silencieux, il se pencha en avant, toussota.

— Et maintenant ?

— Maintenant ?

— Pourquoi au juste avez-vous mis des enfants au monde ?

Il avait posé cette dernière question d'une voix plus forte, presque éraillée. Il me fixait à présent, sans ciller, glacial.

— Pourquoi… ?

Je détournai aussitôt les yeux.

— Eh bien, je ne sais pas… C'est ce que l'on fait…

Il posa ses avant-bras sur ses genoux, à la fois retenu et exigeant.

— C'est ce que l'on fait ? Ma foi, peut-être. Mais pourquoi vous ? Qu'avez-vous à leur offrir ?

— Ce que j'ai à leur offrir ? De quoi se nourrir, s'habiller…

Brusquement, il haussa la voix.

— Ah, par pitié, ne me parlez pas de votre satanée boutique de semences !

Il se laissa soudain retomber en arrière, comme s'il voulait prendre ses distances, puis se frotta les genoux.

— Non...

Je m'efforçai de garder mon calme, de faire taire l'enfant rabroué qui pleurait en moi, mais je sentis que je tremblais. Ma voix était aiguë quand je retrouvai enfin ma langue.

— J'aurais tant voulu. Mais c'est juste que... comme vous, professeur, le comprendrez certainement... le temps me manque.

— Que voulez-vous que je vous dise ? Que je le conçois pleinement ?

Il se leva.

— Que je conçois que vous ne répondiez pas à mes attentes ?

Il s'avança vers moi et me sembla plus grand encore. Il me dominait de toute sa hauteur.

— Que je trouve parfaitement admissible que vous n'ayez toujours pas écrit le moindre article ? Que les étagères de votre bibliothèque soient remplies de livres jamais ouverts ? Que je vous aie consacré tout ce temps et que vous n'ayez pas été capable de faire autre chose dans la vie que de vous reproduire, comme un vulgaire verrat ?

Les derniers mots restèrent en suspens entre nous, vibrants.

Un verrat. C'était tout ce que j'étais pour lui. Un verrat.

Je m'apprêtai à protester mollement. M'avait-il vraiment consacré tant de temps que cela, ou bien lui avais-je surtout servi d'homme à tout faire ? Car c'était peut-être cela qu'il cherchait, au fond, à faire de moi son héritier afin que ses travaux ne tombassent pas dans l'oubli. Afin que lui ne tombât pas dans l'oubli. Mais je ravalai mes mots.

— C'est ce que vous souhaitez entendre ? N'est-ce pas ? demanda-t-il avec un regard aussi vide que celui des batraciens qui nous fixaient depuis leurs bocaux. Que la vie est ainsi faite ? C'est la vie, voudriez-vous entendre ? On se reproduit, on a des enfants, et naturellement leurs besoins passent avant tout le reste, ce sont des bouches à nourrir, on devient soutien de famille, les besoins naturels prennent le dessus sur l'intellect ? Ce n'est pas votre faute. Et il n'est pas trop tard.

Ses yeux étaient braqués sur moi, c'en était douloureux.

— C'est ça que vous voulez entendre ? Qu'il n'est pas encore trop tard ? Que votre heure viendra ?

Il éclata de rire. Le fameux petit rire dur, sans joie, chargé de mépris. Il fut bref, mais s'incrusta en moi. Le même rire que ce jour-là.

Il se tut, et sans attendre que je riposte – il savait sans doute que j'en serais incapable – il se dirigea vers la porte et l'ouvrit.

— Je dois malheureusement vous demander de partir. J'ai du travail.

Il s'en alla sans me saluer, laissant à la gouvernante le soin de me raccompagner. De retour chez moi je n'eus même pas la force de regarder mes livres. Je me réfugiai dans mon lit, pour ne plus le quitter, pendant que les ouvrages dans la bibliothèque amassaient la poussière… Tous ces textes que j'avais un jour souhaité lire et comprendre.

Ils se trouvaient toujours là, rangés n'importe comment, certains au bord de l'étagère, d'autres plus en retrait, comme une dentition irrégulière. Leur vue m'était par trop pénible. Charlotte leva la tête, s'aperçut que j'étais réveillé et s'empressa de poser son livre.

— Avez-vous soif ?

Elle se leva, prit un gobelet d'eau et me le tendit.

— Non, répondis-je.

J'entendis le ton brusque de ma voix et je m'empressai d'ajouter :

— Merci.

— Souhaitez-vous autre chose ? Le docteur a dit…

— Rien.

Elle se rassit, m'observa avec attention.

— Vous semblez aller mieux. Plus vif.

— Ne dis pas de bêtises.

— Si. Sincèrement.

Elle sourit.

— En tout cas, vous parlez.

Je m'abstins d'ajouter quoi que ce fût pour ne pas l'encourager à croire que j'allais mieux. Je laissai mon regard errer dans la pièce, comme si sa présence m'était devenue indifférente.

Il en fallait plus pour la démonter. Debout à mon chevet, elle se frotta les mains puis les laissa retomber sur ses cuisses. Enfin, elle posa la question qui la taraudait :

— Dieu vous a abandonné, père ?

Si seulement ! Si seulement il ne s'agissait que de Dieu. Il existait un remède au moins quand on perdait la foi : la retrouver.

Pendant mes études, je m'étais plongé dans la Bible. Elle m'accompagnait où que j'allasse. Je cherchais constamment le rapport entre les textes sacrés et ma spécialité, entre les petits miracles de la nature et les grands mots inscrits sur le papier. Je m'attardais sur les textes de saint Paul, particulièrement l'Épître aux Romains, qui résumaient ses idées maîtresses. « Libérés du péché, vous êtes devenus esclaves de la justice. » Comment devions-nous le comprendre ? Que seul celui qui a des entraves est vraiment libre ? Faire ce qui est juste peut être une geôle, une forme de captivité, mais on nous avait montré le chemin. Pourquoi, dans ce cas, n'en étions-nous pas capables ? Même face à la Création, si bouleversante fût-elle, l'être humain ne parvenait pas à faire ce qui était juste.

En manque de réponses, j'ouvrais de plus en plus rarement le petit livre noir. Il vieillissait sur une étagère, avec les autres. Que devais-je dire à ma fille ? Que ce qu'on nommait mon alitement était trop banal et indigne pour que l'on pût le rapporter à Dieu ? Que je ne devais mon état qu'à moi, à mes choix, à la vie que j'avais vécue ?

Non. Un autre jour, peut-être, mais pas maintenant. Je laissai donc sa question sans réponse, me contentant de hocher mollement la tête, et feignis de m'assoupir.

Charlotte demeura auprès de moi jusqu'à ce que la maisonnée à l'étage inférieur retrouvât son calme. Je l'écoutais tourner les pages, elle lisait vite. De temps en temps, quand elle changeait de position, la mousseline émettait un léger crissement. Elle semblait attachée aux livres comme j'étais attaché au lit, bien qu'elle fût suffisamment intelligente pour avoir conscience qu'elle perdait son temps. À quoi bon s'instruire ? Le savoir ne lui servirait jamais à rien, pour la simple et bonne raison qu'elle était une fille.

Soudain, la porte s'ouvrit. Des pas rapides.

— C'est là que tu te caches ?

La voix sévère de Thilda, très certainement accompagnée d'un regard tout aussi sévère à l'intention de sa fille.

— Il est l'heure d'aller au lit, ajouta-t-elle. Tu as la vaisselle à faire. Et Edmund a mal à la tête, merci donc de lui mettre de l'eau à chauffer pour un thé.

— Oui, mère.

Les pieds de Charlotte sur le sol quand elle se lève, le livre qu'elle pose sur la console. Ses pas légers en direction de la porte.

— Bonne nuit, père.

À son calme succéda la nervosité de Thilda. Elle alla jusqu'au poêle et rajouta du coke avec des mouvements brusques et bruyants. Elle s'en chargeait elle-même à présent, la bonne ayant depuis longtemps été congédiée ; tous les jours, Thilda s'occupait du feu et prenait grand soin de s'épancher sur le calvaire qu'elle traversait, ponctuant chacun de ses gestes de force soupirs et gémissements.

Une fois sa tâche accomplie, elle resta devant le poêle.

Je n'eus qu'un instant de répit avant que son petit cirque ne reprît de plus belle. Je n'avais nullement besoin d'ouvrir les yeux pour savoir qu'elle laissait maintenant libre cours à ses larmes. Le bruit était reconnaissable entre tous. Le crépitement du coke se mêlait à ses geignements. Je me retournai, collai l'oreille contre le traversin pour essayer d'atténuer le son, sans grand succès.

Une minute s'écoula. Deux. Puis trois.

Elle conclut ses lamentations en se mouchant bruyamment. Elle savait que cette mise en scène ne la mènerait nulle part. La morve coulait de son nez. Elle était toujours comme ça, pleine de mucus, qu'elle pleurât ou non. Excepté dans sa partie basse. Là, elle restait désespérément froide et sèche. Ce qui ne l'avait pas empêchée de me donner huit enfants.

Je remontai l'édredon sur ma tête, afin de me couper du bruit.

— William, dit-elle d'un ton acerbe, je vois parfaitement que vous ne dormez pas.

Je m'efforçai de garder une respiration calme et régulière.

— Puisque je vous dis que je le vois.

Elle avait haussé la voix, mais il en fallait plus pour me faire réagir.

— Je me dois de vous annoncer…

Elle se moucha brièvement, mais plus bruyamment encore.

— ... que j'ai été obligée de remercier Alberta. La boutique est désormais vide. J'ai dû fermer.

Vraiment ? Je ne pus me retenir de me retourner. Le magasin fermé ? Vide. Sombre. Ce qui était censé assurer la subsistance de mes enfants ?

Elle remarqua mon mouvement et s'approcha.

— Je me suis aussi vue contrainte de demander à l'épicier qu'il me fasse crédit aujourd'hui, ajouta-t-elle, la voix toujours étouffée par les larmes, menaçant à tout moment de se remettre à geindre. Et il a accepté, il a inscrit nos achats sur son cahier. Vous auriez dû voir son regard sur moi, on y lisait de la pitié. Mais il n'a rien dit. Car c'est un gentleman.

Ces derniers mots disparurent dans un gémissement.

Un gentleman. Contrairement à moi. Là, dans mon lit, sans chapeau ni canne, ni monocle, ni bonnes manières, je ne faisais probablement pas l'admiration de grand monde et surtout pas de ma femme. Rendez-vous compte, j'allais bientôt condamner ma famille à la misère !

Il fallait absolument réapprovisionner le magasin en semences, aromates et bulbes. Je le devais à mes proches.

Il aurait fallu me lever, mais j'en étais incapable. Le lit me retenait prisonnier.

Aujourd'hui encore, Thilda renonça à me ramener à la raison. Elle inspira avec force et poussa un profond soupir. Puis elle se moucha une dernière fois, sans doute pour s'assurer que ses oreilles, son nez ou sa gorge étaient libres de toute glaire.

Le matelas émit une plainte quand elle se coucha. Qu'elle ne fût pas répugnée à l'idée de partager son lit avec mon corps en sueur et sale dépassait mon entendement. Au fond, cela en disait long sur sa ténacité.

Son souffle lentement s'apaisa, avant de devenir profond et régulier ; la respiration d'une personne endormie, bien plus crédible que la mienne.

Je me retournai. La lumière du poêle de faïence ondulait sur son visage et éclairait les longues nattes sur l'oreiller, détachées de la couronne tressée à l'arrière de sa tête. Sa lèvre supérieure couvrait sa lèvre inférieure et lui donnait un air buté, elle ressemblait à une petite vieille édentée. Je la contemplai, en essayant de retrouver ce que j'avais un jour aimé, désiré, mais le sommeil m'emporta avant que j'y fusse parvenu.

George

Emma avait raison pour la neige. Dès le lendemain, on n'entendait plus que l'eau qui ruisselait dans la cour. Et le soleil qui cognait contre la façade de la maison la détériorait encore un peu plus. Il faisait désormais assez chaud pour que les abeilles accomplissent leur « vol de propreté ». Les abeilles ne font pas leurs besoins dans la ruche : elles attendent que les températures s'adoucissent pour sortir se soulager. Mes vœux étaient exaucés : l'hiver avait relâché son étau pendant le séjour de Tom, nous allions pouvoir nettoyer ensemble le plancher des ruches. J'avais même octroyé un congé à Jimmy et Rick pour être seul avec lui. Toutefois, nous dûmes patienter jusqu'au jeudi pour nous atteler à cette tâche, trois jours seulement avant son départ.

La semaine avait été calme. Nous nous tournions autour. Emma, qui riait et bavassait sans arrêt, nous servait de tampon. Elle avait à cœur de préparer des plats adaptés au nouveau régime de Tom. C'était fou le nombre de recettes sans viande qu'elle réussissait à sortir de son chapeau, et tous ces poissons « surprenants » et « délicieux » qui avaient tout à coup fait leur apparition dans les bacs du supermarché ! Tom se confondait en remerciements, « c'était teeeeellement bon ». Une fois son énième repas de poisson terminé, il restait en général assis à la table de la cuisine, à lire des livres d'une épaisseur inquiétante, à pianoter activement sur son ordinateur, ou à noircir, absorbé, une drôle de grille japonaise appelée sudoku. L'idée de bouger ne semblait pas lui traverser l'esprit, pas plus que celle de se réjouir du soleil si éblouissant qu'on aurait dit que, dans le ciel, l'ampoule avait été remplacée par une plus puissante. J'étais occupé, moi aussi, ce n'était pas le travail qui manquait. Un jour, j'étais parti acheter de la peinture en ville pour redonner un coup de jeune au fameux mur défraîchi. Alors que je m'affairais sur la façade, le soleil qui me chauffait la nuque m'incita à jeter un coup d'œil aux ruches. Il était certes encore tôt pour nettoyer les planchers, mais c'était la seule possibilité de le faire avec Tom. Les abeilles étaient déjà dehors, elles sortaient récolter le pollen quand il faisait beau.

Ça l'amusait, d'habitude, il m'accompagnait toujours. Jimmy et moi avions lavé les planches d'envol deux ou trois fois pendant l'hiver, mais nos incursions au rucher se limitaient à cela. C'est pourquoi la première visite des ruches au printemps revêtait un caractère si particulier : revoir les abeilles, entendre à nouveau leur bourdonnement… Nous avions l'impression de fêter des retrouvailles.

— Je vais avoir besoin d'un coup de main pour nettoyer les planchers, lançai-je à Tom, habillé de pied en cap, bottes en caoutchouc aux pieds et combinaison sur le dos.

Je trépignais d'impatience. Le voile relevé au-dessus de ma tête, et une autre combinaison brandie à bout de bras, je fixais Tom du regard.

— Tout de suite ? demanda-t-il sans lever les yeux.

Qu'il était mou et pâlot, à la lueur de son écran d'ordinateur ! Je m'aperçus que je me tenais devant lui comme si je le forçais à accepter un cadeau dont il ne voulait pas. Je glissai la seconde combinaison sous mon bras et posai une main sur ma hanche.

— Tu sais bien que les saletés s'accumulent à l'intérieur. Personne n'aime vivre dans la crasse. Même toi ! Pourtant Dieu sait que les chambres d'étudiant ne sont pas un exemple de propreté...

J'essayai de rire, mais le son qui sortit de ma bouche ressemblait à un coassement. Ma position manquait de naturel. Je laissai retomber ma main le long du corps et me grattai le front pour me donner une contenance.

— Mais il n'est pas un peu tôt pour nettoyer les ruches ? s'étonna-t-il.

— Non.

— Papa...

Il avait compris que je mentais. Il haussa un sourcil, l'air sarcastique.

— Il fait assez chaud, m'empressai-je d'ajouter. Et nous n'en nettoierons que quelques-unes. Je m'occuperai du reste avec Jimmy et Rick la semaine prochaine.

Je lui tendis de nouveau la combinaison, mais il l'ignora, se contentant de hocher la tête en direction de l'ordinateur.

— J'ai un devoir à faire.

— Tu n'es pas en vacances ?

Je posai le matériel devant lui sur la table en lui jetant un regard que j'espérais rempli de détermination : allez, Tom, cherchais-je à lui exprimer, ce serait sympa de venir m'aider, maintenant que tu daignes enfin passer quelques jours à la maison.

— Je t'attends dehors, me bornai-je à lui dire.

Nous possédions trois cent vingt-quatre ruches. Trois cent vingt-quatre reines et leurs colonies respectives réparties dans l'exploitation, chaque endroit abritant rarement plus de vingt ruches. Dans un autre État, nous aurions pu en installer jusqu'à soixante-dix au même emplacement. Je connaissais un apiculteur dans le Montana qui en avait parqué près d'une centaine ensemble. La végétation là-bas était tellement luxuriante que les abeilles n'avaient que quelques mètres à parcourir pour trouver leur bonheur. Mais chez nous, dans l'Ohio, l'agriculture manquait de diversité. Le maïs et le soja s'étendaient sur des dizaines et des dizaines de kilomètres, limitant les sources de nectar.

Au fil des années, Emma avait peint chacune des ruches d'une couleur acidulée. Rose, turquoise, jaune citron, vert pistache : des coloris aussi artificiels que des bonbons aux colorants, édulcorants et autres additifs en E quelque chose. Elle trouvait ça rigolo. Pour ma part, ça ne m'aurait pas dérangé qu'elles restent comme avant : mon père avait toujours peint ses ruches en blanc, comme son père et son grand-père avant lui. Ils avaient coutume de dire que, l'important, c'était ce qui se passait à l'intérieur. Mais Emma soutenait que les abeilles aimaient ces couleurs, que ça rendait notre lien avec elles plus personnel. Elle avait peut-être raison, qui sait… Et puis, je dois avouer que la vue de ces cubes colorés éparpillés dans la nature comme des sucreries égarées de la poche d'un géant me faisait toujours chaud au cœur.

J'avais décidé de commencer par le pré, entre la ferme de Menton, la grand-route et l'étroite Alabast River – guère plus que le lit d'un ruisseau, malgré son nom. C'est ici que j'avais le plus de colonies. Vingt-six en tout. Je me dirigeai d'abord vers une ruche rose pétard. Être deux présentait un avantage : Tom tenait la caisse pendant que je remplaçais l'ancien plancher, sale et jonché d'abeilles mortes au cours de l'hiver. L'année précédente, nous avions investi dans des modèles grillagés munis d'une plaque. Ça nous avait coûté cher, mais ce n'était pas de l'argent perdu : mieux ventilée, la ruche était plus facile à nettoyer. La plupart des apiculteurs à la tête d'exploitations de la même envergure que la mienne ne prenaient pas la peine de changer le fond de la ruche à cette époque de l'année ; moi, j'étais contre le laisser-aller, et je voulais que mes abeilles vivent dans les meilleures conditions.

Les ruches fonctionnaient. Nous avions de la chance :

les abeilles, calmes, furent peu nombreuses à s'envoler. Et quel plaisir de voir Tom travailler à l'air libre, vite et bien, comme dans son élément ! Je lui donnai des conseils pour positionner son corps.

— Fléchis les genoux au lieu de plier le dos, et pousse avec les jambes pour soulever.

J'en connaissais plus d'un qui avait fini avec un prolapsus, un lumbago ou ce genre de saloperies en forçant sur le dos. Or Tom, qui allait exécuter ce même mouvement des milliers de fois, en aurait besoin de nombreuses années encore, de son dos.

Nous travaillâmes sans répit jusqu'au déjeuner. Dans un silence presque total. Nos rares échanges étaient d'ordre purement pratique. « Prends par là, comme ça. Voilà, c'est bien. » Toute la matinée, je m'étais attendu à ce qu'il demande une pause, mais c'est moi, finalement, qui interrompis notre labeur à l'approche de midi, alerté par les bruyants gargouillis de mon estomac.

Nous nous assîmes au bord du plateau du pick-up, les jambes dans le vide. J'avais emporté un thermos de café et quelques sandwichs. Le beurre de cacahuète avait imprégné le pain spongieux, rendant les tartines gluantes, mais tout devient délicieux quand on bosse dehors par un temps frisquet. Tom ne disait rien. Mon gamin n'était vraiment pas du genre bavard. Mais pas de problème, si c'était ça qu'il voulait. Du moment que j'avais réussi à le sortir de la maison. J'espérais juste qu'il y prenait un peu de plaisir et qu'il était content de revoir les abeilles.

Mon sandwich englouti, je sautai à terre pour retourner travailler, mais Tom traînait. Il mangeait du bout des lèvres en étudiant attentivement la tranche de pain qu'il tenait entre ses mains, comme s'il y avait un hic.

Il se décida enfin à parler :

— J'ai un très bon prof d'anglais.

Je m'immobilisai.

— Ah oui, répondis-je en essayant de sourire, malgré la déplaisante sensation qui s'était emparée de moi. C'est chouette.

Il mordit de nouveau dans son pain, puis mâcha longuement. Bon sang, était-ce si dur de déglutir ?

— Il m'encourage à écrire plus.

— Plus ? Plus de quoi ?

— Il dit que…

Il se tut. Posa son sandwich, saisit son quart de café, sans toutefois le porter à ses lèvres. C'est seulement à ce moment-là que je m'aperçus que ses mains tremblaient.

— Il dit que j'ai une voix.

Une voix ? Encore une de ces foutaises d'intellos ! Je me contentai de sourire en coin, je n'avais pas la force de faire mine de prendre au sérieux ce genre de propos.

— Ça, j'aurais pu te le dire depuis longtemps, répliquai-je. Surtout quand tu étais gosse. Une voix aiguë et perçante. Mais, Dieu merci, tu as mué. Mieux vaut tard que jamais !

Ma boutade le laissa de marbre. Je cessai de sourire. Je sentais qu'il avait quelque chose sur le cœur, et que ce quelque chose n'allait pas me plaire.

— C'est bien si tes profs sont contents de toi, finis-je par déclarer.

— Non mais il m'encourage *vraiment* à écrire plus, murmura Tom. Il pense que je devrais faire une demande de bourse, pour continuer.

— Continuer ?

— En doctorat.

Ma gorge se serra, j'avalai péniblement ma salive. Je n'arrivais pas à me débarrasser de la saveur douceâtre du beurre de cacahuète.

— Tiens donc. C'est ce qu'il t'a conseillé.

Tom hocha la tête.

Je m'efforçai de maîtriser mes intonations.

— Et combien de temps ça dure, un doctorat ?

Il fixait le bout de ses chaussures, mutique.

— On ne peut pas franchement dire que je rajeunisse, ajoutai-je. Et le boulot ne se fait pas tout seul.

— Non, je sais, dit-il d'une petite voix. Mais tu as de l'aide, pas vrai ?

— Jimmy et Rick vont et viennent comme ça leur chante. La ferme n'est pas à eux et ils n'ont aucune intention de bosser pour la gloire.

Je me remis au travail. Je soulevai les planches sales et les déposai à l'arrière du pick-up. Le bois des cadres cognait contre le métal de la benne. Nous savions déjà que Tom maniait bien la langue, les profs n'avaient pas arrêté de nous le répéter et il avait toujours des A en anglais. De toute évidence, ce gamin avait la tête bien faite. Mais, nom d'un chien, ce n'était pas pour l'anglais que nous l'avions envoyé à l'université ! Il était censé étudier l'économie, le marketing, ce genre de trucs, préparer le terrain pour l'avenir ! Agrandir la ferme, la moderniser, rentabiliser au mieux notre outil de travail ! Et qu'est-ce que j'en sais, moi… créer peut-être une page Internet digne de ce nom ! Voilà ce qu'il devait apprendre, voilà ce pourquoi nous nous serrions la ceinture depuis sa naissance. Ça faisait des années que nous n'étions pas partis en vacances ; des années que toutes nos économies allaient sur le compte destiné à payer ses études.

De quoi est-ce qu'il parlait, ce foutu prof d'anglais ? Qui était-il pour donner des conseils à mon fils ? Encore un qui devait passer ses journées à boire du thé et à tailler sa barbe avec des ciseaux à broder, dans un bureau poussiéreux plein de livres qu'il faisait semblant d'avoir lus. Le genre de types à se balader avec une écharpe même à l'intérieur. Et pendant ce temps, ils bourraient le crâne de certains gamins sous prétexte qu'ils n'écrivaient pas trop mal, sans avoir la moindre idée de ce qu'ils étaient en train de provoquer.

— On en reparlera plus tard, conclus-je.

Nous n'en avons pas reparlé : Tom partit avant. J'avais décidé que « plus tard » voulait dire dans longtemps. Ou peut-être était-ce lui qui l'avait décidé. Ou Emma. Nous ne nous étions plus jamais retrouvés seuls dans la même pièce de tout son séjour. Emma était toujours dans les parages à roucouler comme une tourterelle sous amphétamines : elle nous servait, débarrassait, et ne cessait de parler, de tout et surtout de rien.

Et moi, j'étais si fatigué... Je m'endormais sur le canapé, incapable de venir à bout de la longue liste de choses à faire – vieilles ruches qui avaient besoin d'être réparées, commandes qu'il aurait fallu honorer. J'avais la sensation de me traîner une légère fièvre, à tel point que j'étais discrètement allé chercher le thermomètre au fond de la trousse de premiers secours dans la salle de bains. Un truc bleu clair avec des nounours dessus, qu'Emma avait acheté pour Tom quand il était petit. Quelque part dans la maison, tandis que je sondais mon anatomie avec l'ustensile que nous avions utilisé des centaines de fois pour prendre la température de notre petit garçon, j'entendais les babillages d'Emma et les réponses sporadiques de Tom. Je dus lutter pour garder les yeux ouverts en attendant que retentisse le bip électronique. Aucune fièvre, tout allait bien. D'où venait donc cette impression d'avoir couru un marathon – du moins l'idée que je me faisais d'un marathon ? Sans rien dire, je partis me coucher, laissant ma femme et mon fils à leurs bavardages.

Emma pépia ainsi jusqu'à ce qu'on mette Tom dans le car. Il fallut que notre fils soit installé à l'arrière, la tête contre la vitre, le visage inondé de soulagement, pour qu'Emma se taise enfin.

Puis, tels des automates parfaitement synchronisés, nous restâmes ainsi à agiter la main... Les yeux d'Emma se voilèrent, mais peut-être n'était-ce que le vent. Heureusement, elle ne versa pas une larme.

Le véhicule s'éloigna à mesure que rapetissait le visage pâle de Tom. Soudain me revint en mémoire une scène similaire : moi regardant Tom partir en autocar. Ce jour-là, l'expression de Tom n'avait pas trahi que le soulagement : il y avait également de la peur. Je secouai la tête pour chasser ce souvenir.

Enfin, le car tourna au coin de la rue. Nous baissâmes la main en même temps, en continuant à regarder au loin, comme si nous étions assez stupides pour croire qu'il allait soudain réapparaître.

— Bien, bien, soupira Emma. Et voilà.

— Et voilà quoi ?

— Nous ne les avons qu'en prêt.

Elle essuya une larme que le vent avait finalement arrachée à son œil gauche.

J'étais tenté de faire une remarque peu amène, mais je décidai de m'incliner devant cette larme, et je retournai à la voiture, suivi par une Emma au pas traînant. On aurait dit qu'elle avait rétréci.

Je m'assis au volant, mais je ne réussis pas à démarrer. Ma main ramollie semblait vidée de ses forces à s'être tant agitée.

Emma attacha sa ceinture, comme toujours, et se tourna vers moi.

— On n'y va pas ?

Je voulus lever la main, en vain.

— Il t'en a parlé ? demandai-je, le nez dans le volant.

— De quoi ?

— De ses projets pour plus tard.

Elle garda le silence une seconde, puis murmura :

— Tu sais bien qu'il adore écrire. Il a toujours aimé ça.

— J'adore *Star Wars*. Je ne suis pas devenu Jedi pour autant.

— Il semblerait quand même qu'il ait un certain talent.

— Alors tu l'approuves ? Tu trouves que c'est une bonne

idée ? Que c'est judicieux ? Qu'il s'oriente vers une voie d'avenir ?

Je lui faisais face, à présent, la tête haute et, je l'espérais, l'air dur.

— Je veux juste qu'il soit heureux, répondit-elle d'une voix douce.

— C'est ça que tu veux ?

— Oui, c'est ça que je veux.

— Ça ne t'a pas traversé l'esprit qu'il faudrait aussi un jour qu'il ait de quoi vivre ? Un moyen de subsistance ?

— Mais son prof a dit qu'il était doué !

Elle me regardait de ses grands yeux sincères, sûre de son fait, tandis que je serrais les clés de toutes mes forces, au mépris de la douleur qui transperçait ma main.

— Et à l'avenir de la ferme, tu y as pensé ?

Elle garda le silence un long moment. Détourna la tête, fit jouer son alliance le long de sa phalange, découvrant la ligne blanche qu'elle y dessinait depuis vingt-cinq ans.

— Nellie a téléphoné la semaine dernière, finit-elle par reprendre, les yeux dans le vague. Il fait une chaleur estivale en ce moment à Gulf Harbors. L'eau est à vingt degrés.

Ça y est, c'était reparti ! Gulf Harbors. À chaque fois qu'elle prononçait le nom de ce quartier résidentiel d'un ton rêveur, j'avais l'impression de me prendre une tuile sur la tête.

Nellie et Rob étaient nos amis d'enfance. Depuis qu'ils avaient déménagé en Floride à notre grand regret, j'avais sans arrêt droit au même refrain : quand irions-nous leur rendre visite ? Et pourquoi ne déménagerions-nous pas, nous aussi, pour nous installer dans cette prétendue oasis en périphérie de Tampa ? Armée d'annonces de maisons à vendre à des prix défiant toute concurrence sur le marché depuis un bail, Emma revenait constamment à la charge : regarde-moi ça, des occasions en or ! Des habitations rénovées, avec ponton, piscine, ainsi qu'une plage et un terrain de tennis réservés aux résidents. Comme si on avait besoin de ça ! Et ce n'était pas tout ! Il y avait aussi des dauphins et des lamantins qui barbotaient au pied de la maison. Des lamantins ? Qu'est-ce qu'on pouvait en avoir à faire, de ces grosses bêtes immondes ?

Nellie et Rob ne tarissaient pas d'éloges sur Gulf Harbors. Ils s'étaient fait des tas d'amis, disaient-ils, et on avait droit à toute une flopée de noms : Laurie, Mark, Randy, Steven… Ça n'en finissait pas. Chaque semaine, contre seulement cinq dollars par personne, ils brunchaient tous ensemble à la salle polyvalente, un repas complet à base de pancakes, de bacon, d'œufs et de pommes de terre sautées. Et maintenant, ils essayaient de nous convaincre de les rejoindre… Nous n'étions pas les seuls à subir leur harcèlement : Nellie et Rob souhaitaient que tout Autumn déménage en Floride. Je savais pourquoi : ils se sentaient seuls, dans le Sud, au bord de leur canal. Car c'est sinistre d'habiter aussi loin de sa famille et de ses amis, sans plus aucun repère, à des milliers de kilomètres de l'endroit où l'on a vécu depuis toujours. Et l'été est infernal, en Floride : caniculaire, humide, quotidiennement ponctué d'orages dantesques. Et comment pouvait-on supporter de passer une année sans un véritable hiver ? Tout cela, je l'avais répété à Emma encore et encore, mais rien n'y faisait. Il fallait commencer à penser à nos vieux jours, rétorquait-elle. Elle ne comprenait pas que c'était justement ce que je faisais. Je voulais léguer à Tom un héritage solide, et pas une vulgaire maison de vacances, une baraque entre deux âges impossible à vendre. Je savais ce que je disais : j'avais lu des articles sur l'état du marché immobilier en Floride. Ce n'était pas un hasard si les maisons sur lesquelles Emma louchait ne trouvaient pas acquéreur.

Moi aussi, j'avais un projet. Un projet qui impliquait de nouveaux investissements, beaucoup plus de ruches, des chariots élévateurs, des semi-remorques, des employés à temps plein, des contrats avec des fermes en Californie, en Géorgie, peut-être même en Floride.

Et Tom.

C'était un projet qui tenait la route. Réaliste. Avant qu'il ait le temps de dire ouf, Tom allait se retrouver avec femme et enfants. Il pourrait alors s'estimer heureux d'avoir eu un père prévoyant, qui lui aurait légué une ferme bien entretenue, adaptée au monde moderne, dont l'activité n'aurait plus de secret pour lui, après toutes ces années de formation. Nous vivions des temps incertains. Je voulais assurer nos arrières et l'avenir de notre exploitation. Mais j'avais l'impression d'être le seul dans cette famille à penser ainsi.

Et tout cela, brusquement, m'épuisait. Jusque-là, cette aventure m'avait stimulé ; à présent, le long chemin qu'il me restait à parcourir m'apparaissait comme un sentier de montagne boueux sous une pluie d'automne.

Je ne trouvai pas la force de répondre à Emma. Je démarrai. Les clés avaient laissé une marque rouge sur ma paume trempée de sueur. Il fallait partir avant que je m'endorme. Elle ne leva pas les yeux ; elle avait enlevé son alliance, frottait du doigt l'empreinte blanche. Même sans sa bague, elle restait ma femme, et pourtant elle était prête à remettre toute notre vie en question.

Tao

— Tu en as encore pour longtemps avec la lumière ?

Kuan releva la tête de l'oreiller, blême de fatigue.

— Je finis juste ça.

Les yeux me piquaient, mais je ne voulais pas lâcher mon manuel de pédagogie. Car céder déjà à l'endormissement me condamnait à me réveiller le lendemain matin et à affronter une nouvelle journée.

Il soupira. Remonta la couverture sur sa tête. Une minute s'écoula. Puis deux.

— Tao… s'il te plaît. On se lève dans six heures.

Sans répondre, je fermai mon livre et j'éteignis la lampe.

— Bonne nuit, murmura-t-il.

— Bonne nuit, répondis-je en me tournant vers le mur.

J'allais sombrer quand je sentis ses mains se glisser sous ma chemise. Mon corps réagit instantanément à ce contact, mais je m'évertuai à faire abstraction du plaisir éprouvé à ces caresses. Kuan n'était-il pas fatigué ? Pourquoi m'avait-il demandé d'éteindre si c'était ça qu'il voulait ?

Kuan éloigna ses mains, mais je compris à sa respiration qu'il ne dormait pas. Il se racla la gorge, brûlant manifestement de me poser une question.

— Ça s'est… Tu as passé une bonne journée ?

— Comment ça ?

— As-tu oublié quel jour on est ?

— Non....

Je ne précisai pas que j'avais espéré que lui l'aurait oublié, afin d'échapper à cette conversation.

Il me caressa les cheveux : la sollicitude avait repris le dessus sur les arrière-pensées.

— Ça n'a pas été trop dur ?

— Chaque année, c'est un peu plus facile, répondis-je, car c'était sûrement ce qu'il souhaitait entendre.

— Tant mieux.

Sa main effleura ma tête, avant de disparaître sous sa couverture.

Le matelas ondula légèrement quand il se retourna pour se mettre sur le ventre, sa position préférée pour s'assoupir. Puis il me murmura un nouveau « Bonne nuit ». Le sommeil ne tarda pas à l'emporter.

Moi, je restai éveillée.

Cinq ans.

Cela faisait cinq ans que ma mère était partie.

Non. Elle n'était pas partie. Elle avait été envoyée ailleurs.

J'avais perdu mon père à l'âge de dix-neuf ans, alors que lui en avait à peine plus de cinquante. Après toutes ces années passées dans les arbres, son corps avait l'air beaucoup plus vieux. Ses épaules, son dos, ses articulations étaient rompus, chaque déplacement devenait une lutte. Sa circulation sanguine s'était détériorée, son épiderme ne cicatrisait plus. En digne représentant de son sexe, il avait rechigné à demander de l'aide. Et quand il accepta enfin de prendre les antibiotiques que lui prescrivit son médecin – un traitement coûteux et rare qui constituait une faveur compte tenu de l'âge de mon père –, il était déjà trop tard.

Ma mère se remit étonnamment vite de sa disparition. Optimiste en apparence, elle répétait bravement qu'elle était encore jeune, qu'elle avait de beaux jours devant elle. Qui sait ? Peut-être rencontrerait-elle même un autre homme.

Mais tout ça n'était que paroles en l'air. Bien vite, ma mère se détacha du monde comme les pétales de fleur qui s'envolent à la fin du printemps. Il y avait du vent dans son regard devenu impossible à saisir.

Elle ne put plus se rendre aux champs. Cloîtrée chez elle, se nourrissant à peine, elle maigrit à vue d'œil, se mit à tousser, perdit toute force. Puis elle contracta une pneumonie.

Un jour que je lui rendais visite, je trouvai porte close. Après avoir sonné à plusieurs reprises, je décidai d'utiliser mon double de clé pour entrer chez elle. Ordonné et propre, l'appartement avait été vidé de toutes ses affaires personnelles : le coussin, sur le canapé, auquel elle avait l'habitude de s'adosser, le bonzaï dont elle prenait un soin si minutieux, la couverture brodée dont, frileuse, elle aimait se couvrir les cuisses.

L'après-midi même, on m'informa que ma mère avait été envoyée dans le Nord. Le responsable de la santé du district m'assura qu'elle était entre de bonnes mains, et me donna le nom de la maison de retraite, en même temps qu'une vidéo de mauvaise qualité qui présentait l'institution. De belles chambres, grandes et lumineuses, hautes de plafond, un personnel souriant. Mais quand je demandai l'autorisation de m'absenter pour aller la voir, on me répondit qu'il me faudrait attendre la fin de la période de floraison.

Quelques semaines plus tard, j'appris qu'elle « s'en était allée ».

« S'en était allée » : c'étaient les mots. Comme si elle s'était levée un matin, avait fait ses valises et était partie. Je m'interdisais de penser à ses derniers jours. À la toux rauque, la fièvre, la peur, la solitude. À cette mort sordide.

Mais qu'aurais-je pu faire ? Qu'aurais-je pu faire de plus ? me répétait Kuan, et moi après lui. J'avais presque fini par y croire.

WILLIAM

— ... Edmund ?

— Bonjour, père.

Depuis combien de temps se tenait-il ainsi à mes côtés ? Et comme il avait grandi ! On aurait dit quelqu'un d'autre. Son nez qui m'avait paru si démesuré la dernière fois que je l'avais vu se fondait désormais harmonieusement dans son visage. La beauté qui avait toujours été latente en lui explosait à présent. Il était élégant, aussi, bien qu'habillé sans trop de recherche, une écharpe vert bouteille lâchement nouée autour du cou. Ses cheveux un peu trop longs engloutissaient son regard, mais même cela lui allait à ravir. Sa pâleur, en revanche, me frappa : manquait-il de sommeil ? Edmund, mon unique fils. L'unique fils de Thilda. Très vite, j'avais compris qu'il était à elle, sans restriction. Dès notre rencontre, elle avait laissé entendre que son plus grand souhait dans la vie était d'avoir un garçon. En donnant naissance à Edmund un an plus tard, elle put considérer son devoir comme accompli. Charlotte, Dorothea et leurs cinq petites sœurs vivaient toutes dans l'ombre d'Edmund. Je comprenais Thilda, d'une certaine manière. Les sept filles me donnaient la migraine. Elles ne cessaient de crier, brailler, s'agiter, pleurnicher, glousser, cavaler, tousser, renifler et, surtout, jacasser... Cette cacophonie m'accompagnait du matin au soir, et parfois même pendant la nuit. À chaque mauvais rêve, une fillette nous réveillait en pleurant ou en s'introduisant dans notre chambre, les jambes nues parce qu'elle avait perdu ses bas dans son sommeil, ses pieds trottinant sur le parquet froid, avant de grimper maladroitement dans le lit, en réclamant le droit de se faufiler entre nous.

Leur incapacité au silence avait rendu tout travail, toute tentative d'écriture inenvisageable. Rahm avait tort de croire que j'avais renoncé d'emblée à mes projets scientifiques : il était tout bonnement impossible de travailler avec autant de petites filles dans les parages. J'avais beau fermer la porte de ma chambre en exigeant d'elles de marcher sur la pointe des pieds et de parler bas ; j'avais beau nouer une écharpe autour de ma tête ou m'enfoncer du coton dans les oreilles, je les entendais. Les années passèrent et je finis par négliger complètement mes recherches pour ne devenir plus qu'un simple commerçant peinant à satisfaire les appétits voraces et inextinguibles de sa progéniture. Le naturaliste prometteur dut céder le pas au marchand de graines éreinté, les pieds meurtris à force de rester debout au comptoir des heures durant, la voix cassée d'avoir tant palabré, les doigts ankylosés après avoir compté et recompté des gains qui ne suffisaient jamais. Tout cela à cause du vacarme que produisaient mes filles.

Edmund paraissait figé au pied de mon lit. Autrefois, il était aussi agité qu'un océan battu par les vents déchaînant ses vagues contre une jetée. Ni son apparence ni son comportement n'étaient cohérents. Il pouvait décider subitement d'aller chercher de l'eau au puits par pure gentillesse et, quelques instants plus tard, répandre le contenu de son seau au sol dans le seul but de « créer un lac ». Les réprimandes glissaient sur lui. Si nous haussions le ton, il ricanait en prenant la poudre d'escampette. Dans mon esprit, Edmund restait cet enfant sans cesse en train de courir, qui détalait après avoir provoqué une énième catastrophe, qu'il s'agît du seau renversé, d'une tasse en porcelaine cassée ou d'un tricot troué. Dans ces occasions, je n'avais pas d'autre choix que de l'attraper et de l'immobiliser pendant que j'enlevais la ceinture de mon pantalon. J'en étais venu à détester le sifflement du cuir sur le tissu et le cliquetis de la boucle quand elle touchait le plancher. L'appréhension de ce qui allait suivre était presque pire que les coups eux-mêmes. Je ne frappais jamais avec la boucle, contrairement à mon père qui la faisait serpenter en l'air avant de l'abattre avec violence sur mon dos. Moi, je me cramponnais si fort au métal qu'il laissait des traces au creux de ma paume. Le cuir sur le dos nu, les marques rouges qui fleurissaient sur la peau blanche, comme des lianes enlacées. Le souvenir de cette punition était censé empêcher les enfants de recommencer. Cette stratégie n'avait pas de prise sur Edmund. Il n'avait pas l'air de saisir le lien entre ses bêtises et la ceinture, entre l'eau du seau répandue par terre et les marques rouges. Mais il était de mon devoir d'assurer son éducation, et j'espérais qu'au fond de lui-même il sentait aussi l'amour que je lui portais. J'étais un père, je châtiais. Mes mains pouvaient trembler, les sanglots pouvaient se presser dans ma gorge, mon échine pouvait ruisseler de sueur : il fallait fouetter. Quand bien même la punition demeurerait vaine.

Où sont lcs autrcs ? dcmandai-jc.

Il régnait dans la maison un silence inhabituel.

Je regrettai aussitôt ma question. Pourquoi m'être enquis de ses sœurs alors qu'il venait enfin me voir – alors que nous étions enfin seuls, lui et moi.

Edmund se dandina, gêné.

— À l'église.

Nous étions donc dimanche.

Je tentai de m'asseoir. Ma couverture se souleva légèrement et je fus assailli par les exhalaisons de mon corps. À quand remontait donc mon dernier bain ?

Pour peu qu'il les eût senties lui aussi, il n'en laissa rien paraître.

— Et toi ? m'enquis-je. Pourquoi es-tu resté à la maison ?

Cela sonnait comme une accusation quand je voulais au contraire lui exprimer ma reconnaissance.

Il ne me regardait pas, fixait un point sur le mur, audessus du lit.

— Je... j'espérais pouvoir vous parler, finit-il par répondre.

Je hochai lentement la tête, tout en m'efforçant de ne pas me laisser déborder par mon émotion.

— Bien. Ta visite me réjouit... depuis le temps que je l'espérais.

Incapable de me tenir droit, je m'affaissai contre l'oreiller. Même cette position me coûtait un effort. Je me retins de remonter la couverture jusqu'à mes épaules pour éviter que mon odeur se répandît dans la pièce. Comment avais-je pu renoncer de la sorte à ma dignité ? Je portai la main à mon visage. Moi qui n'avais jamais eu une barbe très fournie, j'arborais à présent une toison rêche et irrégulière de plusieurs centimètres de long. Je devais avoir l'air d'un homme des cavernes.

Edmund contemplait maintenant mes orteils qui dépassaient de la couverture, leurs longs ongles sales. Je m'empressai de les dissimuler.

— Edmund, dis-moi. Qu'est-ce qui t'amène ?

Il avait détourné la tête, mais c'est sans timidité qu'il prit la parole :

— Peut-être père pourrait-il bientôt se lever ?

Le rouge me monta aux joues. Thilda m'avait supplié. Les filles m'avaient supplié. Le médecin m'avait supplié. Mais Edmund, jamais encore...

— Je te suis infiniment reconnaissant d'être venu, dis-je d'une voix à deux doigts de se briser. Je voudrais tant pouvoir t'expliquer.

— Expliquer ?

Il passa la main dans ses cheveux.

— Je n'ai besoin d'aucune explication. J'aimerais juste que vous vous leviez.

Que dire ? Qu'attendait-il de moi ? Je tapotai le matelas de la main, en un geste d'invitation.

— Assieds-toi, Edmund. Parlons un peu. Qu'as-tu fait ces derniers temps ?

Il n'esquissa pas un mouvement.

— Parle-moi de tes études. Avec une tête bien faite comme la tienne, je suppose que c'est un jeu d'enfant !

À l'automne, il allait partir étudier à la capitale. Nous avions économisé sur tout pour financer sa scolarité, et voilà que le grand jour approchait. Soudain, une petite pointe d'angoisse me traversa. Et si mon alitement prolongé avait forcé Thilda à toucher à l'argent des études ?

— Car tu pars toujours étudier à la ville, n'est-ce pas ? me hâtai-je de demander.

Il hocha la tête, sans grand enthousiasme.

— Je travaille quand je me sens inspiré.

— ... Bien. C'est important, l'inspiration.

Je tendis la main vers lui.

— Viens t'asseoir, s'il te plaît. Depuis le temps que nous n'avons pas discuté…

Mais il resta immobile.

— Je… Il faut que je descende.

— Juste quelques minutes.

Je m'efforçai de garder un ton léger.

Il rejeta ses cheveux en arrière, sans me regarder.

— Je dois étudier.

— Laisse-moi prendre ta main, le suppliai-je. Rien qu'une petite minute.

Tout à ma joie, je fis semblant de ne pas entendre le

soupir presque inaudible qui s'échappa de ses lèvres quand il vint enfin s'asseoir à mes côtés et me donna la main après une brève hésitation.

— Merci, murmurai-je.

Sa main était chaude et lisse dans la mienne et créait un lien entre nous, comme si son sang sain irriguait mes veines. J'aurais voulu le garder auprès de moi, mais Edmund semblait toujours aussi mal à l'aise, remuant dans tous les sens.

— Je suis désolé, père.

Il se leva brusquement.

— Tu n'as nul besoin de t'excuser. Je comprends bien sûr que tu doives aller travailler.

Il opina, les yeux déjà rivés sur la porte. Au moment où il allait partir, il s'arrêta, comme rattrapé par une pensée, et se retourna vers moi.

— Père... ne pourriez-vous pas au moins essayer de trouver la volonté de vous lever ?

Je déglutis, conscient de lui devoir une réponse.

— Ce n'est pas la volonté qui me manque... C'est... la passion, Edmund.

— La passion ?

Il leva la tête, manifestement sensible à cette notion.

— Alors il vous faut la retrouver, s'empressa-t-il de dire. Et vous laisser porter par elle.

Je ne pus m'empêcher de sourire. De si grands mots dans ce jeune corps dégingandé.

— Nous ne sommes rien sans passion, conclut-il d'un ton que je ne lui connaissais pas.

La dernière chose que je perçus de lui fut le bruit de ses pas sur le plancher, s'éloignant en direction de l'escalier. J'avais le sentiment que nous n'avions jamais été aussi proches.

Rahm avait raison : je m'étais laissé accaparer par des questions triviales et la passion m'avait quitté. C'était pour ces raisons que j'avais perdu le professeur. Mais Edmund était toujours là, lui ! Je pouvais lui montrer de quoi j'étais capable, le rendre fier de son père. Cela nous rapprocherait sûrement. Et peut-être qu'en m'illustrant je pouvais regagner la considération de Rahm. J'imaginais déjà notre trio : le père, le fils et le mentor.

Je repoussai la couverture loin de mon corps malodorant et me levai. Pour de bon, cette fois-ci.

GEORGE

Comme souvent à cette époque de l'année, j'étais en train de fabriquer des ruches dans la grange. C'était le printemps, la nature bourgeonnait de toute part et les gens ne pensaient qu'à mettre le nez dehors, et moi j'étais là, confiné à l'intérieur, sous des néons grésillants, à scier et clouer comme un forcené. Cette année plus que les autres, j'avais ressenti le besoin de m'isoler. Nous ne nous parlions pas beaucoup avec Emma depuis le départ de Tom. Et je dois dire que je redoutais les discussions avec elle : en vraie femme qu'elle était, elle savait y faire avec les mots et obtenait fréquemment gain de cause. D'ailleurs, elle avait souvent raison. Souvent, mais pas cette fois.

Donc, je me réfugiais dans la grange. Du matin au soir. Je réparais des ruches, j'en assemblais de nouvelles – et pas n'importe quelle ruche standard telle qu'on en trouve dans le commerce, non : un modèle qui se transmettait dans la famille depuis des générations. Les plans détaillés étaient accrochés sous verre au mur de la salle à manger. C'était Emma qui avait un jour eu l'idée de les exposer là, après les avoir dénichés dans une malle au grenier. Nous connaissions ces plans par cœur, dans la famille. Nous aurions également pu troquer la malle contre une coquette somme chez un antiquaire, mais j'étais attaché à cette cantine d'émigré : elle symbolisait mes origines, rappelant l'histoire de la première de mes ancêtres à avoir posé le pied en Amérique. Une femme célibataire. Tout avait commencé avec elle, cette malle, ces plans.

Emma était consciente de la valeur de cet héritage. Lorsqu'elle avait décidé de descendre les plans du grenier, pour protéger le papier jauni qui menaçait de se réduire en poussière, elle avait pris soin de suspendre les cadres à l'abri du soleil.

Lorsqu'ils apprenaient que nous fabriquions nous-mêmes nos ruches, les gens se moquaient. Aucun autre apiculteur ne le faisait, ça prenait bien trop de temps. Mais c'était ainsi que nous avions toujours procédé, dans la famille. Nos ruches étaient uniques, quoi qu'en pensent les médisants, et j'étais convaincu que nos abeilles s'y sentaient mieux que dans n'importe quelle caisse construite en usine. Je ne m'en vantais pas, je ne cherchais à convaincre personne ; je préférais laisser rire les idiots.

Dans la grange, les outils et les planches de bois épaisses et odorantes n'attendaient plus que moi.

Je commençai par le corps des ruches. Je découpai les rainures à la scie sauteuse et clouai les planches avec un maillet. C'était le travail le plus rapide, celui qui se voyait. La fabrication des cadres demandait plus de temps. Il y en avait dix par caisse. Le seul que nous achetions était la grille à reine en métal, qui, avec ses interstices de 4,2 millimètres, permettait aux ouvrières de passer et de s'assurer que la reine, plus grosse, restait dans le corps de la ruche. Travailler m'aidait à lutter contre le sommeil. Dans la grange froide où la sciure de bois voletait dans l'air comme des flocons de neige, la fatigue avait moins de prise sur moi que dans la maison. Et impossible de somnoler avec le vacarme assourdissant de la scie. J'abandonnai le protège-oreilles que je portais d'ordinaire et laissai le bruit emplir ma tête, là où il n'y avait pas de place pour grand-chose d'autre.

Je n'avais pas entendu Emma entrer. Elle était peut-être

demeurée là un long moment à m'observer, avec son gros casque de protection jaune. Je m'aperçus de sa présence en allant chercher des baguettes en bois. Elle souriait.

J'éteignis la scie.

— Qu'est-ce qu'il y a ?

Elle fit un signe vers son casque en secouant la tête : elle n'entendait pas ce que je disais. Nous restâmes l'un en face de l'autre, sans bouger. Je connaissais bien ce sourire. La ménopause était le grand sujet du moment, les femmes murmuraient quand elles croyaient que nous ne les écoutions pas. Les bouffées de chaleur, les envies pressantes à tout bout de champ, les suées nocturnes et ce dont pâtissaient bien des maris : une libido en berne. Avec Emma, rien de tout ça. Et ce jour-là, en la voyant me sourire, le casque antibruit sur les oreilles, je compris tout de suite ce qu'elle voulait.

Ça faisait longtemps – en tout cas selon nos critères – que nous ne l'avions pas fait. La dernière fois remontait à avant le séjour de Tom. Sa présence nous intimidait, comme lorsqu'il dormait avec nous, bébé, et que nous avions peur qu'il nous entende, que nous chuchotions dès que nous entrions dans la chambre et marchions sur la pointe des pieds avant de nous glisser sous la couette et de lire tranquillement chacun de notre côté. Après le départ de Tom, le sujet ne semblait pas d'actualité. Ça ne m'avait même pas traversé l'esprit.

Emma m'enlaça et m'embrassa sur la bouche, les yeux fermés.

— Je ne sais pas..., dis-je.

Je me sentais courbatu, mou, je manquais totalement d'entrain.

— Je suis un peu fatigué.

Elle se contenta de sourire en me montrant de nouveau le casque.

J'essayai de le lui enlever, mais elle écarta ma main.

Nous restâmes ainsi. J'avais gardé sa main dans la mienne.
— OK.
Je pris un casque.
— C'est ça que tu veux ?
Pour une raison quelconque, je revenais à la vie. Le silence n'était pas total, il ne l'est jamais quand on se coupe du monde avec un casque antibruit : le chuintement du cerveau, le bruit de ma propre respiration, de mon cœur qui cognait, tout semblait se presser dans mes oreilles.
Je l'embrassai, sa langue était douce, sa bouche offerte et chaude, je la hissai sur l'établi. Sa tête se trouvait désormais à la même hauteur que la mienne. L'air était froid, mes doigts étaient comme des glaçons sur sa peau. Elle se crispa, mais ne se déroba pas. Je soufflai sur mes mains pour les réchauffer, mais sans grand résultat, car elle frémit quand je tentai de les glisser sous son pull. Elle bascula le buste en arrière, en laissant ses jambes pendre au-dessus du sol. Je l'embrassai sur le ventre, mais elle poussa ma tête plus bas. Elle tressaillit quand ma langue la toucha. Peut-être gémit-elle, mais je ne l'entendis pas.
Puis nous nous couchâmes sur l'établi. Elle sur le dessus. Ce fut bref, il faisait trop froid. Et l'établi était trop dur contre mes omoplates.
Elle ôta ensuite son casque, remonta son pantalon et rentra sa chemise dedans. Avant que j'ouvre la bouche, elle avait disparu.
La chaleur de son corps demeura, flottant au-dessus de l'établi.
Gulf Harbors. C'était reparti. Gulf Harbors. Ces mots me hantaient, je les retournais dans ma tête, Gulf Harbors, je les pétrissais, comme une pâte, Gulf Harbors, Harb Gulfors, Bors Gulfharb, je m'ébrouai pour m'en débarrasser, mais, les salauds ! ils ne voulaient pas s'évaporer... Gulf Borsharb, Bors Harbgulf, Harb Forsgulf.
Il faisait chaud, là-bas. En zappant la veille au soir, j'étais

tombé sur la météo, et j'avais discrètement attendu que Tampa apparaisse sur la carte pour changer de chaîne. Pas beaucoup de pluie à cette époque de l'année, apparemment. Quand nous avions du mal à sortir d'un hiver mordant ici, ils vivaient déjà un été de rêve là-bas. Passer son temps dehors. Les barbecues. Les dauphins. Les lamantins.

Gulf Harbors.

Quelle femme, mon Emma. J'avais de la chance. Quoi qu'il arrive. Même si nous devions déménager en Floride.

Tao

Vint enfin le jour de repos tant attendu. Sans préavis, comme d'habitude. La veille au soir, par la radio et sur des écrans d'un autre temps, la chef du Parti, Li Xiara, nous avait annoncé que la pollinisation et la floraison étaient terminées et que le gouvernement avait décidé de nous accorder une pause. Sa voix monocorde gardait le même ton posé que la nouvelle soit bonne ou mauvaise.

Notre dernier jour de congé remontait à deux mois, aussi la nouvelle nous remplit-elle de joie. Enfin, nous allions pouvoir soulager nos épaules nouées, nos avant-bras perclus de tendinites, nos pieds éreintés. Et, pour une fois, ce fut la lumière du jour qui me tira du sommeil et non la sonnerie du réveil. Les paupières closes, je restai allongée de longs instants tandis qu'autour de moi la chambre se réchauffait sous les rayons du soleil. Je réussis finalement à ouvrir les yeux : la place à mon côté était vide. Kuan était déjà debout.

Je le retrouvai dans la cuisine, assis devant une tasse de thé à contempler les champs par la fenêtre. Wei-Wen jouait à ses pieds. Quel calme ! Même Wei-Wen, qui faisait rouler sa petite voiture en émettant des « vroum ! vroum ! » discrets, semblait paisible. J'aimais tant le regarder : sa nuque douce aux cheveux coupés court, les petits doigts pataugs avec lesquels il manipulait le jouet, le filet de bave qu'il laissait échapper en imitant le vrombissement de son auto. Son enthousiasme. Il aurait pu passer des heures à créer des routes et des villes animées.

Je m'assis à côté de Kuan, bus une gorgée de son thé qui était déjà presque froid. Il devait être levé depuis longtemps.

— Qu'est-ce que tu as envie de faire aujourd'hui ? m'enquis-je.

Il avala à son tour une minuscule gorgée de thé, comme s'il l'économisait.

— Je ne sais pas… Et toi ?

Je savais qu'il mentait : je l'avais entendu discuter avec des collègues des festivités prévues en ce jour spécial : une grande table dressée sur la place du village, de la nourriture pour tout le monde, des animations.

— J'aimerais consacrer cette journée à Wei-Wen, déclarai-je d'un ton léger.

Il émit un petit rire.

— Moi aussi ! répliqua-t-il en évitant mon regard.

— Avec autant de temps libre devant nous, nous pourrions bien travailler. J'aimerais tellement que Wei-Wen apprenne à compter.

— Hmm.

Toujours ce regard fuyant…

— Tu m'as demandé ce que je voulais faire. Je te réponds, ajoutai-je.

Il se leva et entreprit de me masser délicatement les épaules. Il connaissait mon point faible : il savait que, si je pouvais lui tenir tête verbalement, j'en étais rarement capable physiquement.

Je me dégageai. Il ne m'aurait pas, cette fois-ci.

— Kuan…

Sans rien dire, mais le sourire aux lèvres, il m'entraîna jusqu'à la fenêtre. Debout derrière moi, il m'enlaça.

— Regarde dehors, murmura-t-il en passant ses doigts entre les miens.

Il resserra son étreinte.

— Regarde !

— Pourquoi donc ?

Je fus contrainte de lui obéir. Le temps était radieux. Il neigeait des pétales blancs qui venaient s'amonceler sur le sol. Au soleil, les feuilles flottant dans l'air devenaient presque fluorescentes, les rangées de poiriers aux quantités de fleurs étourdissantes s'étendaient à l'infini. Ces arbres, je les voyais tous les jours, et pourtant c'était la première fois qu'ils m'apparaissaient ainsi. Comme un tout.

— Voici ce que nous pourrions faire : mettre nos plus beaux vêtements et aller en ville pour nous offrir un bon repas.

Il fit cette proposition d'une voix douce, conciliante, et je décidai de lui répondre de la même façon. Il était hors de question de commencer cette journée par une dispute.

— Pas en ville, s'il te plaît.

— Mais c'est là que tout le monde va !

Raison de plus pour ne pas y aller, pensai-je. On passait déjà nos journées collés les uns aux autres. J'inspirai profondément.

— Et si on restait entre nous ?

Ses lèvres se retroussèrent dans une tentative de sourire.

— Ça m'est égal. Du moment qu'on sort.

Je me retournai de nouveau vers la fenêtre, vers les fleurs, cet océan de pétales blancs. Nous n'étions jamais seuls, aux champs.

— On pourrait aller là-bas…

— Dans les vergers ?

— Tu voulais sortir, non ?

Cette fois-ci, Kuan ne me retourna pas mon sourire.

— Je ne sais pas…

— Ce serait bien. Rien que nous trois.

— Je m'étais déjà plus ou moins engagé auprès de…

— Ça éviterait cette longue trotte avec Wei-Wen. Pour une fois qu'on peut rester tranquilles… Tu ne crois pas ?

Résolue à passer sous silence la leçon de calcul, je posai la main sur son bras. Mais Kuan me connaissait par cœur.

— Et les livres ?

— Peut-être qu'on pourrait en emporter quelques-uns… ? Sans y consacrer la journée, bien sûr !

Son regard croisa enfin le mien. Résigné, mais accompagné d'un sourire.

WILLIAM

Pour la première fois depuis des mois, je me tenais debout devant mon bureau, un secrétaire installé dans le coin le plus lumineux de la pièce, sous la fenêtre. Un livre était posé dessus. Edmund l'avait-il laissé là pendant mon sommeil ?

Le volume, aux pages jaunies et à la reliure en cuir craquelée, était recouvert d'une fine couche de poussière : *New Observations on the Natural History of Bees*[1], de François Huber, publié à Édimbourg en 1806, quarante-cinq ans plus tôt. Je le reconnaissais à présent, je l'avais acheté lorsque j'étudiais à Londres, à l'époque où je me privais volontiers de déjeuner pendant une semaine pour pouvoir m'offrir un livre. Je n'avais jamais trouvé le temps de le lire, bien que le sujet me passionnât : les abeilles, les ruches, ces superorganismes où la vie de chaque individu est régie par la collectivité.

Pourquoi Edmund avait-il choisi de mettre en évidence cet ouvrage en particulier ?

Je sortis mes lunettes, les nettoyai en les frottant contre ma chemise puis m'assis à mon bureau. Sentir le cuir du fauteuil contre mon dos me faisait l'effet de retrouver un vieil ami.

1. *Nouvelles observations sur les abeilles.*

Quand je l'ouvris, le livre émit un crissement récalcitrant. Je tournai avec précaution la page de titre, puis commençai ma lecture.

Je connaissais l'histoire de François Huber depuis mes études, mais je ne m'étais jamais plongé dans ses théories. L'homme était né dans une famille suisse très aisée en 1750. Convaincu que leur fils s'illustrerait et que son œuvre passerait à la postérité, ses parents firent en sorte qu'il n'eût jamais à travailler. Dès son plus jeune âge, le petit François s'employa à satisfaire son père, veillant tard dans la nuit sur des ouvrages ardus, ses yeux brûlants laissant échapper des larmes de douleur. Mais ce rythme, peu à peu, le rongea : les livres ne l'entraînaient pas dans le monde des Lumières, mais dans celui des ténèbres.

À quinze ans, il était presque aveugle. Il fut envoyé à la campagne pour se reposer, avec interdiction de s'adonner à l'étude. Tout juste était-il autorisé à participer à certains travaux de la ferme. Cependant, le jeune François ne goûtait guère l'oisiveté. Il n'avait pas oublié les espoirs que l'on avait placés en lui, et la cécité ne représentait pas un obstacle, mais une opportunité : ce qu'il ne pouvait plus voir, il pouvait toujours l'entendre, or le monde autour de lui grouillait de vie. Les oiseaux chantaient, les écureuils grognaient, le vent soufflait dans les arbres et les abeilles bourdonnaient.

Les abeilles, surtout, retinrent son attention.

Il se lança dans un travail de recherche en bonne et due forme et jeta sur papier les bases de l'ouvrage que je tenais entre mes mains. Secondé par son secrétaire, François Burnen, il entreprit d'étudier le cycle de vie des abeilles à miel.

Leur première grande découverte porta sur la reproduction. Bien que de nombreux scientifiques à différentes époques eussent longuement observé la vie à l'intérieur de la ruche, personne n'avait jamais assisté à la fécondation de la reine. La raison en était simple : Huber et Burnen découvrirent que la fécondation se produit à l'extérieur de la ruche, au moment où les jeunes reines s'envolent dans la nature. À leur retour, les reines sont pleines de sperme et chargées des organes reproducteurs des faux bourdons, arrachés lors de l'accouplement. Comment la nature peut-elle exiger un tel sacrifice de la part des faux bourdons ? Huber n'élucida jamais ce mystère. Ce que l'on découvrit plus tard, c'est que la nature exigeait encore plus des mâles : la mort les attendait après l'accouplement. Peut-être était-il préférable que Huber ne le sût jamais... À côté de ses travaux d'observation, Huber participa à l'amélioration des conditions de vie des abeilles en concevant un nouveau type de ruches.

Pendant des siècles, le contact des hommes avec les abeilles se limita à la capture de ruches sauvages, des gâteaux de cire en forme de demi-cercle que les abeilles construisaient dans les branchages ou les anfractuosités. Mais avec le temps, l'or produit par ces insectes devint une obsession telle que les hommes tentèrent de les domestiquer, d'abord avec des ruches en céramique aux résultats peu concluants, puis grâce à des ruches en paille, les plus communes en Europe à l'époque de Huber. Dans ma région, ce type de ruches demeurait majoritaire ; dans les prés ou au bord des chemins, elles avaient le mérite de se fondre dans le paysage. Jamais néanmoins je ne m'étais penché sur le sujet : leur conception rendait l'observation des abeilles difficile, autant que la récolte du miel, laquelle demandait de presser les alvéoles de cire, et donc d'écraser œufs et larves, ce qui non seulement donnait un miel impur mais nécessitait de détruire les gâteaux de cire, où vivaient les abeilles.

Voilà pourquoi Huber s'employa à inventer la « ruche à feuillets », qui s'ouvrait comme un livre dont chaque page était composée d'un cadre destiné au couvain et au miel. Le principe me passionna et je me mis à en étudier attentivement les schémas. Les feuillets étaient esthétiquement remarquables, mais ne me semblaient pas si pratiques. Je sentais qu'il était possible de perfectionner leur agencement, d'imaginer un système qui permît à la fois de récolter le miel sans faire de mal aux abeilles et d'observer l'intérieur de la ruche, le couvain, la reine, la colonie entière. Je tremblais d'excitation : c'était ça que je voulais, c'était là que se trouvait ma passion. Je ne parvenais plus à détacher mon regard des dessins. Je voulais rentrer dedans. Entrer dans la ruche !

TAO

— Un, deux, trois et hop !

Notre petit garçon entre nous deux, une main dans la mienne, l'autre dans celle de son père, nous marchions le long des champs. Wei-Wen portait mon vieux foulard rouge autour du cou. Il l'adorait et aurait voulu le mettre tous les jours, mais je ne lui en donnais la permission que lorsque nous étions seuls, par respect pour l'institution. Le foulard représentait une distinction et j'espérais qu'en le portant de temps en temps Wei-Wen aurait envie de posséder un jour le sien.

— Encore ! Encore ! s'exclamait-il lorsque nous le soulevions de terre.

Le foulard lui remontait devant les yeux à chaque saut et il l'écartait d'un geste.

— Regarde ! s'écriait-il en tendant le doigt. Regarde !

Les arbres, le ciel, les fleurs : tout ça était nouveau pour lui. D'ordinaire, il observait les champs depuis la fenêtre, avant de partir à l'école ou de se mettre au lit.

Nous avions décidé d'aller pique-niquer à trois cents mètres de chez nous, sur une colline près de la forêt, que nous apercevions depuis notre appartement. Nous savions que, de là-haut, la vue serait imprenable sur le village et les vergers. Nous avions emporté du riz frit, du thé, une couverture et une conserve de prunes que nous avions gardée pour une occasion spéciale. Le plan était de nous installer ensuite à l'ombre pour travailler avec Wei-Wen. J'espérais réussir à lui apprendre à compter jusqu'à dix. Ce serait plus facile aujourd'hui. Wei-Wen était reposé. Moi aussi.

— Un, deux, trois et hop !

Nous le soulevâmes de nouveau.

— Plus haut ! exigea-t-il.

Nous échangeâmes un coup d'œil résigné avant de nous exécuter. C'était dans la nature d'un enfant de trois ans de ne jamais se lasser, et celui-ci en particulier était habitué à obtenir ce qu'il voulait.

— Imagine quand il ne nous aura plus pour lui tout seul, glissai-je à Kuan.

— Il risque d'avoir du mal, au début, concéda-t-il en souriant.

Nous étions si proches du but... Quelques mois encore et la boîte en fer-blanc dans le placard de la cuisine serait suffisamment remplie. Contre trente-six mille yuans, nous allions enfin pouvoir obtenir l'autorisation. Nous en avions déjà trente-deux mille quatre cent soixante-seize de côté. Mais le temps pressait, car la limite d'âge était fixée à trente ans, et nous en avions tous les deux vingt-huit.

Wei-Wen allait avoir un petit frère ou une petite sœur. Il allait devoir apprendre à partager. J'essayai de lâcher sa main.

— Tu peux marcher tout seul maintenant, Wei-Wen.

— Naaan !

— Si. Un peu. Au moins jusqu'à cet arbre-là.

Je montrai du doigt un arbre situé cinquante mètres plus loin.

— Lequel ?

— Celui-là.

— Mais ils sont tous pareils !

Je ne pus m'empêcher de sourire, il avait raison. Je jetai un coup d'œil à Kuan. Il rayonnait, finalement satisfait d'être ici et décidé, comme moi, à passer une belle journée.

— Les bras ! piailla Wei-Wen en se plaquant à ma jambe.

Je la secouai pour me libérer.

— Regarde. Prends ma main.

Mais il continuait à geindre.

— Les bras !

Il s'envola brusquement dans les airs quand Kuan l'attrapa sous les aisselles pour l'installer sur ses épaules.

— Comme ça. Et maintenant je peux être le chameau et toi le cavalier.

— C'est quoi un chameau ?

— Un cheval, si tu préfères.

Il hennit et Wei-Wen éclata de rire.

— Au galop, le cheval !

Kuan esquissa quelques pas, puis s'arrêta.

— Non, ce n'est pas possible. Je suis un vieil animal épuisé qui, en plus, veut marcher à côté de la maman cheval.

— La jument, le repris-je. Ça ne s'appelle pas une maman cheval, mais une jument.

— D'accord. La jument.

Il prit ma main et nous avançâmes ainsi sur quelques mètres, avant qu'il ne saisisse fermement les deux jambes de Wei-Wen qui oscillait dangereusement sur ses épaules. Le corps de notre fils se balançait à chacun de ses pas, il tendait le cou, regardait autour de lui. Il s'écria, extatique :

— Je suis le plus grand !

Nous atteignîmes le sommet de la colline. Le paysage se déployait devant nous. Sur la terre où l'herbe commençait à poindre à travers le tapis de feuilles en décomposition laissé par l'hiver précédent, les arbres formaient des lignes de boules de coton symétriques, comme tracées à la règle.

La forêt, vaste et ombreuse, ne se trouvait qu'une centaine de mètres plus loin. Nous n'avions aucune raison d'y traîner et, d'ailleurs, cette zone allait être bientôt transformée en vergers.

Je me tournai vers le nord, où des rangées de poiriers semblaient s'étendre à l'infini. J'avais lu des livres et des articles sur les voyages qu'entreprenaient autrefois les gens, les touristes, lorsqu'ils venaient dans des endroits comme celui-ci au printemps, rien que pour admirer les fruitiers en fleurs. Ce paysage était-il beau ? J'étais incapable de le dire. Je l'assimilais au travail. Chacun de ces arbres représentait une dizaine d'heures de labeur. Je ne pouvais pas les examiner sans penser que bientôt ils ploieraient sous les fruits, et qu'il nous faudrait les cueillir en faisant preuve de la même délicatesse que pour la pollinisation, avant de les envelopper soigneusement dans du papier, un à un, comme si nous manipulions de l'or. Une quantité inimaginable de poires, d'arbres, d'heures, d'années, un travail sans fin.

Et pourtant, aujourd'hui, nous avions choisi de venir ici. À ma demande.

Kuan étala la couverture par terre. Nous sortîmes les boîtes contenant notre déjeuner. Wei-Wen en mettait partout quand il mangeait. Il était toujours pressé d'en finir et faisait la fine bouche alors que nous étions prêts à lui céder une partie de notre repas.

Cependant, ce jour-là, quand nous ouvrîmes la boîte de prunes, il comprit à notre silence plein de déférence qu'il fallait être calme. La conserve était posée entre nous. L'ouvre-boîte crissa contre le métal, puis Kuan écarta le couvercle. Nous contemplâmes les fruits jaunes à l'intérieur, leur odeur sucrée nous chatouilla le nez. Je pris précautionneusement une prune avec une fourchette et la posai dans l'assiette de Wei-Wen.

— C'est quoi ? demanda-t-il.

— Une prune.

— J'aime pas les prunes.

— Ça, tu ne peux pas le savoir avant d'y avoir goûté.

Il se pencha sur son assiette et lécha le fruit du bout de la langue. Au bout d'une seconde de réflexion, il sourit. Puis il engloutit la prune entière, tel un chien affamé, le jus dégoulinant à la commissure de ses lèvres.

— Y en a d'autres ? demanda-t-il, la bouche encore pleine.

Je lui montrai la boîte. Elle était vide. Il y en avait une pour chacun d'entre nous, pas plus.

— Mais tu peux prendre la mienne, si tu veux, dis-je en la lui donnant.

Kuan me lança un regard désapprobateur.

— Toi aussi tu as besoin de vitamines C, murmura-t-il.

Je haussai les épaules.

— Elle ne fera que m'ouvrir l'appétit. Autant ne pas y toucher.

Kuan me sourit.

— Je vois.

À son tour, il fit glisser sa prune dans l'assiette de Wei-Wen.

Deux minutes plus tard, Wei-Wen avait tout avalé. Il était debout et voulait grimper dans les arbres. Nous dûmes l'arrêter.

— Non, mon chéri, les branches peuvent se casser.

— Mais je veux monter !

J'ouvris le sac pour prendre de quoi écrire.

— Que dirais-tu plutôt de venir t'asseoir ici et de jouer à compter ?

Kuan leva les yeux au ciel. Wei-Wen ne parut pas m'entendre.

— Oh ! Un bateau !

Il brandit une brindille.

— Waouh ! répondit Kuan. Et là, tu as vu le lac ?

Il désignait du doigt une petite flaque boueuse.

— Ouais ! s'exclama Wei-Wen en s'y précipitant.

Je reposai les crayons et le cahier sans un mot et tournai le dos à Kuan. Il m'ébouriffa les cheveux.

— La journée est longue.

— Elle est déjà à moitié écoulée.

— Viens ici.

Il me força à m'allonger sur la couverture.

— Regarde comme c'est divin de rester couché sans rien faire. De se détendre.

Je me surpris à sourire.

— OK…

Il me prit la main et la serra. Je serrai la sienne en retour. Et il resserra la mienne. Nous rîmes tous les deux. La dissonance habituelle avait totalement disparu.

Je me tournai sur le dos et m'étirai de tout mon long, sans craindre que quelqu'un ne vienne m'ordonner de me relever. Éblouie par la lumière du soleil, je fermai un œil. Le monde perdit en profondeur. Le ciel d'un bleu prononcé se confondait désormais avec les fleurs blanches dans les arbres au-dessus de nous. Il apparaissait entre chaque pétale. Si je les fixais longtemps, les objets du premier plan et de l'arrière-plan s'intervertissaient, le ciel devenant un tapis au crochet, bleu sur fond blanc.

Je fermai les deux yeux. Je sentais la main de Kuan dans la mienne, immobile. Nous aurions pu discuter. Nous aurions pu faire l'amour. Mais nous ne souhaitions qu'une seule chose l'un et l'autre : rester ainsi allongés. Plus loin, près de la flaque, nous entendions les broum ! broum ! de Wei-Wen, le bateau qui allait et venait.

Je finis par changer de position. Mes omoplates s'enfonçaient dans le sol et ma colonne vertébrale commençait à me faire mal. Je me mis sur le côté, la tête sur le bras. Kuan s'était bien sûr endormi et ronflait légèrement. Je l'observai. Mon mari, cet homme toujours un peu trop mince, un peu trop pâle, un peu à la traîne, aurait été capable de dormir une semaine d'affilée… Il mangeait moins qu'il ne brûlait de calories et, pourtant, il répondait toujours présent. Ses journées de travail avaient beau être plus longues que les miennes, il n'était jamais contrarié, se plaignait rarement.

En l'absence des ouvriers, le silence dans les champs était assourdissant. Même Wei-Wen s'était tu. Pas le moindre souffle de vent dans les arbres, juste l'absence de bruit, le vide.

Je me redressai. Où était-il ? Je me tournai vers la flaque. Personne. L'eau boueuse brillait d'un reflet brunâtre dans la lumière du soleil.

Je me levai.

— Wei-Wen ?

Aucune réponse.

— Wei-Wen, où es-tu ?

Ma voix ne portait guère plus qu'à quelques mètres, elle était engloutie par le silence.

Je scrutai les alentours. En vain.

— Wei-Wen ?

Kuan fut réveillé par mes cris. Il se leva d'un bond.

— Tu le vois ?

Il secoua la tête.

L'immensité de l'endroit me frappa. Et son uniformité. Une succession de champs de poiriers. Avec, pour seuls repères, le soleil et la forêt. Un enfant de trois ans seul dans un tel environnement…

Nous nous ruâmes vers la flaque. Le bout de bois flottait à la surface.

— Tu vas voir par là-bas pendant que je vérifie par ici ?

Kuan parlait d'une voix calme.

J'acquiesçai.

— Il est sûrement quelque part dans le coin en train de rêvasser, dit-il. Il ne peut pas être bien loin.

Je me précipitai vers le nord, en courant à petites foulées sur le sol inégal. Oui, il était sûrement quelque part en train de rêvasser, absorbé par un spectacle qui le rendait sourd à nos appels.

— Wei-Wen ? Wei-Wen ?

Peut-être avait-il eu la chance de découvrir un petit animal, un insecte. Ou peut-être une souche qui ressemblait à un dragon. Une chose qui l'avait fasciné. Un ver de terre. Un nid. Une fourmilière.

— Wei-Wen ? Où es-tu ? Wei-Wen !

Je m'efforçais de garder une voix gaie, mais j'entendais à quel point elle était perçante.

La voix de Kuan me parvenait au loin.

— Wei-Wen ? Eh oh !

J'essayai d'appeler mon fils avec le même sang-froid. Il était quelque part par ici, bien sûr qu'il était quelque part par ici.

— Wei-Wen ?

Le soleil me brûlait le dos.

— Wei-Wen ? Mon chéri ?

C'était comme si, tout à coup, la température était montée.

— Wei-Wen ! Réponds, mon poussin !

Ma respiration. Irrégulière. Saccadée. En me retournant, je découvris que la colline s'éloignait derrière moi. Il était impossible qu'il soit allé aussi loin. Je repartis en courant, mais en changeant de trajectoire.

Je me souvins brusquement qu'il portait le foulard rouge. Wei-Wen portait le foulard rouge. Il devrait être facile à repérer. Entre la terre marron, l'herbe verte et les fleurs blanches, il devrait ressortir.

— Tao ! Tao ! Viens ici !

La voix de Kuan. Méconnaissable et perçante.

— Tu l'as trouvé ?

— Viens !

Je m'élançai vers lui. J'avais le larynx noué. L'oxygène ne semblait plus atteindre mes poumons.

J'aperçus Kuan entre les arbres. La forêt était grande et sombre derrière lui.

— Il y a un problème ? Il s'est passé quelque chose ?!

Ma voix n'était plus qu'un filet.

Kuan m'apparut distinctement. Les traits figés, les yeux écarquillés, il portait quelque chose dans ses bras.

Le foulard rouge.

Une chaussure qui battait la mesure dans le vide, une tête noire d'enfant qui ballottait.

Je me précipitai vers lui.

J'étouffai un cri.

Car Wei-Wen respirait avec difficulté. Son visage était blanc sous ses cheveux noirs. Ses yeux me fixaient, appelaient au secours. S'était-il cassé quelque chose ? Était-il blessé ? Saignait-il ? Non. Il était comme paralysé.

Je n'entendis pas ce que Kuan me dit. Je voyais ses lèvres bouger, mais le son semblait avoir été coupé.

Il passa devant moi sans s'arrêter.

Je lui criai quelque chose. *Les affaires. Nos affaires !* Comme si cela avait une quelconque importance. Il n'y prêta aucune attention, il courait, Wei-Wen dans les bras.

Je les suivis vers les maisons, vers l'endroit où nous étions susceptibles de trouver de l'aide.

Les chaussures qui se balançaient. Le vent dans le foulard.

Nous courûmes tout le long du chemin. Je gardais le regard rivé sur mon petit garçon, sur Wei-Wen, la peur se lisait dans ses yeux grands ouverts. Mais je ne pouvais rien faire d'autre que courir.

Je répétais son nom encore et encore.

Mais il ne réagissait plus, à présent.

Son corps était mou. Son visage encore plus pâle, des gouttes de sueur perlaient à son front.

Il avait les yeux fermés.

Comme c'était loin ! Avions-nous tant marché que cela ? Avions-nous vraiment parcouru une aussi grande distance ?

Enfin, les premières maisons apparurent, mais la rue par laquelle nous entrâmes dans le village n'était pas celle par laquelle nous en étions sortis. Les chemins se ressemblaient tellement.

Le silence. Où donc étaient-ils tous passés ?

Enfin, quelqu'un ! Une femme d'un certain âge sortant de chez elle, apprêtée. Ça, je le remarquai. La femme avait mis une robe et du rouge à lèvres.

— Madame, s'il vous plaît ! s'écria Kuan. À l'aide !

La femme nous considéra avec perplexité puis découvrit l'enfant.

Quelques minutes plus tard, une ambulance arrivait en soulevant un tourbillon de poussière qui se déposa sur les cheveux de Wei-Wen, ses chaussures, ses cils. Le personnel en blanc bondit hors du véhicule. Avec beaucoup de précautions, ils prirent Wei-Wen des bras de Kuan et l'emportèrent. Un de ses petits bras inertes se balançait mollement dans le vide, ce fut la dernière chose que nous vîmes de lui. Puis nous fûmes guidés jusqu'à l'ambulance, mais pas auprès de notre fils ; on nous fit asseoir à l'avant. Quelqu'un nous invita à attacher nos ceintures de sécurité.

Pour quoi faire ?

George

J'ouvris les yeux une heure et vingt-deux minutes avant la sonnerie du réveil. Les draps étaient trempés de sueur. Je repoussai la couette, mais je savais qu'il me serait impossible de me rendormir. Ce jour-là, nous allions inspecter les ruches pour la première fois depuis la fin de l'hiver. Je dormais toujours mal la nuit précédente, tant j'étais obnubilé. La cire d'abeille, les rayons, les couvains me hantaient. Je n'avais aucune idée de ce que j'allais trouver : j'avais connu jusqu'à cinquante pour cent de mortalité hivernale. Et rien n'était pire que de constater l'absence de reine et de couvain en ouvrant les ruches. Je savais pourtant que nous avions eu un hiver normal, ni particulièrement froid ni particulièrement doux, mais je n'en gambergeais pas moins.

Je tremblai encore plus en attendant Rick et Jimmy, à qui j'avais donné rendez-vous à sept heures et demie. J'avais hâte de m'y mettre. J'aurais préféré qu'on attaque aussitôt, mais la tradition voulait que nous nous retrouvions dans la cour de la ferme, pour y dire et y boire des choses importantes.

Rick arriva le premier, comme d'habitude. Grand, mince, désarticulé, il ressemblait à James Stewart, le charme en moins, avec son long nez pointu, ses yeux enfoncés, son crâne dégarni à pas encore trente ans. Je l'observai en train de s'extraire de sa voiture. Rick exécutait toujours dix fois plus de mouvements que nécessaire. Mais c'était un passionné. Il avait suivi des cours d'agronomie par correspondance et il lisait énormément, tout le temps. En toute occasion, il pouvait nous expliquer la provenance des choses, leur histoire, les théories qui se cachaient derrière. C'était comme de mettre une pièce dans une machine : cet homme était un véritable distributeur d'anecdotes. Il rêvait d'acheter sa propre ferme, mais j'avais toujours pensé qu'il aurait été plus utile derrière un bureau, à faire marcher sa tête.

Il trépignait sur place, balançant ses bras en avant et en arrière.

— Alors…, dit-il.

— Alors…

— Comment ça s'annonce ? T'as une idée ?

— Non… Bien, a priori. Il n'y a aucune raison de penser le contraire.

— Effectivement, aucune raison…

Il fronça les sourcils, fourragea dans ses cheveux clairsemés.

— ... mais bon.

À la façon dont il s'acharnait sur son crâne, on aurait dit qu'il avait des poux.

— On ne sait jamais.

— Non, on ne sait jamais. Mais bon, avec l'hiver qu'on a eu…

— Oui, en effet…

— Ouais.

— Mais ces disparitions, quand même…

— Ah ouais, ça.

Mon ton était faussement désinvolte, mais bien sûr que l'idée m'avait traversé l'esprit. Moi aussi, je suivais ce qui se passait. Même l'*Autumn Tribune* avait fait état des mystérieuses disparitions qui avaient frappé un certain nombre d'apiculteurs dans le Sud. En novembre, un type de Floride s'était retrouvé du jour au lendemain avec des ruches complètement désertées. David Hackenberg, il s'appelait. Sa mésaventure avait fait le tour du pays. Et depuis, ils étaient de plus en plus nombreux à raconter la même chose, en Floride, en Californie, dans l'Oklahoma, au Texas.

L'histoire était la même à chaque fois. Des ruches en bonne santé, un stock de nourriture suffisant, un couvain et tout ce qu'il fallait. Et puis, en l'espace de quelques jours, de quelques heures même, les abeilles disparaissaient, abandonnant leur reine et tout le reste. Et ne revenaient jamais.

Les abeilles sont des insectes propres. Dans la mesure du possible, elles partent mourir ailleurs pour ne pas polluer la ruche. C'était pour ça qu'elles avaient disparu ? Pourtant elles laissaient à chaque fois derrière elles la reine et quelques jeunes abeilles, les condamnant à une mort certaine. Pourquoi les ouvrières auraient-elles adopté un comportement contre nature ?

Personne ne le savait. La première fois que j'avais entendu parler du phénomène, je l'avais attribué à un mauvais entretien des ruches. Ce Hackenberg ne s'occupait pas bien de ses abeilles, avais-je pensé. Ce n'était pas le premier. Elles n'avaient pas eu assez de sucre, avaient eu trop chaud ou trop froid. Notre boulot n'était pas sorcier, cependant, il y avait simplement des règles élémentaires à respecter. Mais la même histoire se répéta, encore et encore. Et mes convictions s'émoussèrent : le problème était ailleurs.

— Ça ne concerne que le Sud, déclarai-je.

— Oui, oui, bien sûr… Ils pratiquent l'apiculture intensive, là-bas.

Au même moment, le pick-up vert de Jimmy s'arrêta devant nous dans un dérapage. Ce dernier sortit du véhicule, un grand sourire aux lèvres. Si Rick était inquiet de nature, Jimmy le débonnaire était son parfait opposé. Le geste mesuré, précis, il ne risquait pas la surchauffe intellectuelle, ce qui ne l'empêchait pas d'être un gros bosseur.

Son physique de beau gosse du campus – blond, la tignasse épaisse, la fossette au menton et la mâchoire puissante – compensait son manque d'activité cérébrale. Son apparence semblait soumise à de minutieux calculs : ses cheveux étaient toujours impeccablement coiffés, ses chemises toujours repassées. Impossible, néanmoins, de savoir à qui il réservait toutes ces attentions : je n'avais jamais vu aucune fille dans sa voiture.

Jimmy tenait un thermos à la main, qui m'éblouit une fraction de seconde, lorsque l'acier vint refléter un rayon du soleil. Nous sortîmes chacun notre tasse et la lui tendîmes.

— Du café fraîchement moulu, annonça-t-il en nous servant le liquide noir. Colombie. Torréfaction poussée, goût corsé.

Personnellement, ça ou du lyophilisé, je ne voyais pas la différence. Mais pour Jimmy, ce breuvage était ce qui se rapprochait le plus de l'art. Il achetait ses grains sur Internet, et comparait le café acheté déjà moulu à l'œuvre de Satan. L'eau aussi réclamait un traitement rigoureux : il fallait qu'elle soit à bonne température. C'était l'alpha et l'oméga. Pour obtenir les meilleurs breuvages, il avait investi dans une cafetière européenne qui était restée bloquée à la douane des semaines durant.

Nous entrechoquâmes nos tasses en silicone dans un bruit sourd, puis bûmes chacun une gorgée.

Le moment était maintenant venu de s'extasier, en émettant si possible une remarque intelligente. Cela faisait partie du rituel. Pour la forme, je fis tourner le liquide dans ma bouche, comme un mec qui s'y connaît en vin.

— ... Puissant... Il a du corps.

— Hmm, approuva Rick. Ça, pour être corsé, il est corsé.

Jimmy hocha la tête avec satisfaction, les yeux pleins d'espoir, comme un gosse le soir de Noël. Il attendait d'autres commentaires.

— Ouais, y a pas à dire, c'est autre chose que l'instantané ! ajoutai-je.

— Mon meilleur café de l'année, renchérit Rick.

Jimmy hocha de nouveau la tête.

— Vous n'avez qu'à vous acheter un moulin et de l'arabica de qualité en grains. Vous pouvez obtenir la même chose chez vous.

C'était ce qu'il répétait à chaque fois, tout en sachant pertinemment que jamais une cafetière ne franchirait le seuil de notre maison. Chez nous, c'était Emma qui s'occupait de le préparer. Et elle était adepte du lyophilisé. Dernièrement, elle s'offrait des lavasses mélangées à du lait en poudre et du sucre. Je m'en tenais au café noir.

— Saviez-vous que la première référence au café apparaît dans une histoire éthiopienne vieille de mille cinq cents ans ? demanda Rick.

— La vache ! s'exclama Jimmy.

— Eh oui. Un jour, un berger a constaté que ses chèvres avaient un comportement étrange depuis qu'elles avaient mangé des baies rouges. Elles ne dormaient plus. Il alla voir un moine.

— Il y avait des moines en Éthiopie il y a mille cinq cents ans ? l'interrompis-je.

— Hein ?

Je l'avais mis en difficulté.

D'un geste de la main, Jimmy évacua la question.

— Évidemment qu'il y avait des moines.

— Donc, des moines non chrétiens, insistai-je. Je veux dire… à cette époque…

— Bref. Son histoire ne tomba pas dans l'oreille d'un sourd, car le moine luttait pour ne pas s'endormir pendant la prière. Il décida donc de mettre ces baies dans de l'eau bouillante puis de la boire. Et voilà ! Le café était né.

Jimmy hocha la tête, ravi. Avec cette anecdote historique, Rick faisait honneur à son breuvage.

Nous terminâmes nos tasses. La boisson refroidissait rapidement dans le vent printanier. La dernière goutte était âcre et tiède. Puis nous montâmes dans nos voitures pour aller voir les ruches.

Sur le volant, mes mains transpiraient tant qu'elles collaient au cuir, autant que mon pull à mon dos. Je dus essuyer mes doigts sur mon pantalon pour pouvoir conduire. Je ne savais pas ce qui m'attendait. Et sur le chemin cahoteux qui menait au pré au bord de l'Alabast River, la voiture n'était pas la seule à trembler. J'étais plein d'appréhension.

Je descendis de voiture et cachai mes mains derrière mon dos. Rick patientait en sautillant sur place. Il voulait se mettre au travail. Jimmy pointa son nez vers le soleil, renifla.

— Il fait combien d'après vous ?

Il ferma les yeux, apparemment pas encore prêt à retrousser ses manches.

— Suffisamment chaud pour ce qu'on a à faire.

Montrant l'exemple, je me dirigeai vers les ruches d'un pas décidé.

— On y va ?

Je vérifiai le plan d'envol et l'entrée de la première ruche, un cube vert pistache qui contrastait avec la couleur criarde de l'herbe. Elle était remplie d'abeilles. Je soulevai le toit. Enlevai le treillis au sommet. Je m'attendais au pire, mais tout allait pour le mieux. Je ne voyais pas la reine, mais le couvain était en parfait état et ce n'étaient pas les œufs qui manquaient. Six cadres pleins. La ruche pouvait rester telle quelle : elle contenait suffisamment de vie pour que je n'aie pas besoin de l'agréger à une autre.

Je me tournai vers Jimmy. Il hocha la tête en direction de la ruche qu'il avait ouverte.

— Tout va bien ici.

— Ici aussi, ajouta Rick.

Tapant de plus en plus fort, le soleil faisait agréablement sécher ma transpiration. Mes mains n'étaient plus moites, mes vêtements se décollaient de mon dos. Bien sûr, quelques ruches posaient problème. Il fallait réunir certaines colonies et par endroits la reine demeurait introuvable. Mais rien d'anormal à ça. J'en venais à penser que nous avions été épargnés par la vague d'hécatombes du Sud. Et après tout, on s'occupait bien de nos abeilles. Elles ne manquaient de rien.

Vint l'heure du déjeuner. Installés chacun dans un fauteuil de camping grinçant, nous mangeâmes nos sandwichs au soleil dans un silence religieux. Un silence qu'évidemment Rick finit par rompre.

— Vous connaissez l'histoire de Cupidon et des abeilles ?

Jimmy et moi restâmes cois. Encore une histoire. Était-ce vraiment nécessaire ?

— Vous la connaissez ? insista Rick.

— Non, concédai-je. Tu sais très bien que nous ne connaissons pas l'histoire de Cupidon et des abeilles.

Jimmy ricana.

— Dans la Rome antique, Cupidon était une sorte de dieu de l'Amour, commença Rick.

— Celui avec les flèches, l'interrompis-je.

— Oui, c'est ça. Le fils de Vénus. Il ressemblait à un gros bébé et se promenait armé de son arc et de ses flèches. Les flèches, en se plantant dans le flanc des gens, éveillaient la passion.

— Dis donc, c'est pas un peu pervers, un dieu de la Passion qui ressemble à un bébé ? s'offusqua Jimmy.

J'éclatai de rire, mais Rick me lança un regard mauvais.

— Vous saviez qu'il plongeait ses flèches dans du miel ?

— Ben… non.

— Et moi, je ne savais même pas qui c'était, ce Cupidon, avant que tu nous en parles, ajouta Jimmy.

— Bon, eh bien, il les plongeait dans du miel, et ce miel, il le volait aux abeilles, poursuivit Rick avant de s'étirer de tout son long dans son fauteuil qui, aussitôt, protesta en un long grincement.

Nous pouffâmes de concert, Jimmy et moi. Mais Rick voulait continuer.

— Il pillait des ruches entières. Jusqu'à ce qu'un jour…

Il marqua une pause, reprit :

— ... jusqu'à ce qu'un jour les abeilles en aient assez et l'attaquent…

Il laissa ses mots en suspens.

— Or, évidemment, Cupidon était nu comme un ver, comme c'était souvent le cas avec les dieux de l'époque, et il fut piqué partout. Je dis bien PARTOUT.

— Il l'avait bien mérité, non ? lançai-je.

— Peut-être. Mais n'oublie pas qu'il n'était qu'un enfant. En larmes, il courut voir Vénus, sa mère, pour qu'elle le console. Il n'arrivait pas à croire qu'une chose aussi petite qu'une abeille puisse causer autant de souffrance. Vous pensez que sa mère l'a consolé ? Pas du tout ! Elle a ri !

— Elle a ri ?

— Ouais, George, elle a ri. « Toi aussi, tu es petit, lui a-t-elle fait remarquer. Mais tes flèches peuvent faire encore plus mal qu'une piqûre d'abeille. »

— Waouh ! m'exclamai-je. Et ensuite ? Que s'est-il passé ?

— Rien. C'est tout, répondit Rick.

Jimmy et moi le regardions fixement, interdits.

— L'histoire se termine là ? demanda Jimmy.

Rick haussa les épaules.

— Oui, mais cette histoire a inspiré des quantités de tableaux. On voit Vénus, nue et belle, avec ses formes généreuses et son teint de porcelaine. Et à côté d'elle, son petit garçon en larmes, des rayons de cire à la main, en train d'être piqué par les abeilles.

Je frémis.

— Tu parles d'une mère ! s'exclama Jimmy.

— Je ne te le fais pas dire, répondit Rick.

Le silence revint. Je clignai des yeux, tâchant de m'ôter de la tête cette image de bébé hurlant, le corps boursouflé de piqûres.

Le soleil me chauffait la nuque. Emma aurait sûrement qualifié cette journée de délicieuse. J'essayai d'en profiter. C'était facile : qui disait soleil disait miel, donc bonne année, donc compte en banque créditeur. Et j'avais besoin d'un compte en banque bien approvisionné pour investir dans la ferme. Car c'était pour ça que je voulais que les affaires fonctionnent. Franchement, quel besoin avait-on d'aller en Floride ? C'était ce que j'allais lui dire, en rentrant : Quel besoin a-t-on d'aller Floride ?

TAO

C'était le soir, mais nous ne dormions pas. Comment aurions-nous pu ?

Alors que nous avions cru aller au petit hôpital local, nous avions été emmenés au grand hôpital du district, à Shirong, sans que personne nous explique pourquoi. L'ambulance en autopilotage changea simplement de direction en cours de route, à mi-chemin.

On nous guida ensuite vers une pièce réservée aux proches. De temps en temps, nous entendions des pas dans le couloir, mais personne ne s'approcha jamais de la porte.

Je me tenais près de la fenêtre, qui donnait sur l'entrée du bureau des admissions. Cinq longs bâtiments blancs en étoile cernaient le lieu. De rares fenêtres étaient éclairées, et une aile entière était plongée dans le noir. L'hôpital datait d'une autre époque : il avait été construit pour bien plus d'habitants que n'en comptait désormais le district. De temps en temps, de nouvelles voitures se garaient sur le parvis. Un hélicoptère s'y posa. Cela faisait des années que je n'avais pas vu un tel engin. On n'utilisait plus d'hélicoptères, ils consommaient trop de carburant. Les pales tourbillonnant dans l'air soulevèrent les blouses blanches du personnel qui semblait sur le point de s'envoler. La porte s'ouvrit, une femme en tailleur et deux hommes descendirent de l'appareil. Aucun d'entre eux ne semblait souffrant, mais ils se précipitèrent vers l'entrée principale.

Parfois, une alarme se déclenchait et une équipe accourait pour se mettre en rang devant l'entrée. Dès que l'ambulance s'immobilisait, en deux temps, trois mouvements, le patient était sorti du véhicule et transporté à l'intérieur. Un accueil semblable nous avait été réservé, mais nous n'avions rien vu. Tout s'était passé tellement vite. Quand nous avions enfin réussi à nous extraire de la voiture, Wei-Wen était déjà parti. Nous avions vu disparaître une civière mais, derrière le bataillon de blouses blanches, il était impossible de distinguer le petit garçon qui y était allongé. Quand j'avais voulu les rattraper, les portes s'étaient refermées devant moi.

Nous nous étions retrouvés seuls, sur le parvis. Kuan était trop loin de moi pour que je puisse lui prendre la main. Ou bien voulait-il rester hors d'atteinte ?

Peu de temps après, deux hommes en blanc étaient venus nous voir – des médecins ? des infirmiers ? – pour nous demander de les suivre en posant sur nos épaules une main pleine de sollicitude.

Je leur avais emboîté le pas, les questions se bousculant dans ma bouche. Où était Wei-Wen ? Quel était le problème ? Était-il blessé ? Pourrions-nous bientôt le voir ? Mais elles demeurèrent sans réponse. Nous apprîmes juste que notre fils – ils employèrent ces mots, votre fils, peut-être ne connaissaient-ils même pas son prénom – était entre de bonnes mains. Tout irait pour le mieux. Puis ils nous accompagnèrent jusqu'à cette pièce avant de s'éclipser.

Je me tenais debout à la fenêtre depuis plusieurs heures quand, enfin, entra un médecin qui se présenta à nous comme le Dr Hio. Elle referma la porte derrière elle en évitant soigneusement de croiser nos regards.

— Où est-il ? Où est Wei-Wen ? demandai-je.

Ma voix semblait venir de très loin.

— Nous sommes encore en train d'étudier le cas de votre fils, dit-elle en s'avançant vers nous.

Elle avait les cheveux gris et un visage lisse, inexpressif.

— Il s'appelle Wei-Wen, répliquai-je. Puis-je le voir ?

Je fis un pas en direction de la porte. Il fallait qu'elle m'emmène jusqu'à lui, coûte que coûte, même si cela revenait à demeurer derrière une vitre.

— Qu'est-ce que vous voulez dire par « étudier son cas » ? s'enquit Kuan.

Elle releva la tête et le regarda. Mais moi, non.

— Nous faisons tout ce qui est en notre pouvoir.

— Il va s'en sortir, n'est-ce pas ? fit Kuan.

— Nous faisons tout ce qui est en notre pouvoir, répéta-t-elle doucement.

Kuan porta la main à sa bouche. Il se mordit le poing. Je sentis un froid glacial m'envahir.

— Laissez-nous le voir, insistai-je, mais si bas que mes paroles s'évanouirent.

Elle fit non de la tête.

Il devait y avoir une erreur. Toute cette histoire était une erreur. Ce n'était pas mon fils qui gisait sur un lit de cet hôpital. Pas Wei-Wen. Il se trouvait à l'école, ou à la maison. Il s'agissait d'un autre enfant, d'un malentendu.

— Faites-nous confiance, dit le Dr Hio en s'asseyant. Entre-temps, j'aurais besoin que vous répondiez à quelques questions.

Kuan hocha la tête et prit une chaise.

Elle sortit un stylo et un carnet.

— Votre fils a-t-il déjà été sérieusement malade ?

— Non, répondit Kuan docilement, avant de se tourner vers moi. Du moins, je ne crois pas, si ?

— Non, dis-je. Juste une petite otite. Et la grippe.

Elle nota quelques mots dans son carnet.

— Rien de particulier à signaler ?

— Non.

— Aucune autre infection affectant les bronches ? De l'asthme ?

— Non, rien, répondis-je sèchement.

Le Dr Hio se tourna de nouveau vers Kuan.

— Où l'avez-vous trouvé exactement ?

Kuan se pencha vers l'avant, en se recroquevillant, comme s'il voulait se protéger des questions.

— Sous les arbres, sur la parcelle 458, ou 457 peut-être. Tout près de la forêt.

— Et que faisait-il ?

— Il était avachi sur le sol, pâle. Il transpirait.

— C'est vous qui l'avez trouvé ?

— Oui.

— Il avait peur, intervins-je. On lisait dans ses yeux une peur terrible.

Elle opina.

— Nous avons mangé des prunes, ajoutai-je. Nous avions emporté des prunes. On lui a donné toute la boîte.

— Merci.

Elle griffonna quelques mots supplémentaires dans son carnet.

Puis elle s'adressa de nouveau à Kuan, comme si lui seul était en mesure de lui répondre :

— Pensez-vous qu'il venait de la forêt ?

— Je ne sais pas.

Elle hésita.

— Que faisiez-vous là-bas ?

Kuan se pencha à nouveau en avant. Il me lança un coup d'œil. Un coup d'œil opaque, qui ne trahissait pas ses pensées.

J'avais la poitrine comprimée et du mal à respirer. Par la seule force de mon regard, je voulais le pousser à nous couvrir. À affirmer que nous avions tous les deux eu l'idée de nous rendre dans les champs, alors que je savais bien que tout était ma faute.

Kuan m'ignora, il se tourna vers le médecin, inspira profondément.

— Nous nous promenions, répondit-il. Nous voulions juste passer une journée agréable en famille.

Peut-être ne me reprochait-il rien. Je continuai à le sonder du regard, en vain.

Mais c'était la vérité, après tout. Nous étions d'accord, nous avions fait un compromis, l'idée n'était pas que la mienne.

Le Dr Hio ne semblait pas percevoir ces non-dits entre nous ; son regard, plus compatissant que purement professionnel, passait maintenant de l'un à l'autre.

— Je vous promets de revenir dès que j'aurai plus d'informations, dit-elle.

Je m'avançai d'un pas.

— Mais que s'est-il passé ? Qu'en est-il de Wei-Wen ?

Ma voix tremblait.

— Vous en savez certainement davantage…

Elle secoua lentement la tête, elle ne pouvait rien nous dire de plus.

— Essayez de vous reposer. Je vais demander qu'on vous apporte à manger.

Elle disparut dans le couloir et nous nous retrouvâmes à nouveau livrés à nous-mêmes.

Une horloge était accrochée au mur. Le temps avançait par à-coups. La première fois que j'avais vérifié l'heure, il s'était passé vingt minutes. La fois suivante, vingt secondes.

Kuan se trouvait toujours à l'autre bout de la pièce. Où qu'il soit, il me semblait loin. Cette distance, nous la souhaitions tous les deux et elle était impossible à réduire. Face à cette épreuve, nous nous révélions tous les deux faits de glace fine, comme celle qui recouvre les flaques à l'automne et se brise au moindre contact.

J'avalai une gorgée d'eau, fétide, qui venait d'une citerne où elle stagnait sans doute depuis une éternité.

La nuit était tombée. Aucun d'entre nous n'alluma la lumière. À quoi bon ? Une heure s'était écoulée depuis la visite du médecin.

Je jetai un nouveau coup d'œil dans le couloir. Personne au guichet.

J'explorai le service, mais je me heurtai partout à des portes fermées à clé. J'appuyai l'oreille contre l'une d'elles. Le bruit de la ventilation était tellement fort qu'il étouffait tout le reste.

Je retournai dans la pièce. Je n'avais rien d'autre à faire qu'attendre.

GEORGE

Nous étions arrivés près de la Satis Farm. Je m'occupais des ruches plantées au bord de la grande route. Au loin, les silhouettes de Jimmy et Rick s'effaçaient presque. J'étais fatigué, mais d'une bonne fatigue : le soir venu, à peine la tête sur l'oreiller, je savais que je m'endormirais comme si on m'avait débranché.

Au moment même où j'allais soulever le toit de la dernière ruche, j'aperçus Gareth. Gareth Green.

Suivi par trois autres véhicules, son semi-remorque mugissait à travers la campagne. Dès qu'il m'aperçut, il s'arrêta. Comme ça, au beau milieu de la route. Les camions derrière lui n'eurent d'autre choix que d'attendre gentiment, sans couper le moteur, en plein cagnard. Ce n'était certainement pas la première fois qu'il leur faisait le coup.

Lunettes de soleil à effet miroir, peau tannée et casquette vert-de-gris portant l'inscription *Clearwater Beach, Spring Break 2006*, il descendit de son véhicule en arborant son plus grand sourire. Il laissa sa portière ouverte et le moteur tourner.

— Alors, tout se passe bien ?

Il désigna du menton mes ruches disséminées dans le pré. L'ensemble semblait certes un peu clairsemé.

— Apparemment, oui, répondis-je. On a eu un bon hiver, avec une faible mortalité.

— Bien. Bien. Ça fait plaisir à entendre. Peu de pertes.

Gareth employait toujours le mot « pertes » pour parler des abeilles. À l'écouter, on avait l'impression qu'il s'agissait de plantes. De cultures.

Il fit un geste en direction des champs.

— On va s'installer ici un moment. Pour les poires.

— Pas pour les pommes ?

— Non, ce sera des poires cette année. On bosse pour une plus grosse exploitation. On a davantage d'abeilles, tu sais. La ferme de Hudson est devenue trop petite pour nous.

J'opinai sans un mot.

Il m'imita, en regardant dans une direction opposée à la mienne. On aurait dit les figurines de mon enfance, qui bougeaient la tête à l'infini dès qu'on leur donnait une petite tape.

— Ça fait un moment que je suis sur la route, conclut-il. Ça va faire du bien de se poser.

Je suivis son regard. Des mètres et des mètres de ruches fabriquées industriellement, en polystyrène gris, étaient arrimés aux camions par des sangles et recouverts d'un filet vert à mailles fines. Le bruit des moteurs couvrait le bourdonnement des abeilles.

— Tu rentres d'où ? De Californie ? C'est à combien de kilomètres ?

— Holà, tu retardes ! s'exclama-t-il en riant. La Californie, c'était en février. Pour les amandes. La saison est terminée depuis belle lurette. Là, on revient de Floride. Pour les citrons.

— Les citrons, ah ouais.

— Et les oranges sanguines.

— Je vois.

Les oranges sanguines. Évidemment, les oranges habituelles n'étaient pas suffisamment bien pour Gareth Green.

— On roule depuis vingt-quatre heures, précisa-t-il. Une bagatelle comparativement au voyage d'avant. De la Californie à la Floride. Crois-moi, ça fait une sacrée trotte. Il faut près d'une journée rien que pour traverser le Texas. Tu te rends compte de la largeur de cet État ?

— Pas vraiment, non.

— C'est le plus grand des États-Unis. Mis à part l'Alaska, évidemment.

— Tiens donc.

Toute l'année, les quatre mille ruches de Gareth étaient sur les routes. Elles ne prenaient jamais de repos. L'hiver dans les États du Sud : le poivron en Floride, les amandes en Californie. Et puis retour en Floride pour les oranges – ou les oranges sanguines, qui, apparemment, étaient la nouveauté de l'année – avant de repartir dans le Nord avec trois ou quatre étapes au cours de l'été. Des pommes ou des poires, des myrtilles, les courges. Ses abeilles n'étaient à domicile qu'en juin. C'était là qu'il faisait le bilan, comme il disait, estimait les pertes, réunissait les ruches, les réparait.

— Au fait, j'ai rencontré Rob et Nellie dans le Sud, dit-il.

— Ah oui ?

— Comment s'appelle l'endroit... Gulf Village ?

Il avait donc foulé le sol du prétendu paradis.

— Gulf Harbors.

— Tu en as entendu parler, toi aussi ? Gulf Harbors, c'est ça. J'ai vu leur nouvelle maison. Au bord du canal. Ils se sont acheté un scooter des mers. Rob m'a emmené faire un tour. On a même vu des dauphins !

— Des dauphins, ça alors. Et pas de lamantins ?

— Des lamantins ? C'est quoi ça ?

— Rob et Nellie étaient tout fiers de nous annoncer qu'ils avaient des lamantins sur le pas de leur porte.

— Waouh. Non. Je n'ai vu aucun laman-machin. En tout cas, ils sont bien installés. Bel endroit.

— Il semblerait, oui.

Un des semi-remorques derrière lui fit vrombir son moteur avec impatience. Gareth l'ignora. Je me grattai la jambe. Il n'avait pas l'air d'avoir l'intention de partir.

— Et toi ?

Il retira ses lunettes, me regarda.

— Des voyages en prévision ?

— Ouais, ouais. De ce côté-là, il y a ce qu'il faut. On part dans quelques semaines. Dans le Maine.

— Les myrtilles, comme d'habitude ?

— Les myrtilles, oui.

— On se verra peut-être, alors. J'ai réussi à trouver une exploitation dans le Maine cette année, moi aussi.

— Ah ouais ? Bon, eh bien, à bientôt alors.

Je m'efforçai d'ébaucher un sourire.

— White Hill Farm, ça te dit quelque chose ?

Il se gratta le crâne sous sa casquette.

— Non.

C'était la plus grande exploitation à des dizaines de kilomètres à la ronde. Tout le monde, y compris les marmots tout juste en âge de marcher et les chiens, savait où elle se situait.

Il ricana, sans faire le moindre commentaire : il savait parfaitement que je mentais. Puis, enfin, il se retourna vers son camion. La main sur la tempe, il m'adressa un salut militaire et un clin d'œil complice, et s'installa au volant.

Un nuage de poussière masquait le soleil quand ils disparurent à l'horizon.

Enfants, Gareth et moi fréquentions la même école. C'était un garçon lymphatique, couvert d'eczéma, qui mangeait trop et ne faisait pas de sport. Les filles ne s'intéressaient pas à lui. Les garçons non plus. Pour une raison que j'ignore, il jeta son dévolu sur moi. Peut-être parce que je ne lui balançais pas des vacheries à longueur de temps. Il voyait bien qu'il y avait un être humain en moi. Il faut dire que j'avais été à bonne école, avec une mère qui me répétait sans arrêt d'*être gentil avec tout le monde, surtout ceux qui ont peu d'amis.* Deux ou trois fois, elle me força même à l'inviter à la maison. Venir manger à la ferme le rendait presque fou de joie. Mon père nous emmenait voir les abeilles. Gareth posait plein de questions. Il était bien plus captivé que je ne l'avais jamais été, ou en tout cas donnait l'impression de l'être. Et mon père, évidemment, lui répondait avec plaisir.

Heureusement, on se perdit plus ou moins de vue au lycée. Ou plutôt, il devint plus facile de l'éviter. Gareth semblait se noyer dans les études et le travail. Il avait trouvé un petit boulot à la quincaillerie et il commença à mettre des sous de côté. Avec le temps, les kilos disparurent. Quant à l'eczéma, je ne savais pas ce qu'il avait fait, s'il avait investi dans une de ces lampes à UV, mais le résultat était impressionnant : désormais, il avait toujours le teint légèrement doré. Et, il faut le reconnaître, plutôt belle allure.

Il réussit aussi à se dégoter une copine plutôt mignonne. Après le lycée, il s'acheta un lopin de terre, sans se lancer tout de suite dans l'apiculture. Son exploitation roulait, il avait le coup de main. Puis il s'agrandit et acheta plusieurs ruches. Sa copine mit au monde des enfants, plus beaux que ne l'avait jamais été Gareth, et aucun d'entre eux n'était atteint d'eczéma. Aujourd'hui, Gareth faisait partie des gros bonnets. C'était un des plus grands fermiers d'Autumn. Le dimanche, toute la petite famille partait se promener, harnachée dans un gros SUV de marque allemande. Il était devenu membre du Country Club, déboursait huit cent cinquante dollars par an pour que lui et les siens puissent taper des balles par tous les temps – oui, j'avais regardé combien coûtait l'adhésion.

Il avait aussi aidé à financer la nouvelle bibliothèque. Une plaque en laiton indiquait à tous ceux qui prenaient le temps de la lire (et ils étaient nombreux) que la communauté locale remerciait Green's Apiaries pour sa générosité.

C'est ce qu'on appelle la revanche des *nerds*. Et nous autres, qui avions été juste assez populaires à l'école pour nous fondre dans la masse, nous assistions depuis la ligne de touche à la montée en puissance de Gareth, plus riche chaque année. Tous ceux qui élevaient des abeilles le savaient : ce n'était pas le miel qui rapportait gros. C'était la pollinisation. Sans les abeilles, il n'y avait pas d'agriculture possible. Des hectares et des hectares d'amandiers ou de myrtilliers ne valaient rien si les abeilles ne butinaient pas leurs fleurs. Elles pouvaient parcourir plusieurs kilomètres par jour. Ce qui représentait des milliers de fleurs. Sans abeilles, les fleurs se révélaient aussi vaines que les participantes à un concours de Miss. Leur beauté s'évanouissait avec le temps et elles mouraient sans donner le moindre fruit.

Dès le départ, Gareth avait misé sur la pollinisation. Ses abeilles passaient leur temps sur la route. J'avais lu que ça les stressait, qu'elles en souffraient, mais Gareth soutenait qu'elles ne remarquaient rien, qu'elles se portaient aussi bien que les miennes.

Peut-être était-ce justement parce que Gareth n'était pas du métier qu'il avait misé sur cette branche. Il avait compris que les petites fermes apicoles comme la mienne, gérées plus ou moins de la même façon depuis plusieurs générations, ne rapporteraient jamais suffisamment. Le moindre investissement demandait un gros effort et nous vivions grâce à l'indulgence de la banque du coin, qui acceptait de ne pas être trop exigeante sur les échéances de remboursement. Les employés avaient la bonté de me croire quand je leur parlais des perspectives d'un revenu régulier, leur assurais que la météo de plus en plus imprévisible n'avait aucun impact sur notre rendement, pas plus que cette merde chinoise vendue sous le nom de miel qui inondait le marché américain n'aurait d'incidence sur nos prix.

Foutaises, évidemment. C'était pour ça qu'il fallait impérativement que je repense mon système de production. Que je fasse comme Gareth.

WILLIAM

— Voulez-vous que je le fasse ? proposa Thilda.

Elle se tenait près de la porte, un rasoir et un miroir dans les mains.

— Vous risquez de vous couper, répondis-je.

Elle acquiesça. Elle n'avait jamais eu la main très sûre.

Un peu plus tard, elle revint avec une bassine d'eau, du savon à barbe et le blaireau. Elle déposa l'ensemble sur la table de chevet, qu'elle rapprocha du lit le plus possible afin que je sois bien installé. Elle posa le miroir en dernier, attendant près de moi que je le soulève. Craignait-elle ma réaction ?

Un autre homme me faisait face. J'aurais dû être effrayé, mais il n'en fut rien. Car l'individu faible et dodu avait disparu. Disparu, le commerçant jovial. L'homme qui me renvoya mon regard dans le miroir en avait vu, des choses ! Et pourtant, comme moi, il n'avait pas quitté son lit depuis des mois, arrimé à ses idées noires. Mais ça, le miroir ne le disait pas. L'homme que je contemplais me rappelait un capitaine au long cours de retour chez lui après des mois en mer, ou un mineur rescapé d'une longue journée au fond d'une galerie, ou encore un explorateur revenu d'une longue et périlleuse excursion dans la jungle. Un homme au visage marqué, aminci, élégamment endurci. Un homme qui avait vécu.

— Auriez-vous des ciseaux, s'il vous plaît ?

Thilda me lança un coup d'œil troublé.

— Ma barbe est trop longue pour la raser directement.

Elle revint bientôt avec de minuscules ciseaux de couture, conçus pour des doigts de femme agiles. Je parvins tant bien que mal à me débarrasser du plus gros.

Lentement, je plongeai le blaireau dans l'eau et le frottai contre le savon en le faisant mousser. Un agréable parfum de genièvre vint me chatouiller les narines.

— Où est le rasoir ?

Je regardai autour de moi.

Elle resta immobile, les mains jointes sur son tablier, les yeux rivés au sol.

— Thilda ?

Elle se résigna enfin à sortir le coupe-chou de sa poche et à me le tendre d'une main tremblante. Je m'en emparai. La lame mal aiguisée raclait ma peau.

Thilda m'observait, mutique.

— Merci. Je n'ai plus besoin de vous, lui dis-je.

Mais elle resta là, à contrôler le moindre mouvement du rasoir. Soudain, je compris ce qu'elle redoutait. Je laissai ma main retomber.

— N'êtes-vous pas rassurée que je me rase ? N'y voyez-vous pas un signe de bonne santé ?

Comme d'habitude, il lui fallut réfléchir pour me répondre.

— Je vous suis très reconnaissante d'en avoir trouvé la force, oui, concéda-t-elle en demeurant cependant à mes côtés.

Si j'avais mûri de tels projets, j'aurais cherché une solution qui eût pu passer pour une mort naturelle. Afin d'épargner Edmund, surtout. À vrai dire, j'avais déjà imaginé plusieurs modes opératoires – j'avais eu amplement le temps d'y réfléchir – mais, ça, Thilda l'ignorait. Elle craignait juste, si elle me laissait seul dans une pièce avec un outil tranchant, que je ne saisisse l'occasion, comme si aucune autre ne s'était jamais offerte à moi. C'est vous dire sa sagacité.

Non, je serais parti seul dans la neige, uniquement vêtu de ma chemise de nuit, si j'avais voulu en finir. Le lendemain, on m'aurait retrouvé roide, la barbe et les sourcils gelés. *Le marchand de graines s'est perdu dans la nuit et le pauvre homme est mort de froid !* Voilà ce qu'on aurait dit.

Ou bien j'aurais ingéré un champignon mortel. Ce n'était pas ce qui manquait dans la forêt, et j'en avais même récolté certains, l'automne précédent, qui avaient fini dans le premier tiroir fermé à clé de la commode au fond à gauche dans la boutique. J'étais le seul à savoir où se trouvait la clé. Le champignon agissait vite. En l'espace de quelques heures seulement, il m'aurait rendu apathique, puis inconscient, avant de me précipiter rapidement dans un collapsus. Un médecin aurait attribué le décès à la défaillance d'un organe. Personne ne se serait douté qu'il s'agissait d'un acte volontaire.

Ou la noyade. Les courants de la rivière derrière la maison étaient violents, même en hiver.

Ou le chenil de Blake et ses sept bâtards déchaînés qui claquaient des mâchoires derrière la clôture.

Ou le ravin dans la forêt.

En somme, il y avait l'embarras du choix. Mais pour l'heure, je voulais simplement me raser la barbe. Car j'avais relevé l'échine, désormais.

— Je ne veux pas vous retenir, dis-je à Thilda. Vous avez sûrement du travail qui vous attend.

Du menton, je désignai la porte. Ne se sentait-elle pas happée par ce besoin permanent de passer le plumeau, de préparer les repas, de laver le linge, le sol et toutes ces autres choses que les femmes s'évertuent à nettoyer ?

Enfin, elle consentit à s'en aller.

Par moments, il m'arrivait de penser que Thilda m'eût su gré de prendre un coupe-chou, ou peut-être plutôt un couteau à découper, et de me trancher la gorge jusqu'à ce que le sang jaillît de ma carotide et qu'il ne restât sur le sol rien d'autre qu'une peau vide, un cocon abandonné. Jamais elle ne me l'avait dit, mais je savais que, comme moi, elle maudissait ce rayon de soleil qui avait trouvé le moyen d'éclairer son nez dans la salle paroissiale dix-sept ans auparavant. Son nez à elle quand cela aurait pu être celui de quelqu'un d'autre, ou – mieux encore – de personne… J'avais vingt-cinq ans et j'étais au village depuis un an. Était-ce la météo, ce vent qui avait soufflé sur la région, desséchant et rougissant ses lèvres qu'elle devait sans arrêt humecter, ou bien se les était-elle mordillées en cachette pour les rendre plus appétissantes, comme le font les jeunes filles ? Le fait est que, ce jour-là, je ne me rendis pas compte qu'elle n'avait presque pas de lèvres. J'étais en plein milieu de mon exposé lorsque mon regard se posa sur elle.

Grâce à Rahm, j'étais parfaitement préparé. Je ne souhaitais rien tant que l'éblouir. Et j'avais de la chance : la plupart de mes collègues s'étaient vu confier des travaux bien moins intéressants. En tant que jeune diplômé, être pris sous l'aile d'un chercheur reconnu constituait le meilleur moyen de réussir. À l'instant même où j'avais franchi le seuil de son cabinet de travail, j'avais décidé que ma vie tournerait autour du professeur, qu'à son contact je pourrais m'élever et m'épanouir. J'avais trouvé en lui non seulement une âme sœur et un mentor, mais aussi un père. Je n'avais plus aucun contact avec le mien et ne cherchais pas à en avoir. Rahm allait m'aider à m'accomplir.

C'était ma première conférence. Quand Rahm m'avait demandé de participer à la petite soirée consacrée à la zoologie qu'il organisait pour les habitants de Maryville, j'avais d'abord cru à une formalité. Puis l'angoisse avait point. J'allais me retrouver seul, debout devant un auditoire suspendu à mes lèvres, les yeux rivés sur moi. Les villageois n'étaient certes pas aussi éclairés que mes anciens camarades de l'université mais, tout de même, serais-je à la hauteur ?

D'autant que je savais l'importance qu'avait cette conférence pour les villageois. Ces derniers méconnaissaient les sciences de la nature, qu'ils n'appréhendaient qu'à travers la Bible. En leur montrant le rapport entre les grandes et les petites choses, entre la puissance créatrice et la création, j'avais maintenant l'occasion de leur ouvrir les yeux.

Seulement, je m'arrachais les cheveux en réfléchissant à la meilleure manière de procéder. Tous les sujets étaient dignes d'intérêt scientifique : les fruits de la terre, la découverte de l'Amérique, les saisons… J'avais l'embarras du choix !

Rahm finit par trancher pour moi. Il posa sa main froide sur la mienne, moite, et me souffla ce brillant conseil : « Parlez donc du microscope, des possibilités qu'il nous offre. La plupart d'entre eux ne connaissent même pas cet instrument. »

La journée touchait à sa fin. Le vent était sec, le soleil, haut. Nous ignorions combien de villageois seraient au rendez-vous, étant donné la réticence de certains parmi les plus âgés, qui critiquaient notre travail au motif qu'il allait à l'encontre des Saintes Écritures. Mais la salle paroissiale ne tarda pas à être bondée.

Rahm souhaitait que je fusse le premier à prendre la parole. Peut-être était-il encore fier de moi, en ce temps-là. Ma voix et mes genoux chancelèrent quelques minutes puis je recouvrai mon assurance, m'appuyant sur les notes si soigneusement préparées, découvrant que les mots prenaient de l'ampleur en quittant le papier et en se répandant dans l'air entre mon auditoire et moi, où ils faisaient mouche.

Je commençai par brièvement rappeler l'existence, dès le XVIe siècle, de la lentille convexe, puis du microscope optique, décrit par Galilée en 1610. Pour illustrer l'importance du microscope, je leur parlai de Jan Swammerdam. Seul et pauvre toute sa vie, ce zoologiste néerlandais du

XVIIe siècle ne devint célèbre qu'après sa mort, lorsque l'on découvrit la façon dont il avait su établir un lien entre la création et la puissance créatrice.

— Swammerdam, dis-je en balayant l'assistance du regard. N'oubliez jamais ce nom. Grâce au microscope qu'il a mis au point, ce scientifique hors pair nous a appris que l'œuf, la larve et la chrysalide ne sont en réalité que les différents stades de vie d'un seul et même insecte, et ce faisant il a réalisé des dessins d'un type inédit.

D'un geste soigneusement répété, je déroulai la planche que j'avais fait installer derrière moi.

— Vous pouvez voir ici la reproduction de l'anatomie de l'abeille telle que Swammerdam l'a dessinée dans sa *Biblia Naturæ*.

Je me tus afin de ménager mes effets, étudiant la réaction de l'assemblée alors que celle-ci contemplait ces dessins d'une exceptionnelle précision. À ce moment, le soleil printanier, dans sa course au-dessus du toit de la salle paroissiale, tapa dans la fenêtre à ma gauche. Un rayon de lumière solitaire tomba dans la pièce, faisant apparaître des grains de poussière tourbillonnant dans l'air, avant de s'étendre jusqu'aux rangées de bancs et de se poser sur la personne assise tout au bout sur la gauche, à côté de deux autres jeunes filles : Thilda.

Par la suite, j'appris que la surprise n'avait pas été aussi grande pour elle que pour moi. Car j'occupais les pensées de nombreuses jeunes femmes ; j'étais le jeune naturaliste aux vêtements modernes qui avait étudié à la capitale. J'étais petit et loin d'être athlétique – je souffrais déjà d'un début d'embonpoint ; mais ce qui me manquait physiquement, je le compensais intellectuellement. Mes lunettes étaient mon premier atout de séduction. Après un examen approfondi de la meilleure façon de les porter, j'avais pris l'habitude de les poser sur le bout de mon nez, à l'endroit où elles ne risquaient pas de tomber, mais me permettaient de planter mes yeux dans ceux de mon interlocuteur sans passer par le prisme des verres ovales qui les rapetissaient. Mon épaisse chevelure était une autre de mes ressources, et je prenais soin de la garder mi-longue. Peut-être Thilda m'avait-elle donc repéré depuis longtemps… Avait vu le respect que l'on me témoignait, les saluts très bas, les coups d'œil admiratifs. Peut-être me trouvait-elle différent des jeunes hommes de son entourage, au comportement sans doute aussi grossier que leur mise.

Ce jour-là, Thilda portait une tenue du dimanche bleue, une robe, ou peut-être un corsage, joliment ajusté au niveau du buste. Son visage rond était encadré par des anglaises qui lui tombaient sur les épaules – la coiffure arborée par toutes les jeunes filles de son âge, et même, malgré le soin que réclamaient de telles frivolités, par de nombreuses femmes mariées. Ce ne fut pourtant ni ses boucles ni sa tenue qui retinrent mon attention : ce fut son nez, que le rayon de soleil solitaire fit ressortir dans l'air lourd de la salle paroissiale, un nez exceptionnellement droit et bien proportionné que l'on aurait cru tiré d'un manuel d'anatomie. Un nez classique que j'éprouvai aussitôt l'envie de dessiner, d'étudier, un nez dont la forme me semblait en totale adéquation avec sa fonction. Hélas, cette impression se révéla par la suite trompeuse : Thilda souffrant de rhinite chronique, son nez était rouge en permanence. Seulement ce jour-là, il était parfait, pointé vers moi, et je ne parvenais pas à en détacher mon regard.

Mon silence étudié durait depuis trop longtemps. Le public commença à s'agiter et je perçus une toux affectée de la part de Rahm qui se tenait derrière moi. La planche, qui se balançait toujours sur le mur dans mon dos, attendait un commentaire.

Je m'empressai de la montrer du doigt.

— Swammerdam passa cinq années entières à étudier la vie à l'intérieur de la ruche. Tout cela à travers le microscope, qui lui permettait de voir les détails les plus infimes… Comme ici… où vous pouvez discerner les ovaires de la reine. À travers ses observations, Swammerdam établit qu'à elle seule la reine pondait des œufs contenant trois types d'abeilles différents : les mâles, que l'on appelle aussi les faux bourdons, les ouvrières et les autres reines.

Certains des auditeurs se tortillaient sur leur siège, personne ne semblait comprendre.

— Une découverte que l'on pourrait qualifier de révolutionnaire, puisque jusque-là beaucoup croyaient que la ruche était dirigée par un roi, soit un mâle. Swammerdam, totalement fasciné par son sujet, s'attacha avec passion à l'étude des organes des faux bourdons. Et vous voyez ici le résultat.

Je fis apparaître une nouvelle planche.

— Voici donc les organes génitaux de l'abeille mâle.

La salle s'agita de plus belle. Certains se plongèrent dans la contemplation d'une maille tirée, d'autres manifestèrent un intérêt subit pour les formations irrégulières des nuages dans le ciel.

Il m'apparut soudain que probablement aucun d'entre eux ne savait ce qu'étaient les ovaires ou les organes génitaux. Il me fallait à tout prix remédier à cela. S'ouvrit alors cette partie de la conférence que Thilda passait toujours sous silence lorsqu'elle racontait notre rencontre à nos enfants, et dont nous n'avions nous-mêmes jamais reparlé. De longues années plus tard, j'y repensais toujours avec un profond sentiment de honte.

— Les ovaires font… font partie du système de reproduction, c'est là où les œufs se forment… Les œufs qui deviendront les larves.

Je ne pouvais plus faire marche arrière.

— Et les organes génitaux sont la même chose que, euh… les organes reproducteurs de l'abeille mâle. Ces derniers sont absolument nécessaires dans le processus de… euh… pour engendrer de nouvelles abeilles.

Un « oh » choqué courut dans l'assistance. Que n'y avais-je pensé plus tôt ! Quand il s'agissait pour moi d'une évidence, eux y voyaient un péché, un tabou. Il était avilissant, à leurs yeux, de se passionner pour un tel sujet.

Malheureusement, serais-je tenté de dire, personne ne m'interrompit ni ne quitta la salle. Seuls se faisaient entendre le mouvement des fesses qui remuaient sur les bancs en bois, le raclement des semelles sur le sol, de discrets toussotements. Thilda baissa la tête. Rougissait-elle ? Les deux jeunes filles qui l'accompagnaient échangèrent des regards complices, et moi, bêtement, je continuai, dans l'espoir que la suite de mon allocution détournerait leur attention de ces derniers mots malheureux.

— Notre scientifique consacra trois pages entières à ce sujet dans l'œuvre de sa vie, *Biblia Naturæ*, ou la *Bible de la nature*. Nous voyons ici les illustrations incroyablement détaillées qu'il a faites des organes… des organes génitaux de l'abeille mâle, le faux bourdon…

Je peinais à trouver mes mots.

— ... Leurs différents stades, la manière dont ils se déploient, s'érigent et euh… se dilatent jusqu'à atteindre leur plein potentiel.

Avais-je vraiment prononcé ces mots ? Un coup d'œil rapide sur l'assemblée me le confirma. Je me replongeai dans mes notes et m'entêtai à lire. Je ne faisais que m'enfoncer.

— Swammerdam lui-même décrit les faux bourdons comme… des monstres marins exotiques.

Les camarades de Thilda pouffaient, à présent.

Pour éviter de les regarder, je sortis l'ouvrage de Swammerdam et citai ces mots merveilleux, qui m'avaient tant donné à réfléchir. Si seulement je pouvais communiquer à tous ces gens ma passion !

— Il suffit de constater la structure admirable de ces organes pour découvrir l'art raffiné qui s'y déploie : Dieu, même dans le plus petit insecte, même dans les plus minuscules organes, cache des miracles étourdissants.

Je me risquai à lever les yeux de mon pupitre. J'avais perdu : les visages étaient bouleversés ou furieux. Je n'avais pas réussi à leur parler des miracles de la nature : je leur avais parlé de ce qu'il y avait de plus avilissant sur terre, et, pire encore ! j'avais mêlé Dieu à tout cela.

Je décidai de m'arrêter là. Je ne leur précisai pas que la carrière du pauvre Swammerdam avait tourné court, que l'étude des abeilles l'avait bouleversé, lui, et avait bouleversé sa foi, car face à la perfection de ces petites créatures il devait sans cesse se forcer à se rappeler que seul Dieu méritait attention et amour. Les cinq années qu'il passa le nez dans les ruches le minèrent à jamais. Il valait mieux éviter d'évoquer en ces termes le Tout-Puissant…

Je rangeai mes notes en rougissant et trébuchai comme un cancre en quittant l'estrade. De toute évidence, Rahm luttait pour contenir son rire. Soudain, il me rappela mon père, mon vrai père.

À l'issue de la conférence, je serrai la main de plusieurs personnes, toutes plus gênées les unes que les autres. J'entendais qu'on murmurait autour de moi, qui sous l'effet de l'incrédulité, qui par moquerie, qui dans un accès de colère. Le rouge de mes joues envahit mon cou et je me mis à trembler. Rahm le remarqua, car il posa une main sur mon épaule et chuchota :

— Il faut que vous compreniez que ces gens sont prisonniers de l'ordinaire. Ils ne seront jamais comme nous.

Sa tentative de consolation ne me fut d'aucun secours. Elle ne faisait que souligner la différence entre lui et moi : jamais il n'aurait choisi d'exemples susceptibles de heurter son auditoire. Il savait ce que le quidam pouvait supporter, jusqu'où la vulgarisation scientifique pouvait aller. Pour la première fois en ma présence, il éclata d'un rire bref et aérien qui me fit sursauter. Je détournai le regard, piqué.

Et elle était là.

Peut-être ma vulnérabilité poussa-t-elle Thilda à faire le premier pas : soudain, je n'étais plus le mystérieux visiteur occupé à de nobles activités intellectuelles. Avec le plus grand sérieux, elle me présenta sa main gantée, s'inclina et me remercia pour cette… *euh… merveilleuse* intervention. Derrière elle, ses amies riaient sous cape. Brusquement, je ne les entendis plus, Rahm avait disparu, je ne voyais plus que cette main. Cette main que je tins longuement dans la mienne et dont la chaleur, communicative, me redonna les forces qui me faisaient défaut. Il n'y avait aucun mépris chez elle, nul sarcasme. Ses yeux écartés scintillaient au-dessus de son beau nez en contemplant le monde avec curiosité et gourmandise. Et moi aussi, ils me contemplaient avec appétit ! Oui, moi aussi ! Je n'avais jamais été regardé de la sorte, avec une sincérité si profonde qu'elle semblait se promettre entièrement, définitivement, à moi et rien qu'à moi. À cette pensée, mes genoux se remirent à flageoler, et je baissai enfin les yeux. J'eus l'impression de manquer d'oxygène : il me fallait au plus vite rétablir ce contact visuel pendant que le monde continuait à tourner autour de nous.

Pendant des mois, le village se gaussa de ma performance. Finies, la déférence et la timidité… À présent, les passants venaient vigoureusement me serrer la main, sans même chercher à dissimuler leur sourire en coin. Et ces mots, « se dilatent jusqu'à atteindre leur plein potentiel », la « Bible de la nature » et les « monstres marins exotiques », me poursuivirent pendant des années. Même le nom de Swammerdam réapparut par la suite dans des contextes divers et variés. Quand les chevaux s'accouplaient dans le pré, on parlait d'« action swammerdamienne », et la spécialité de la boulangerie locale, une tourte oblongue à la viande, fut soudain rebaptisée « la tourte de Swammer ».

Mais cela ne m'atteignait guère : je ne pensais pas avoir perdu au change en tombant de mon piédestal. Voilà ce que je me disais en remontant le haut-vaisseau de l'église, au bout duquel m'attendait Mathilda Ticker. J'avais eu le temps, pourtant, de remarquer ses lèvres fines, typiquement anglaises. J'avais même osé les embrasser, lors de ma demande, et découvert à mon grand regret qu'elles n'avaient pas le pouvoir de s'ouvrir comme une fleur secrète et moite, ou comme un monstre marin swammerdamien. Elles étaient aussi sèches et pincées qu'elles en donnaient l'impression. Et le nez était, entre nous soit dit, un soupçon trop grand. J'avais néanmoins les joues en feu quand le pasteur bénit notre union. J'entrais dans la vie adulte, rien que ça ! Je ne savais pas encore que certains aspects de cette vie adulte me contraindraient à quitter le monde scientifique. Car Rahm avait raison : même si je continuais sans enthousiasme mes recherches, j'avais tiré un trait sur ma passion.

À l'époque, toutefois, j'étais convaincu que Thilda était la femme qu'il me fallait. Sa pondération me fascinait, le temps de réflexion qu'elle prenait avant de répondre à toute question ; sa fierté, aussi, et sa façon d'assumer ses opinions. Plus tard, quelques mois après notre mariage, je compris que ce que j'avais pris pour de la sage prudence n'était que de la lenteur d'esprit, et la fierté, un entêtement farouche. J'allais bientôt découvrir à mes dépens qu'elle ne cédait jamais. Jamais.

La véritable raison qui m'avait poussé à l'épouser, j'avais passé des années sans oser me l'avouer. À présent, je pouvais regarder la vérité en face : je n'avais pas grandi, j'étais toujours aussi primaire et avide qu'un enfant de dix ans. Je l'avais voulue parce qu'elle était un corps vivant, souple. Qu'elle était mienne, qu'elle me serait accessible. Que j'allais pouvoir étreindre ce corps, le coucher sous moi, me presser contre lui et m'y enfoncer, comme dans une terre humide et sauvage.

Malheureusement, la réalité sur ce plan également s'avéra éloignée de mes fantasmes, bien plus sèche et alambiquée, avec tous ces boutons et ces nœuds à n'en plus finir, les baleines de corset, les bas en laine qui piquent et l'odeur aigrelette qui s'échappe des aisselles. Malgré tout, j'étais attiré par elle, mû par un instinct animal : l'instinct du faux bourdon. J'y revenais encore et encore, toujours prêt à me reproduire, alors que la dernière chose que je souhaitais, c'était d'avoir des enfants. Telles les abeilles mâles, je sacrifiais ma vie pour procréer.

TAO

— Ils font tout ce qui est en leur pouvoir. Ils ont dit qu'ils faisaient tout ce qui était en leur pouvoir.

Kuan remplit de feuilles de thé une théière qu'un soignant venait de nous apporter, puis, d'une main assurée, versa la boisson dans une tasse. Comme si nous étions à la maison, comme si cette journée était normale.

Vingt-quatre heures s'étaient écoulées. Nous étions de nouveau le soir. M'étais-je alimentée ? Impossible de me le rappeler. Je savais qu'on nous avait fourni à boire et à manger à intervalles réguliers. Sans doute avais-je avalé quelques cuillerées de riz et un peu d'eau pour faire taire les gargouillements de mon ventre. Le reste s'était figé dans le bol en aluminium et ne formait plus qu'une masse froide et gluante. Mais je n'avais pas dormi. Je ne m'étais pas non plus douchée. Je portais les mêmes habits que la veille, avant le moment fatidique. J'avais soigné ma tenue ce matin-là, en choisissant mes plus beaux vêtements, un chemisier jaune et une jupe qui m'arrivait aux genoux. À présent, je ne supportais plus le contact du tissu synthétique, le chemisier me serrait sous les bras et je passais mon temps à tirer sur les manches, trop courtes.

— Pourquoi est-ce qu'ils ne nous disent rien ?

J'étais restée debout. Je ne m'étais pas assise un instant.

J'arpentais la pièce de long en large, je courais un marathon entre quatre murs. J'avais les mains moites, des sueurs froides. Il flottait autour de moi une odeur qui m'était inconnue.

— Ce sont des professionnels. Nous devons leur faire confiance.

Kuan avala une gorgée de thé. La colère m'envahit. Sa façon de boire, la fumée au-dessus de la tasse, le bruit de succion. Tout cela, il l'avait fait des milliers de fois auparavant. Il n'avait pas le droit de le faire maintenant !

Il pouvait crier, hurler, m'accabler de reproches s'il le voulait. Mais qu'il reste assis là, avec sa tasse entre les mains, à se réchauffer, impassible, hors de question.

— Tao ?

Brusquement, il posa son thé, comme s'il lisait dans les pensées.

— S'il te plaît…

— Que veux-tu que je te dise ?

Je le fixai d'un regard dur.

— En tout cas, ce n'est pas boire du thé qui va nous aider.

— Quoi ?

— C'est une image.

— J'avais compris.

Il avait les yeux brillants.

Bon sang, il s'agit de notre enfant ! avais-je envie de lui crier. Wei-Wen ! Je me détournai.

De nouveau, le choc du couvercle de la théière et le jet du thé dans la tasse. Kuan se leva.

Je jetai un coup d'œil par-dessus mon épaule. D'une main ferme, il me tendait une tasse de thé fumant.

— Ça t'aidera peut-être, murmura-t-il. Tu as besoin d'avaler quelque chose.

Il n'avait rien de mieux à me proposer ? Comment pouvait-on être aussi passif !

Mais je ne pouvais pas lui cracher de tels propos. J'en avais trop sur la conscience.

Le poids de la faute était inéquitablement réparti. Pourtant, il ne me jetait pas la pierre : dans un geste qui manquait de naturel, il m'offrait juste une tasse de thé. Alors qu'il inspirait profondément, sans doute pour prendre la parole, la porte s'ouvrit et le Dr Hio entra, l'expression indéchiffrable.

Sans même nous saluer, elle nous indiqua le couloir d'un signe de tête.

— Voulez-vous me suivre dans mon bureau, je vous prie ?

Je lui emboîtai aussitôt le pas. Kuan resta un instant figé sur place, sa tasse à la main, ne sachant qu'en faire, avant de la poser avec brusquerie sur la table, laissant échapper quelques gouttes. Constatant sa bévue, il sembla hésiter à les éponger, puis il se reprit et nous rejoignit dans le couloir. Le Dr Hio passa devant nous. Nous la suivîmes sans nous adresser un seul regard. Le dos du médecin était raide sous sa blouse blanche. Elle marchait d'un pas léger et rapide. Ses cheveux coiffés en queue-de-cheval se balançaient sur ses épaules en lui donnant une allure de petite fille.

Nous entrâmes dans une pièce de couleur grise. Anonyme. Aucune photo d'enfant aux murs, aucune décoration : juste un téléphone sur le bureau.

— Asseyez-vous, je vous en prie, dit-elle en nous montrant deux chaises.

Elle fit rouler la sienne de façon que nous soyons tous les trois du même côté. C'était ça qu'on leur apprenait pendant leurs études ? Que le bureau leur conférait une certaine autorité, et qu'à l'heure d'aborder un sujet grave ils avaient intérêt à paraître le plus humains possible ?

Un sujet grave. Elle avait quelque chose à nous dire.

Subitement, j'aurais voulu qu'elle soit assise beaucoup plus loin. Je reculai sur mon siège pour m'écarter d'elle.

— On peut le voir ? m'empressai-je de demander.

Tout à coup, je n'osais plus lui poser les autres questions : *Comment va-t-il, que lui arrive-t-il, de quoi notre fils est-il victime ?*

Elle me fit face.

— Je crains que ce ne soit impossible dans l'immédiat… et on m'a malheureusement retiré le cas de votre fils.

— Retiré le cas ? Mais pourquoi…

— Nous avons envisagé plusieurs hypothèses quant au diagnostic. Mais… tout cela reste encore flou.

Son regard vacilla.

— Quoi qu'il en soit, son cas est suffisamment compliqué pour sortir de mon domaine de compétences.

Je ressentis un léger soulagement. Elle n'avait pas prononcé les mots tant redoutés, les funestes *parti, mort, s'est éteint*. Elle avait juste parlé de plusieurs hypothèses. J'en déduisais qu'ils n'avaient pas perdu tout espoir.

— Qui vous remplace ?

— Une équipe arrivée hier soir par avion de Beijing. Je vous donnerai leurs noms dès que j'en saurai davantage.

— De Beijing ?!

— Ce sont les meilleurs.

— Et entre-temps ?

— ... On m'a demandé de vous informer que vous alliez devoir attendre. Que vous pouvez rentrer chez vous.

— Hors de question !

Je me tournai vers Kuan. Allait-il rester là sans réagir ?

Le Dr Hio semblait mal à l'aise.

— Il est entre les meilleures mains qui soient.

— Nous ne partirons pas d'ici. Il s'agit de notre enfant.

— On m'a demandé de vous prévenir qu'il leur faudrait du temps avant de pouvoir se prononcer. Votre présence ici n'est pas indispensable, il n'y a rien que vous puissiez faire. Le cas de Wei-Wen était très particulier.

Je me figeai. *Était.*

Quand j'ouvris enfin la bouche, mes paroles étaient à peine audibles.

— Qu'essayez-vous de nous dire ?

Les mains sagement à plat sur les genoux, Kuan restait impassible. Il n'y avait rien à attendre de lui. Je me retournai vers le Dr Hio.

Les mots venaient de mes tripes :

— Est-il en vie ? Wei-Wen est-il encore en vie ?

Telle une tortue jetant un coup d'œil hors de sa carapace, elle se pencha vers nous, le cou dans les épaules et la tête relevée. Ses yeux ronds nous imploraient de ne pas insister.

— Est-il en vie !?

Elle hésita.

— La dernière fois que je l'ai vu, il était… maintenu artificiellement en vie.

À côté de moi, Kuan laissa échapper un sanglot. Ce n'était pas mon problème.

— Qu'est-ce que ça signifie ? Qu'il est encore en vie ? Ça signifie qu'il est encore en vie ?

Elle hocha la tête, lentement.

En vie. Je me raccrochais à ces deux mots. *En vie.* Il vivait.

— Mais pas sans assistance, murmura-t-elle.

Cela n'avait aucune importance. Je m'efforçais de penser que cela n'avait aucune importance. L'essentiel était qu'il soit en vie.

— Je veux le voir, déclarai-je d'un ton péremptoire. Je ne partirai pas d'ici avant de l'avoir vu.

— Je crains que ce ne soit pas possible.

— Il s'agit de mon fils.

— Comme je vous l'ai déjà dit, cela ne dépend plus de moi.

— Mais vous savez où il se trouve.

— Je suis vraiment désolée…

Je me levai brusquement, ignorant le regard effaré de Kuan, et m'adressai au médecin :

— Montrez-moi où il se trouve.

George

Vers cinq heures, je renvoyai Rick et Jimmy chez eux. Il ne restait plus qu'un tiers des ruches à contrôler : je pouvais terminer seul. Je n'avais pas de quoi payer des heures où leur présence n'était pas indispensable.

Au coucher du soleil, j'avais presque fini. C'est à ce moment que d'horripilantes nuées de mouches firent leur apparition. Je n'avais aucune idée de l'endroit où elles se cachaient pendant la journée mais, dès la tombée de la nuit, elles s'abattaient sur les hommes sans leur laisser de répit. À croire qu'elles nous aimaient.

Je n'avais plus qu'à rentrer à la maison. Je marchais vers la voiture lorsque Tom appela. Je n'avais pas enregistré son numéro mais, allez savoir pourquoi, je le reconnus.

— Salut, papa.

— Salut.

— T'es où ?

— Pourquoi tu me demandes ça ? fis-je en rigolant.

— Je ne sais pas…

— Autrefois, les gens commençaient les conversations par « Comment ça va », mais maintenant, avec les téléphones portables, il faut toujours qu'on dise où on est !

— Pas faux…

— Je suis dans les champs. Je fais le tour des ruches.

— Ah ! Ça s'annonce bien ?

— Très bien, oui.

— Chouette. Tant mieux. Tu m'en vois ravi.

Tu m'en vois ravi ? Ces mots sonnaient faux dans sa bouche. Était-ce là sa nouvelle façon de s'exprimer ?

— D'après toi, ça nous dit quoi ? repris-je.

— Ça nous dit quoi de quoi ?

— De la société. Que nous demandions à l'autre où il se trouve plutôt que de prendre de ses nouvelles ?

— Papa...

— Je rigole, Tom.

Je tentai de rire, mais il resta de glace, comme à son habitude. Nous gardâmes le silence quelques secondes. Je lançai un nouvel éclat de rire en espérant alléger l'atmosphère mais, alors que j'avais la bouche aussi grande ouverte qu'une porte d'église un dimanche matin, une mouche s'y engouffra. J'aurais parié qu'elle avait touché la luette. Ça me chatouillait méchamment. J'hésitais entre tousser pour l'expulser ou l'avaler franchement. J'optai pour les deux en même temps. Sans succès, évidemment.

— Papa, dit soudain Tom. Tu sais ce dont on a parlé quand j'étais à la maison la dernière fois ?

La mouche s'agitait au fond de ma gorge.

T'es là ?

Je me remis à tousser.

— La dernière fois que j'ai regardé, j'étais là, ouais.

Il se tut un instant.

— Je viens d'apprendre que j'avais une bourse.

Je l'entendis inspirer profondément. La ligne crépita, comme si la magie de la télécommunication s'élevait contre cette discussion.

— Ça ne te coûtera pas un sou, papa. John s'est occupé de tout.

— John ?

Ma voix sonnait bizarrement, avec en plus ce foutu insecte coincé au fond de ma gorge.

— Oui. Le professeur Smith.

Je me raclai la gorge, toussai, mais pas plus de mot que de mouche ne sortit de ma bouche.

— Tu pleures, papa ?

— Mais non, voyons !

Je réussis enfin à déloger la mouche, qui glissa jusqu'à mes lèvres.

— Ah bon, dit-il.

Nouveau silence.

— Je voulais juste que tu le saches.

— Bon, eh bien voilà, je le sais.

Si je crachais, il allait m'entendre.

— Oui.

— Oui.

— Bon bah, salut.

— Salut.

En un puissant crachat, la mouche disparut.

J'avais envie de balancer ce foutu téléphone qui nous forçait à entendre des mauvaises nouvelles jusque dans les champs. J'aurais voulu voir voler les composants électroniques dans toutes les directions. Mais je n'avais pas les moyens de me payer un tel caprice, et l'herbe était trop haute et moelleuse pour garantir la destruction totale de ce messager de malheur. Je demeurai figé sur place, les doigts serrés autour du téléphone et une fourche plantée dans le cœur.

WILLIAM

Je reprenais goût à la lumière du jour, mangeais avec appétit, m'imposais des petites séances d'exercice. Chaque jour, désormais, je me lavais et réclamais des vêtements propres. Après avoir vécu des mois durant comme un chimpanzé barbu, il m'arrivait même de me raser deux fois dans la même journée : j'appréciais d'avoir le visage lisse, de sentir l'air sur ma peau.

La lecture m'absorbait à plein temps. Je lisais jusqu'à ce que mes yeux me brûlent et ne cessais de repousser mon seuil de résistance. Je passais mes journées à mon bureau, entouré de livres ouverts sur la table, le lit, par terre.

Je relus Swammerdam. Ses recherches étaient toujours d'actualité. J'étudiai attentivement la ruche de Huber, son système de cadres décidément très ingénieux, et commandai tout ce que je trouvai comme manuels ou revues sur l'apiculture. Il s'avéra qu'il en existait beaucoup, cette activité étant devenue ces dernières années l'un des loisirs les plus prisés de la bourgeoisie, qui voyait là un moyen de s'occuper entre le déjeuner et l'heure du thé. Je dévorais ces textes destinés à tout un chacun, écrits dans une langue simple et accompagnés de schémas rudimentaires. Certains retraçaient la façon dont leurs auteurs avaient entrepris de construire des ruches en bois – se targuant parfois d'avoir inventé le nouveau modèle commun – mais, jusqu'ici, pas un n'avait réussi à fabriquer une ruche qui permît à l'apiculteur d'en observer l'activité intérieure et de régir la vie des abeilles. Cette ruche-là, c'était moi qui allais la concevoir. Dorothea me rendait visite tous les jours. Les joues rouges, elle faisait irruption dans la pièce avec des petits plats qu'elle préparait elle-même. Je soupçonnais Thilda de l'y encourager, dans l'espoir que cette si gentille attention me force à leur faire honneur. Elle n'avait pas tort. La cuisine de Dorothea était étonnamment goûteuse. À ce rythme-là, ma fille serait bientôt bonne à marier. Georgiana aussi venait me voir, de temps à autre. Elle déboulait dans la pièce tel un raz-de-marée et son babillage aigu balayait toutes mes réflexions du moment. De toutes, Charlotte était la moins pénible. Elle se contentait de passer son nez pointu par la porte pour me demander si elle pouvait m'emprunter un des livres dont je n'avais pas l'utilité. Elle lisait tellement vite qu'elle n'allait pas tarder à connaître l'intégralité de ma bibliothèque. Edmund, lui, ne poussait jamais ma porte. Je me limitais à l'écouter parler au rez-de-chaussée, dans le jardin, ou même dans le couloir.

Un soir, je me décidai à aller le trouver. Après le thé de l'après-midi, la maison avait renoué avec un calme qui ne tarderait pas à se dissiper à l'approche du dîner. Je frappai doucement à sa porte. Personne ne répondit. Au moment où j'allais pousser le battant, je me retins. Je ne voulais pas le prendre par surprise. Mais j'avais tant envie qu'il voie cette nouvelle version de moi ! Je frappai une seconde fois. Toujours rien. Pouvais-je transgresser son intimité ? C'était sa chambre, mais j'étais son père, et la maison m'appartenait. Sa chambre aussi, par conséquent. J'étais dans mon droit. À peine appuyai-je sur la poignée que la porte s'ouvrit en grand, comme une invitation.

La pièce était plongée dans la pénombre. Je découvris une clé dans la serrure. Avait-il donc l'habitude de s'enfermer ? L'air, saturé, dégageait une odeur de musc mêlée à un indéfinissable parfum âcre. Des vêtements traînaient un peu partout, une veste sur la chaise, un pantalon et une chemise sur le lit. Une écharpe vert bouteille était suspendue au miroir, celle-là même qu'il portait le jour où il m'avait rendu visite. Il y avait des tasses et des assiettes sales sur la table de chevet, et une paire de chaussures crottées gisait par terre.

Une inquiétude me saisit : quelque chose n'allait pas.

Mon impression était-elle provoquée par le désordre ?

Non. Il était jeune. C'était un homme. Le désordre n'avait rien d'anormal. Il me faudrait demander à l'une de ses sœurs de l'aider au ménage, voilà tout.

Non, il manquait quelque chose.

Brusquement je compris.

Son bureau. Il était vide. L'étagère au mur. Vide, elle aussi.

Où étaient tous les livres ? Ses cahiers ? Tout ce dont il avait besoin pour étudier.

— Père ?

Je me retournai promptement. Une fois encore, je ne l'avais pas entendu entrer.

— Edmund.

Aurais-je dû m'excuser ? Sortir ?

— J'ai oublié quelque chose, bafouilla-t-il.

Il avait le souffle court et les joues roses. Aujourd'hui aussi, il portait beau, avec son allure quelque peu négligée, sa veste de velours rouge, son pardessus ouvert et son foulard noué autour du cou. Il tenait dans sa main une bourse. En hâte, il se dirigea vers sa table de chevet et en sortit un coffret qu'il entreprit de fouiller, en faisant tinter de la menue monnaie. Il jeta quelques pièces dans la bourse et se tourna vers moi.

— Désiriez-vous me dire quelque chose ?

Étrangement, mon intrusion ne semblait pas l'offusquer.

— Où vas-tu ? m'enquis-je.

Son regard se perdit dans le vague.

— Je sors.

— Où « sors »-tu ?

— Père…

Il sourit sans parvenir à masquer son impatience. Quand l'avais-je vu me sourire la dernière fois ?

— Excuse-moi. J'oublie que tu n'es plus un enfant.

Il repartit vers la porte. D'un pas, je m'avançai vers lui. S'en allait-il déjà ? Ne pouvait-il pas rester encore un peu, prendre le temps de me regarder, de me regarder vraiment, de voir comme j'avais l'air frais, soigné, différent de l'homme que j'étais lors de notre dernier entretien ?

Il hésita et s'arrêta. Nous nous tenions chacun de part et d'autre de la porte qui s'ouvrait sur l'obscurité. Deux pas de plus, et il aurait disparu.

— Puis-je vous demander quelque chose ? lança-t-il.

— Bien sûr. Tout ce que tu veux.

Je souris, affable. Nous allions peut-être repartir de zéro et entamer une nouvelle relation.

Il inspira profondément.

— Auriez-vous de l'argent à me prêter ?

Je sursautai.

— De l'argent ?

Il agita la bourse en grimaçant.

— Elle est presque vide.

— Je…

J'étais abasourdi.

— Non, je suis désolé.

Il haussa les épaules.

— Je demanderai à mère.

Puis il disparut.

Abattu, je m'assis à mon bureau. Alors, c'était ça que j'étais, à ses yeux : une vulgaire vache à lait ?

À moins que… à moins que, pour lui, l'argent ne représentât tout ce qui nous faisait défaut…. Je comprenais en quoi la nouvelle situation économique de notre foyer avait pu l'affecter. La pauvreté était la première maladie de son père, sans doute. Et j'avais beau proclamer ma résurrection, j'étais toujours incapable de lui procurer ce dont il avait vraiment besoin. Il était jeune. Bien sûr que l'argent était essentiel. Mais il devait me laisser le temps. Car je le savais, j'en étais convaincu : l'idée qui avait germé dans mon esprit allait me permettre de lui offrir ce qu'il pensait nécessaire dans l'immédiat, mais aussi ce qu'il considérerait un jour comme étant vraiment l'essentiel.

Je plongeai la plume dans l'encrier et la fis glisser sur le papier. Bien que le croquis d'observation constituât la base de mon travail de zoologiste, je n'avais hélas jamais été un grand dessinateur ; il m'avait fallu des années pour acquérir les techniques de base.

J'avais quelques vagues idées qu'il me fallait coucher sur le papier avant qu'elles ne s'envolassent. Je voyais une caisse en bois, avec un toit en pente. Les ruches en osier avaient une forme organique, celle d'un nid, et elles se confondaient presque avec les herbes qui se balançaient dans les champs, mais je voulais quelque chose de différent, une ruche qui fût ancrée dans la civilisation, une petite maison pour les abeilles, avec des portes, des ouvertures par lesquelles il serait possible de jeter un coup d'œil. Elle devait être l'œuvre de l'homme, car lui seul est capable d'inverser l'ordre de la nature et de la placer sous son contrôle, plutôt que le contraire.

Je passai plusieurs jours à dessiner, en mesurant chaque élément au millimètre près, en imaginant les différentes manières de fabriquer cette ruche, en soignant chaque détail. La maisonnée vivait sa vie et, malgré les visites quotidiennes de Georgiana et Thilda, je ne lui prêtais guère attention. Charlotte venait, aussi.

Un matin, elle arriva particulièrement tôt, précédée comme d'habitude par un léger coup à la porte. Trop occupé à représenter le toit de la ruche dans ses moindres détails, je ne répondis pas tout de suite.

Elle frappa de nouveau.

— Oui, soupirai-je.

La porte s'ouvrit. Elle resta plantée sur le seuil, un pied devant l'autre, comme pour prendre son élan.

— Bonjour, père.

— Bonjour.

— Puis-je entrer ?

Sa voix était calme, mais elle fixait le plancher d'un air incertain.

— Je travaille.

— Je ne vous dérangerai pas. Je voulais juste vous rendre ça.

Elle tendit un livre. Elle le tenait à deux mains, comme s'il s'agissait d'un objet précieux. Elle s'avança un peu dans la pièce, leva la tête et croisa mon regard.

— J'aurais souhaité pouvoir en discuter avec vous…

Ses yeux gris-vert étaient légèrement rapprochés. Elle ressemblait très peu à sa mère.

— Pose-le là.

J'indiquai d'un mouvement du menton la bibliothèque, en espérant que mon expression fût suffisamment éloquente pour ne pas avoir à être désagréable.

— Entendu.

Elle baissa de nouveau la tête et se dirigea vers la bibliothèque, puis resta plantée là.

Je fis un effort pour ne pas me montrer cassant.

— Je suis en plein travail, mais je m'entretiendrai volontiers avec toi plus tard, promis-je d'une voix que j'espérais douce.

Elle ne répondit pas, elle contemplait le livre qu'elle tenait toujours.

— Où dois-je le mettre ?

— Dans la bibliothèque, bien sûr.

— Oui, mais... Je veux dire... Vous n'avez aucun système de rangement ?

— Non. Tu n'as qu'à le poser sur une étagère.

Elle leva vers moi des yeux brillants.

— Je pourrais peut-être les classer pour vous ?

— Que dis-tu ?

— Les livres. Je peux les classer par auteurs, en ordre alphabétique, si vous le souhaitez.

Elle ne paraissait pas décidée à quitter cette pièce.

— Eh bien... oui... pourquoi pas.

Soudainement aux anges, elle s'assit par terre, la nuque joliment courbée sous ses cheveux simplement noués derrière la tête, sans la moindre anglaise pendant sur ses oreilles – ce type de frivolités n'était probablement pas son genre. Elle se tortilla, changea plusieurs fois de position avant d'en trouver une qui lui fût confortable. Elle semblait avoir l'intention de rester ici un moment.

Puis elle s'attela à la tâche. Elle travaillait vite, ses gestes étaient précis. Et ce soin avec lequel elle manipulait les livres... On aurait cru qu'elle aidait des petits moineaux à rejoindre leur nid.

Je me penchai de nouveau sur mes plans, j'essayai de continuer à dessiner, mais je ne pus m'empêcher de la regarder. Son ardeur à l'ouvrage, sa concentration, le respect avec lequel elle alignait les volumes, passant son doigt sur les dos afin de s'assurer qu'aucun d'entre eux ne dépassait. Cette déférence, cette application me rappela mes années d'apprentissage. Charlotte dut sentir mon regard sur elle, car elle se retourna et me sourit. Je lui rendis son sourire et m'empressai de me replonger dans mon travail, avec l'étrange impression d'avoir été démasqué.

Elle eut bientôt terminé. Je l'entendis se lever, mais fis mine d'être absorbé par ma besogne. Pour autant, elle ne quittait pas la pièce

Je relevai la tête.

— Merci.

Elle hocha la tête, mais ne partit toujours pas. Grand Dieu, comment pouvais-je me concentrer si je sentais sa présence dans mon dos !

— Tu... tu peux t'asseoir, si tu le souhaites, finis-je par concéder en lui indiquant une chaise.

Je lui devais bien ça.

— Merci, père.

Elle s'assit du bout des fesses. Je retournai à ma tâche.

— Qu'est-ce ? demanda-t-elle en montrant les dessins du doigt.

Je levai les yeux.

— D'après toi ?

— Une ruche, lâcha-t-elle.

Je la fixai, étonné. Mais bien sûr, elle avait vu les manuels que je m'étais fait envoyer !

— Avez-vous l'intention d'en fabriquer une ? demanda-t-elle.

— D'en *faire* fabriquer une.

— Mais... est-ce par là que vous allez commencer ?

— Par là que je vais commencer ? Ne vois-tu pas tous les livres que j'ai déjà lus ?

Je tendis le bras en direction des ouvrages éparpillés autour de moi.

— Si, se contenta-t-elle de répondre.

Puis elle regarda ses mains, sagement jointes sur ses genoux.

L'irritation monta en moi.

— Ne m'avais-tu pas promis de ne pas faire de bruit ?

— Pardon, père. Je me tais.

— J'entends que ça s'agite dans ta tête.

— C'est simplement que…

— Quoi ?

— Je vous ai toujours entendu dire qu'il faut commencer par le commencement.

— Ah ? J'ai dit ça, moi ?

Je l'avais bel et bien dit. À maintes reprises. Pas à Charlotte directement, mais à Edmund, quand je l'aidais à faire ses devoirs et qu'il voulait passer immédiatement aux épineux problèmes d'arithmétique alors qu'il ne maîtrisait pas encore ses tables de multiplication.

Elle leva les yeux.

— Et puis, vous nous avez toujours répété que la zoologie était en premier chef un travail d'observation.

— Tiens donc.

— Qu'à la base se trouvaient les observations. Et qu'ensuite seulement venait la réflexion.

Un ruban imaginaire enserra soudain mon front. Mes propres mots dans la bouche de Charlotte. Elle avait diablement raison.

TAO

À l'issue d'un périple en ascenseur jusqu'aux étages supérieurs, puis de la traversée d'un long couloir, puis d'un nouveau trajet en ascenseur pour redescendre à un niveau inférieur, le Dr Hio nous conduisit auprès de Wei-Wen. Elle marchait vite, en jetant des coups d'œil par-dessus son épaule, comme si elle craignait d'être remarquée. Elle nous expliqua qu'elle avait reçu l'ordre de proscrire à notre fils toutes les visites : Wei-Wen avait été placé en quarantaine.

— Mais vous êtes sa mère, ajouta-t-elle tout bas.

Puis elle sembla s'apercevoir de la présence de Kuan, et se reprit, la voix tremblante, teintée d'une empathie nouvelle :

— Vous êtes ses parents. Il est normal que vous puissiez le voir.

Qu'allions-nous découvrir ? Wei-Wen dans un lit d'hôpital. Pâle. Les yeux clos. Des paupières bleutées. Un petit corps inerte, autrefois débordant d'énergie. Les bras qui s'étaient noués autour de mon cou, plaqués le long du corps, perforés par un cathéter. La joue potelée et lisse qui s'était pressée contre la mienne, son visage, son ventre – tout son corps cerné de machines, d'appareils émettant des bips, d'écrans lumineux. Dans un univers stérile. Blanc. Serait-il seul ?

Pourquoi était-ce si loin ? Avait-elle fait un détour ? À chaque fois que nous croisions quelqu'un, elle le saluait brièvement de la tête puis accélérait l'allure. Nous nous enfoncions dans les entrailles du bâtiment. Enfin, elle s'arrêta devant une porte en acier. Elle lança un regard furtif autour d'elle avant d'appuyer sur un bouton. La porte, scellée par un gros joint en caoutchouc parfaitement hermétique, s'ouvrit dans un bruit d'aspiration. La pièce résonnait du bourdonnement de la ventilation, qui tournait à plein régime. La pression semblait différente. La porte se referma derrière nous.

Je m'étais attendue à ce que des employés en tenue blanche stérile accourent vers nous. À entendre des voix dures, autoritaires, *vous devez partir, il faut sortir, c'est une zone de confinement.* Je savais déjà ce que je répondrais. Je m'étais préparée à résister à la lâcheté de Kuan, que je sentais prêt à battre en retraite, mécontent de se trouver ici, en terrain interdit.

Or, le couloir devant nous était désert, comme l'ensemble du service. Nul guichet où demander des informations, nul médecin passant sous nos yeux d'un pas pressé. Devant nous, le Dr Hio marchait de plus en plus lentement.

Elle fit halte devant une autre porte, aussi brillante que la précédente, dépourvue d'empreintes de doigts, dépourvue de toute trace de vie. En son centre avait été percé un hublot, semblable à ceux des vieux bateaux. J'essayai de regarder au travers, mais la lumière des néons m'aveuglait.

— C'est ici, annonça-t-elle. Votre fils est ici.

Elle hésita, puis s'écarta.

— Je vous laisse y aller seuls.

Je posai la paume sur le battant. Surprise par le froid du métal contre ma peau, je retirai ma main, qui laissa une marque humide dans cet univers stérile. Puis je me décidai à pousser la porte.

J'entrai dans une pièce sombre, à peine consciente de la présence de Kuan dans mon dos. Il me fallut du temps pour m'habituer à l'obscurité. Je faillis me cogner contre une séparation vitrée. De l'autre côté se trouvait une chambre d'hôpital à l'ameublement spartiate. Une armoire. Un lit. Une table de chevet en acier. Des murs nus. Un lit.

Vide.

Le lit était vide.

La pièce était vide. Wei-Wen n'était pas là.

Je me précipitai dans le couloir, suivie par Kuan. Le Dr Hio était en grande discussion avec un autre médecin à l'air sévère et très contrarié.

— Où est-il ? demandai-je.

Le médecin s'interrompit, nous détailla d'un air glacial. Grand, mince, pâle. Des mains nerveuses qu'il enfonça dans les poches de sa blouse.

— Votre fils n'est malheureusement plus ici. Il a quitté l'hôpital.

— Comment ça ?

— Il a été transféré.

— Transféré ? Où ça ?

— À…

Son regard était impossible à saisir.

— ... Beijing.

— Beijing ?

— Comme vous ne l'ignorez pas, nous ne savons toujours pas avec certitude ce qui est arrivé à votre fils. C'est pour ça que nous avons jugé préférable de le confier à une équipe de spécialistes.

Kuan accusa le coup sans rien dire.

— Avez-vous perdu la tête ? m'écriai-je.

— Je vous demande pardon ?

— Vous ne pouvez pas nous l'enlever comme ça !

— Nous ne vous l'avons pas enlevé. Nous l'avons confié à nos meilleurs spécialistes. Vous devriez nous être reconnaissants…

— Mais pourquoi personne ne nous a rien dit ? Pourquoi ne pas nous avoir proposé de l'accompagner ?

Toujours la même histoire. D'abord maman. Puis lui. Ils m'avaient été retirés, sans aucune explication.

— Dans quel hôpital se trouve-t-il ?

— On vous le dira le moment venu.

— Je veux le savoir maintenant !

— Si vous acceptez de rentrer chez vous, nous vous communiquerons bientôt de plus amples informations.

La coupe était pleine, je ne parvenais plus à me dominer. Ma voix se fit perçante.

— Emmenez-moi auprès de mon fils, maintenant ! Emmenez-moi auprès de lui !

Je m'approchai du médecin et le saisis par les épaules.

— Je veux voir mon fils, vous avez compris ?

Le sang me montait à la tête, les larmes coulaient sur mes joues. Je secouais l'homme tandis qu'il me fixait, incrédule.

Je sentis enfin quelqu'un m'attraper et passer ses bras autour des miens pour m'immobiliser. Kuan. Obéissant, comme toujours. Qui voulait me rendre aussi docile que lui.

Nous ne prononçâmes pas un mot sur le chemin du retour. Au cours de ce voyage qui dura près de trois heures, nous dûmes changer de train et subir deux contrôles, avec relevé des empreintes digitales et véritable interrogatoire à la clé. Qui étions-nous ? Où habitions-nous ? Où allions-nous ? D'où venions-nous ? Kuan répondait calmement à toutes les questions. Comment en trouvait-il la force ? Comment pouvait-il être aussi égal à lui-même ? Pourtant, il me parut changé, l'unique fois où je croisai son regard. Je détournai la tête.

Nous parcourûmes à pied la dernière partie du trajet.

Nous n'étions qu'à une centaine de mètres de chez nous quand nous entendîmes le crépitement des hélicoptères. Ils ne se contentaient pas de tournoyer au-dessus de notre logement, comme je l'avais cru initialement : alors que nous nous rapprochions, je vis qu'ils survolaient les champs, les poiriers. La forêt.

Nous nous figeâmes à quelques mètres de chez nous : devant notre porte, à l'endroit où commençaient les vergers, un groupe de collègues en tenue de travail avaient interrompu leur tâche et attendaient en silence. Certains tenaient toujours à la main les sécateurs et les paniers destinés aux déchets. L'air ébahi, ils observaient le terrain devant eux. Au loin, j'entraperçus la colline où nous avions déjeuné. Et derrière celle-ci, la forêt sauvage. Des véhicules de toutes sortes sillonnaient le ciel au-dessus des arbres, et une longue file de tanks passa devant nous. Tous ces engins formaient comme un mur. Un mur entre nous et les champs. Derrière les tanks, les soldats s'activaient. Ils installaient une clôture, une bâche blanche de plusieurs centaines de mètres de long. Ils travaillaient vite et bien, en silence, je n'entendais que les coups sur les poteaux qu'ils enfonçaient dans le sol. Entre les soldats et derrière la palissade, je distinguais des silhouettes en combinaison intégrale équipées de casques. Des casques de protection. Mais de protection contre quoi ?

George

Impossible de trouver le sommeil. La fourche que ma conversation avec Tom avait enfoncée dans mon cœur continuait de me torturer. Je retournais ses mots dans ma tête, encore et encore. *Je viens d'apprendre que j'avais une bourse, ça ne te coûtera pas un sou, John s'est occupé de tout.*

Emma était immobile à côté de moi, son souffle quasiment inaudible, son visage lisse. Elle paraissait plus jeune quand elle était assoupie. Je lui en voulais presque de dormir aussi bien, aussi facilement, alors que je me débattais avec mon insomnie.

La lampe d'extérieur clignotait dans la cour. Soit l'ampoule était sur le point de griller, soit il y avait un faux contact. Puis le clignotement se transforma en lumière de discothèque. Les éclairs du stroboscope s'insinuaient sous mes paupières. Je remontai la couette sur ma tête, avec pour seul résultat de respirer plus difficilement.

Je finis par me lever pour fermer le rideau. Je réussis à masquer le jour, mais cela fut malheureusement insuffisant : je percevais encore les clignotements. Emma avait peut-être raison quand elle m'incitait à acheter les stores occultants proposés dans le catalogue de vente par correspondance. Mais là n'était pas la priorité. Il fallait réparer la lampe. Sur-le-champ, même, si je voulais avoir une chance de dormir. Ce ne serait sans doute pas sorcier.

La nuit étant douce, je décidai de sortir en tee-shirt et caleçon. De toute façon, personne ne me verrait. J'allai dans la grange chercher la plus grande des échelles, la posai contre la façade et, après m'être assuré de sa stabilité, grimpai.

Très chaud et dur à dévisser, le globe de la lampe semblait coincé. Je le manipulai avec un bout de mon tee-shirt pour éviter de me brûler, mais cette technique se révéla inefficace. Je finis par me mettre torse nu.

L'ampoule clignotait par intermittence. Sûrement un faux contact. Emma protestait à chaque fois que je voulais toucher à l'électricité, mais j'ai toujours préféré me tenir éloigné des électriciens : à peine vous posez les yeux sur eux que déjà ça vous coûte de l'argent. J'aurais peut-être dû choisir cette voie : des études courtes, un job bien payé. *Une bourse. Ça ne te coûtera pas un sou. John s'est occupé de tout.*

Et merde... Mais hors de question de me laisser abattre.

Torse nu, en caleçon, chaussettes et chaussures, je dévissai le globe crasseux. Enfin, il céda. Je le gardai enroulé dans mon tee-shirt, et entrepris de retirer l'ampoule de ma main libre.

— Saloperie !

L'ampoule était brûlante, elle aussi. Je descendis de l'échelle pour déposer le globe par terre et remontai. L'ampoule n'opposa pas de résistance. Si le problème était un faux contact, ne valait-il pas mieux cependant démonter toute la lampe, socle compris ? me dis-je tout à coup. On avait déjà vu des conneries de ce genre provoquer des incendies. Je retournai dans la grange chercher des outils. Gravis de nouveau l'échelle.

De tout temps, les vis cruciformes avaient été mes pires ennemies. Quelques tours seulement et l'étoile n'était plus qu'un trou dans lequel le tournevis tournait à vide, sans aucune prise. Et ces quatre-là, rouillées, étaient particulièrement coriaces. Mais j'étais plus coriace qu'elles. Ce n'était pas mon style de me laisser faire.

J'avais enfin réussi à retirer les quatre vis de malheur… mais la lampe ne voulait toujours pas se détacher. Elle était collée au mur par un enduit au brou de noix rouge. Qu'à cela ne tienne : elle allait voir ce qu'elle allait voir. Je saisis la lampe, la secouai et finis par en avoir raison.

Ne restaient plus que les deux câbles, qui se tortillaient contre le mur comme de gros vers de terre. Par inadvertance, j'en touchai un avec le doigt.

— Chiotte !

Le coup de jus n'était pas assez fort pour me faire perdre l'équilibre. Pas à lui seul. Mais dans l'autre main je tenais le socle et le tournevis. Et l'échelle n'était pas d'une stabilité à toute épreuve.

J'étais allongé par terre, incapable de savoir si je m'étais évanoui en tombant. Je n'avais qu'un vague souvenir de l'échelle en train de vaciller, et moi avec, comme un personnage de dessin animé. J'avais mal à plusieurs endroits. Sacrément mal, même.

Au-dessus de moi, les câbles semblaient ramper le long du mur pour fondre sur moi. Je les fixai longtemps pour faire la mise au point. Ils se calmèrent.

Puis la tête d'Emma apparut. Pâle de sommeil et ébouriffée.

— Mais, George, qu'est-ce qui t'arrive ?

— C'est la lampe.

Elle leva les yeux et découvrit les câbles qui s'échappaient du trou dans la façade.

Je m'assis. Lentement. Mon corps m'obéit, heureusement. Rien de cassé. Et la lampe était descendue. J'avais eu raison d'elle.

Elle me montra l'échelle.

— T'avais vraiment besoin de faire ça au beau milieu de la nuit ? me demanda-t-elle en m'aidant à me relever. Ça ne pouvait pas attendre ?

Je fis quelques pas. J'avais mal aux jambes. Très mal, même, mais je n'en laissai rien paraître. J'aurais dû avoir honte mais, la vérité, c'est que j'étais soulagé d'être venu à bout de cette satanée lampe. Je n'étais pas du genre à me dégonfler à la première petite difficulté.

Elle me tendit mon tee-shirt.

— Minute, dit-elle alors que je m'apprêtais à l'enfiler.

Elle me frotta le dos. Des chaussettes jusqu'à la racine des cheveux, j'étais recouvert de poussière et de gravillons. Et mes mains étaient enduites d'une substance noire et poisseuse qui provenait sûrement de la lampe. Je me dégageai et passai mon tee-shirt, tout en sachant que les gravillons incrustés dans mon dos allaient me meurtrir, une fois au lit, comme un caillou dans une chaussure. Mais la lampe était démontée, c'est tout ce qui comptait.

Je remis l'échelle en place avant de repartir vers la grange. Autant terminer ce que j'avais commencé.

— Faut que j'aille chercher du ruban adhésif isolant, déclarai-je. On ne peut pas laisser les fils pendre comme ça.

— Ça peut attendre demain, non ?

Je ne répondis pas.

Elle soupira.

— Laisse-moi au moins couper l'électricité.

Sa voix était montée d'un ton.

Je me retournai. Elle souriait. Se moquait-elle de moi ? Parce que j'avais oublié la règle numéro un de l'électricien ?

— Va te coucher, allez, répondis-je.

Elle haussa les épaules. Puis se dirigea vers la maison.

— Au fait, Emma…

— Oui ?

Elle s'arrêta. Se retourna.

Je me redressai, pris mon élan.

— Il n'y aura pas de Floride. Que ce soit clair. Pas avec moi, en tout cas. Si tu y tiens vraiment, il faudra que tu te trouves un autre homme. Je n'habiterai pas ailleurs qu'ici. Il n'y aura pas de Gulf Harbors.

William

La ruche en paille que j'avais commandée arriva trois jours plus tard. Je demandai qu'on l'installât à l'ombre d'un tremble tout au fond de la propriété, dans la partie du jardin où nous laissions la nature vivre sa vie. Aucun enfant ne traînait par là, et je voulais pouvoir travailler, observer la colonie, écrire et dessiner en paix. J'avais acheté la ruche à un paysan qui n'avait même pas cherché à faire monter le prix que je lui en proposais, ce qui m'amena à penser que je lui avais fait une offre bien trop généreuse et que j'aurais pu l'acquérir pour deux fois moins.

L'homme se lança dans de longues explications sur la récolte, mais je l'interrompis et le congédiai d'un geste. Ce n'était évidemment pas pour le miel que j'avais fait cette acquisition.

Dans un vieux drap blanc, Thilda m'avait cousu une combinaison qui ressemblait à une tenue d'escrimeur. Elle avait dû la reprendre par trois fois, tant elle semblait incapable de comprendre que mes mensurations avaient changé. Aux mains, je portais une paire de gants usés qui me faisaient transpirer, mais qui constituaient une protection indispensable.

Je me trouvais maintenant seul sous le tremble avec la ruche, seul avec la ruche et les abeilles.

Je sortis un carnet de notes. L'observation était une tâche qui requérait de la rigueur et qui m'avait toujours procuré un vif plaisir : c'était comme ça que ma passion était née. Dire que je l'avais oublié.

Mais il me manquait encore un accessoire : une chaise. J'étais si rouillé que j'avais oublié l'essentiel !

Je revins avec un tabouret, le souffle court, en nage sous ma combinaison, trop étroite à l'usage. Il fallut quelques minutes pour que mon corps s'apaisât.

Il y avait beaucoup de choses à étudier. Les abeilles ne cessaient de quitter la ruche et de revenir, ce qui n'avait rien d'étonnant en soi. Elles sortaient récolter le pollen et le nectar, lequel serait transformé en miel, tandis que le pollen servirait à nourrir les larves. Elles effectuaient ce travail minutieux dans le calme, de façon systématique, instinctive, atavique. Toutes ces ouvrières étaient des sœurs, puisqu'elles avaient la même mère : la reine. Bien que cette dernière leur eût donné naissance, elles ne lui étaient pas soumises. Leur vie était régie par la collectivité.

J'aurais aimé voir la reine, mais la paille qui entourait la ruche m'en empêchait.

Avec précaution, je soulevai le panier et regardai par en dessous. Les abeilles s'envolèrent et s'égaillèrent autour de moi, elles n'aimaient pas être dérangées.

Je distinguai des gâteaux de cire pleins, quelques faux bourdons, ainsi que le couvain et des larves. Je me penchai encore plus. L'espoir me picotait la peau : enfin, j'y étais !

— À table !

La voix de Thilda fendit le bourdonnement des insectes et fit fuir les oiseaux.

Je l'ignorai. Cet appel ne me concernait pas, cela faisait des mois que je n'avais pas partagé un repas en famille. Dans mon dos, les enfants se précipitèrent vers la maison et disparurent un à un à l'intérieur.

— J'ai dit : à table !

Je jetai un coup d'œil sous mon bras. Plantée au milieu du jardin, Thilda me contemplait fixement. Elle ne tarda pas à se diriger droit sur moi.

La fourchette de la petite Georgiana crissa sur l'assiette vide.

— Silence ! s'exclama Thilda. Repose cette fourchette !

— J'ai faim !

Thilda, Charlotte et Dorothea apportèrent les plats : légumes, pommes de terre, et une soupière remplie d'une lavasse dans laquelle je peinai à reconnaître une soupe.

— C'est tout ?

Je montrai les plats.

Thilda hocha la tête.

— Où est la viande ?

— Il n'y a pas de viande.

— Et la tourte ?

— Nous sommes à court de beurre et de farine blanche.

Elle me fixait d'un air impassible.

— À moins que vous ne préfériez que l'on pioche dans l'argent destiné à payer les études d'Edmund.

— Non, non. Ne touchons pas à cet argent.

Je comprenais maintenant pourquoi elle avait voulu que je vinsse à table. Elle était plus rouée que je ne le croyais.

Je regardai autour de moi. Les visages émaciés des enfants étaient tous tournés vers ces trois tristes plats.

— Eh bien, finis-je par dire. Remercions le Seigneur de nous avoir accordé ce repas.

Je penchai la tête et récitai le bénédicité. La prière semblait déplacée dans ma bouche et je la débitai d'un trait pour en être débarrassé.

— Amen.

— Amen, répéta la famille tout bas.

Par la fenêtre, je distinguais la ruche au fond du jardin.

Je me servis avec parcimonie, afin de pouvoir y retourner sans tarder.

Je tendis les plats à Thilda, qui les fit ensuite passer aux enfants, qui se servirent à tour de rôle, en fonction de leur rang dans la fratrie. J'étais heureux qu'Edmund, l'aîné, fût le premier : les garçons de son âge ont besoin de force. Mais je fus étonné de le voir pignocher, se servant de ridicules portions. Pâle et mince, il paraissait ne jamais voir la lumière du jour. Et ce n'était pas tout : ses mains tremblaient et son front était emperlé de sueur. Était-il en bonne santé ?

Les filles, elles, se jetèrent sur la nourriture, mais il n'en restait pas assez pour tout le monde. Quand vint enfin le tour de la petite Georgiana, les plats étaient pratiquement vides. Charlotte donna une de ses pommes de terre à sa jeune sœur.

Nous mangions en silence. Les aliments disparurent de l'assiette des filles en un éclair.

Tout au long du repas, je sentis le regard de Thilda peser sur moi. Elle n'avait pas besoin de prononcer un mot, je ne savais que trop bien ce qu'elle souhaitait.

George

Je partis au petit matin. Des sandwichs dans un sac et du café dans le thermos. Je fis tout le trajet d'une traite. Sept heures d'affilée, sans la moindre pause. Je n'avais pas croisé Emma. Une fois les fils de la lampe protégés, j'avais piqué un somme sur le canapé pendant que, dans la chambre, elle dormait – ou pas. Je n'avais pas eu le courage d'aller voir. Mes yeux irrités étaient injectés de sang. Aucun risque que je m'assoupisse au volant, même sur une si longue distance. Je profitai de l'absence de trafic et de radars pour dépasser allègrement les limites de vitesse. À midi vingt-cinq précis, je m'arrêtai dans un dérapage devant le bâtiment de la fac et me garai sur l'emplacement « Réservé au professeur Stephenson ». Rien à fiche : ce Stephenson pouvait bien aller stationner ailleurs.

Comme toutes les facs, celle-ci était en brique rouge et avait un air vénérable – alors qu'elle n'était pas spécialement vieille. La bâtisse, haute, large, avec ses fenêtres blanches à petits carreaux, était probablement censée rappeler Harvard, ou une université de ce genre. Mais il en fallait plus pour m'impressionner.

Je n'avais pas remis les pieds ici depuis que nous y avions conduit Tom à l'automne, quand nous l'avions installé dans la chambre riquiqui qu'il devait partager avec un petit Japonais à lunettes. La pièce sentait les chaussettes sales et les hormones. Les pauvres garçons... Aucune intimité n'était envisageable dans un espace aussi restreint. Mais cela faisait de toute évidence partie du jeu.

Je me précipitai à l'intérieur et passai devant la longue rangée de plaques en laiton gravées aux noms de tous les généreux donateurs de l'école – heureusement, Green's Apiaries n'y figurait pas –, devant les coupes, sous vitrines, gagnées par les étudiants dans des compétitions à la noix, et devant les portraits enfarinés des différents présidents de l'établissement. Rien que des hommes, et pas beaucoup : la fac, ouverte dans les années 1970, ne pouvait pas se targuer d'une longue histoire.

Je débouchai dans une grande pièce ronde carrelée qui faisait rebondir le bruit de mes pas entre les murs. Intimidé, j'hésitai à marcher sur la pointe des pieds. Mais après tout, je n'avais rien à me reprocher ! Je payais pour que mon fils étudie ici ! Quand on y réfléchissait, j'étais quasiment copropriétaire de cette foutue université. Haut et fort, sans préambule, je demandai où je pouvais trouver Tom. Le type de l'accueil, efflanqué et dégoulinant de dreadlocks, avait le nez collé à son écran. Il consulta un tableau sans m'accorder le moindre regard.

— Il n'a pas cours en ce moment, répondit-il, laconique, tout en continuant à taper frénétiquement sur son clavier – il était sûrement en train de jouer, sur son temps de travail.

— C'est urgent, insistai-je.

Il grogna. Le boulot n'avait pas l'air de figurer parmi ses priorités.

— Essayez la bibliothèque.

Assis face à une pile de livres, Tom parlait à voix basse avec deux étudiants, une brune mignonne mais mal fagotée, et un binoclard. Happé par sa conversation, il ne me remarqua que quand je vins me planter en face de lui.

— Papa ?! s'étonna-t-il dans un chuchotement.

Il fallait croire qu'il n'était pas permis de donner de la voix, dans ce bastion du savoir.

Ses deux congénères levèrent les yeux sur moi, comme si j'avais été une mouche bourdonnante qui avait atterri ici par erreur.

Pour une raison que j'ignore, j'avais été convaincu qu'il serait là, tout seul, à m'attendre. Mais la vérité, c'était qu'il avait sa vie, ici. Une vie dont je ne savais rien. Je levai la main dans un salut maladroit.

— Ça va ti ?

Je le regrettai aussitôt. *Ça va ti ?* Personne ne disait ça.

— Toi, ici ?

— Ouaip.

Ouaip ?! Je traversai un grand moment de solitude.

— Il y a un problème ?

Tom se leva d'un bond.

— Il est arrivé quelque chose à maman ?

— Non, non, t'inquiète. Ta mère est fraîche comme un gardon. Hé hé.

Bon sang. Mieux valait sans doute que je me taise.

Il m'emmena dehors, au soleil. Nous nous assîmes sur un banc. Le printemps était plus avancé ici qu'à la maison, l'air était lourd et chaud. Il y avait des jeunes partout autour de nous. Des étudiants. Beaucoup de lunettes et de sacoches en cuir.

Je sentais qu'il attendait que je parle, mais soudain je ne savais plus par où commencer.

— T'as fait toute cette route juste pour papoter ?

— Il semblerait.

— Et la ferme ? Les abeilles ?

— Elles suivent ou plutôt elles volent leur petit bonhomme de chemin….

J'essayai de lâcher un rire, qui s'enraya et s'acheva en toussotement.

Je me concentrai et laissai tomber :

— Je pars à Hancock County la semaine prochaine. Blue Hill.

— Ah bon. C'est où ?

— Dans le Maine. À dix minutes seulement de la mer. Tu ne te rappelles pas m'avoir accompagné là-bas ?

— Peut-être, si, je ne sais plus.

— Tu avais cinq ans, tu n'allais pas encore à l'école. On était partis rien que toi et moi. Souviens-toi, on dormait sous la tente.

— Ah oui. Ce voyage-là.

— Eh oui.

Il se tut.

— Celui avec les ours, finit-il par dire.

— Mais tout s'est bien terminé, n'est-ce pas ?

— Il y en a encore ? s'enquit-il.

— De quoi ?

— Des ours.

— Plus un seul...

Je me souvins brusquement de ses grands yeux, ronds comme des billes et luisant dans l'obscurité, tandis que les grognements de l'ours nous parvenaient à travers la toile de tente.

— Tu sais que c'est une espèce en voie de disparition ? demanda-t-il tout à trac.

Il avait retrouvé son aplomb.

— Comme beaucoup d'autres, plaisantai-je. Ton vieux père, par exemple.

Ma blague ne lui arracha même pas un sourire.

J'inspirai profondément. Il fallait que je le dise, j'étais venu pour ça.

— Je voudrais que tu viennes avec moi dans le Maine.

— Quoi ?

— Il faut que je te le répète ?

— Maintenant ?

— Lundi. Trois camions, un de plus que les années précédentes.

— C'est bien. Tu développes l'activité ?

— *Nous* développons l'activité.

— Je ne peux pas t'accompagner, papa. Tu le sais bien.

— Il y a plus de boulot qu'avant. Il est temps que tu t'investisses dans la ferme.

— Mes examens sont pour bientôt.

— Ça ne sera pas forcément très long.

— La fac ne voudra jamais.

— Une semaine, max.

— Papa…

Je déglutis. Mon laïus était parti aux oubliettes. Le laïus avec un grand L que j'avais si soigneusement préparé durant tout le voyage. Les belles paroles que j'avais alignées telle une armée de soldats de plomb. C'était la déroute, dans mon esprit. Ton héritage, devais-je déclarer, c'est ton héritage. Les abeilles, Tom, c'est ton avenir. Voilà ce que je devais dire, avant de conclure après un silence éloquent : « Laisse-leur au moins une chance. »

Au lieu de quoi, je tentai :

— Je demanderai que tu sois excusé, je dirai qu'on a besoin de toi dans l'entreprise familiale.

— On n'autorise pas les absences pour des raisons de ce genre.

— Combien de fois as-tu raté les cours cette année parce que tu étais malade ? Zéro ?

— Deux… peut-être trois.

— Tu vois. C'est rien.

— Je ne crois pas que ça change grand-chose.

— Bon sang, tu n'as qu'à dire que tu es malade dans ce cas ! Tu peux réviser n'importe où si je ne m'abuse.

— Ce ne sont pas seulement les révisions, papa. Nous avons aussi des travaux en groupe, des devoirs à rendre.

— Mais tu peux les faire là-bas, non ?

— Non, j'ai besoin de livres.
— Emporte-les.
— Des livres de la bibliothèque de l'école.
— Tom, je te parle de une semaine. *Une* semaine…
— Mais, papa : je n'en ai pas envie !
Il avait haussé la voix. Deux filles aux cheveux courts, habillées comme des hommes, en pantalon retroussé et gros rangers, nous lancèrent un regard interloqué en passant devant nous.
— Je n'en ai pas envie.
Cette fois-ci, il le dit plus bas, en me considérant de ses yeux de chien battu qui n'étaient pas sans rappeler ceux d'Emma. Un regard auquel d'ordinaire je ne résistais pas.
Je me levai brusquement. J'étais incapable de rester une seconde de plus assis.
— C'est à cause de lui, n'est-ce pas ?
— À cause de qui ?
Je n'attendis pas la réponse. Je me ruai de nouveau vers ce satané bâtiment en brique.

L'aile réservée aux professeurs se trouvait derrière la réception.
— Pardon, mais où allez-vous ?
Je passai devant Monsieur Dreadlocks en ignorant sa question.
— Excusez-moi !
Il se leva, mais j'étais déjà loin dans le couloir, les portes des bureaux défilaient devant mes yeux, certaines ouvertes. Professeurs Wilkinson, Clarke, Chang, Langsley. J'entrapercevais des bibliothèques bien remplies, des appuis de fenêtre profonds, de lourds rideaux. Rien de personnel, tout puait le savoir.
Ah, le voilà. Smith. Une porte fermée avec encore une autre plaque en laiton. J'allais presque finir par croire qu'il y avait de l'avenir dans cette industrie. *Professeur John Smith.*

Monsieur Dreadlocks se rapprochait.

— C'est bon ! lui criai-je, essoufflé. J'ai trouvé.

Il s'arrêta, indécis : il n'avait peut-être pas le droit de laisser entrer les étrangers... Puis il haussa les épaules et s'en retourna à la réception.

Allais-je frapper, comme n'importe quel étudiant gringalet avec ses livres sous le bras ?

Pas de ça pour moi.

Je redressai le dos, déglutis et posai la main sur la poignée. La porte était fermée à clé. Et merde ! À ce moment-là, un jeune type arriva d'un pas tranquille dans le couloir. Bien rasé, les cheveux courts, en sweat à capuche et Converse. Un étudiant.

— Je peux vous aider ?

Il m'adressa un large sourire. Des dents blanches, parfaitement alignées. Tout le monde allait chez l'orthodontiste, de nos jours : le charme des dentitions particulières avait disparu.

— Je cherche John Smith.

— C'est moi.

— Vous ?

Je perdis contenance : je ne m'attendais pas à ça. Difficile de s'emporter face à un type pareil, qui avait l'air si innocent. On aurait dit un gamin.

— Et vous êtes ? s'enquit-il poliment.

Je redressai la tête.

— Je suis le père de Tom.

— Ah, je vois.

Sans se départir de son sourire, il me tendit la main.

— Enchanté.

Je la saisis. Difficile de faire autrement.

— Euh... enchanté. Ravi.

— Que diriez-vous d'entrer ? J'ai comme l'impression que vous avez quelque chose sur le cœur.

— Un peu, oui !

Il fallait que je me calme.

— Je vous demande pardon ?

— Non, rien.

— Rien ?

— Euh, si. Je veux dire… j'ai effectivement quelque chose sur le cœur.

Il me laissa entrer. Le soleil nous accueillit ; à travers les fenêtres, il envoyait des rais qui venaient illuminer les images sous verre. Des affiches pour la plupart. De films. *Retour vers le futur*, *E.T.*, *Star Wars*, le plus grand film de tous les temps : *A long time ago in a galaxy far, far away…* Quelle collection !

— Je vous en prie.

Il me désigna un fauteuil.

Je m'installai. Lui aussi – sur son siège de bureau qui me surplombait d'une façon fort déplaisante.

— Oh, pardon.

Il se releva et prit place dans l'autre fauteuil. Nous étions à la même hauteur, désormais, confortablement installés. Il ne nous manquait plus qu'un verre.

— Voilà.

Il m'adressa un nouveau sourire.

— Bien. En quoi puis-je vous aider ? Dites-moi.

Je me tortillai sur mon siège, détournai les yeux.

— Belle affiche.

Je hochai la tête en direction de *Star Wars*.

— N'est-ce pas ? D'époque.

— Ah ouais, quand même !

— Je l'ai achetée sur eBay à mon arrivée ici.

— Excusez-moi, mais… vous me semblez bien jeune pour avoir vu ce film à sa sortie.

Il éclata de rire.

— Je l'ai vu en vidéo.

— C'est bien ce que je me disais.

— Mais j'avais toutes les figurines. Le vaisseau spatial aussi. Vous êtes fan ?

— Un peu, ouais.

Et voilà, encore une fois, je n'avais pas fait attention à mon langage.

Il se mit soudain à entonner le générique du début en battant l'air d'un doigt, comme un chef d'orchestre. Je ne pus m'empêcher de glousser.

— Des films comme ça, on n'en fait plus, concédai-je.

— À qui le dites-vous.

Un ange passa. Il me regardait. Attendait.

WILLIAM

Je fis ce que Thilda souhaitait, ce que son regard exigeait, bien que chaque pas vers la boutique me coûtât. C'était mon acte de reddition. J'étais parti de bonne heure, dès l'aube. Dans une basse-cour, un coq poussa un cocorico rauque. L'atelier du sellier résonnait d'un martèlement métallique, mais le plus grand silence régnait chez le charron, l'horloger et l'épicier, qui n'avaient pas encore ouvert leur porte. Au bas de la rue, l'auberge, un lieu étouffant et malodorant où je ne mettais jamais les pieds, était fermée. Manifestement imbibé, un individu que je reconnus comme l'un des clients les plus assidus dormait sur le trottoir, adossé à la façade. Sans doute n'avait-il pas retrouvé le chemin de chez lui. Son sort m'inspirait du dégoût : comment pouvait-on perdre ainsi le contrôle, laisser l'alcool diriger sa vie ?

De la boulangerie, la seule boutique déjà ouverte, s'échappaient des odeurs presque palpables : le pain frais, les brioches, et peut-être aussi les tourtes de Swammer. Heureusement, le boulanger et ses deux fils s'affairaient encore à l'intérieur, autour du grand four à pain chaud, et je ne risquais pas de les croiser, fumant leur pipe sur le seuil tandis que les premiers clients affluaient. Je voulais passer inaperçu. C'était pour cette raison que j'avais décidé de faire une entorse à mes habitudes et d'arriver tôt.

J'imaginais déjà les commentaires des braves gens : *Tiens donc, vous revoilà. Nous qui vous croyions mort. Vous avez été malade, paraît-il ? Vous êtes revenu pour de bon ?*

Le bâtiment en brique rouge était plongé dans l'obscurité. Sur le seuil étaient amoncelées les feuilles mortes de l'automne précédent. Je levai un bras lourd et introduisis la clé dans le verrou. Le bruit du frottement métallique me fit frémir. Je savais ce qui m'attendait : un local sale et empoussiéré, et des jours de travail pour le rendre présentable.

Je poussai la porte. Le bois avait dû travailler, car elle n'opposa pas la moindre résistance, alors que je m'étais habitué à ce qu'elle grinçât et gémît à chaque mouvement. Ou bien Alberta, la nièce de Thilda, l'employée à la poitrine opulente et au rire bête que dans un moment de faiblesse j'avais accepté d'embaucher, avait-elle huilé les gonds… Pourtant, Alberta ne brillait pas par sa bonne volonté. Ni par grand-chose, du reste – si ce n'est son décolleté. Elle était largement en âge d'être mariée, pour ne pas dire trop mûre, déjà, comme une poire beurré gris gorgée de jus sur le point de tomber toute seule de la branche. Ni ses parents ni elle ne désespéraient de lui trouver chaussure à son pied, mais la tâche s'annonçait difficile. Alberta avait beau multiplier les efforts – parfois, je me disais qu'elle aurait pu tout aussi bien s'exposer en vitrine –, se trémousser au comptoir en faisant tressauter sa poitrine, son odeur âcre se répandant dans la boutique, accueillir chaque client comme s'il était l'élu de son cœur, elle n'avait pas de dot et personne ne semblait vouloir la cueillir. Je m'étonnai donc que cette péronnelle se fût employée en mon absence à faire autre chose que se dandiner sur le pas de la porte. La boutique était plongée dans la pénombre. J'allumai quelques bougies et une lampe Pigeon, et là, surprise : le magasin était impeccable. À l'exception de l'encrier, du facturier et de la lourde balance soigneusement placés à l'une de ses extrémités, le comptoir était vide. On avait astiqué l'imposant plafonnier et nettoyé le réservoir, qui était rempli d'huile et prêt à l'emploi. D'ordinaire, une couche de grains de sel et de poivre craquait sous les pieds à chaque pas, mais le sol était à présent si bien briqué que les rainures et l'usure du parquet apparaissaient nettement. Je savais par Thilda qu'Alberta avait fermé le magasin, mais je n'avais pas entendu dire que quelqu'un était passé depuis.

Même constat à la fenêtre : le chambranle était immaculé, sans le moindre cadavre de mouche. Nulle odeur de renfermé, nulle poussière dans les tiroirs.

Le magasin était, pour ainsi dire, rutilant, prêt à la réouverture, comme il ne l'avait jamais été auparavant. Mais qui était donc cette bonne fée ? Alberta ? J'en doutais. Les stocks, en revanche, faisaient peine à voir. En comparaison, le Sahara aurait paru luxuriant. Il ne restait plus une once de graines, et les réserves de poivre, de sel et d'épices avaient réduit de moitié. Les tiroirs des bulbes ne contenaient plus que des feuilles et quelques racines blanches solitaires. Avant la fermeture, lors des premières neiges, Alberta avait dû réussir à vendre les bulbes subsistants, y compris les plus douteux, notamment des narcisses secs qui traînaient là depuis des années. Les tiroirs abritant les oignons de printemps et les tubercules destinés aux cultures sous serre se révélèrent un peu plus fournis. Leur contact me rasséréna, comme la main d'un vieil ami entre les miennes. Malheureusement, il était déjà trop tard dans la saison pour les cultures sous serre : le gel serait revenu attaquer les racines pendant la nuit avant même la floraison.

Si je voulais que Thilda me laissât en paix, ne fût-ce que quelques jours, il me fallait néanmoins tenter de vendre les rares produits encore disponibles. À huit heures précises, j'ouvris la porte et je laissai le soleil pénétrer dans le magasin.

À l'extérieur, j'installai deux pots de dahlias que j'avais déterrés dans mon jardin. Ils oscillaient légèrement dans le vent et les touches de couleur rouge, rose et jaune égayaient cette partie de la rue.

Je restai planté sur le seuil. Derrière moi, la boutique illuminée invitait le chaland à entrer. Je redressai l'échine. J'avais tant répugné à revenir dans ces lieux, dans ce qui m'avait valu des épaules voûtées et des cernes noirs. Désormais, nous étions lui et moi comme régénérés. Je me sentais de nouveau prêt à affronter le village, à regarder le monde en face. « Qu'ils viennent ! » pensais-je.

Et ils vinrent. Le village entier semblait s'être passé le mot : j'étais revenu d'entre les morts, et chacun voulait sa part de bulbes desséchés et d'épices poussiéreuses. J'avais passé quelques commandes dans la matinée mais, depuis midi et l'arrivée des premiers clients, je n'avais pas cessé de faire marcher la caisse. J'entendais les gens murmurer dans mon dos, mais je n'en avais cure : ce n'était plus les sarcasmes et les sourires en coin qui m'avaient collé à la peau après la conférence sur Swammerdam. Les gens me saluaient avec déférence et admiration. En m'apercevant dans un carreau de la fenêtre, je compris pourquoi : je ne ressemblais plus au commerçant mollasson d'autrefois. Disparu, mon côté rondouillard et débonnaire. L'homme mince et anguleux que j'étais devenu, si différent d'eux, inspirait le respect. Rares étaient ceux qui savaient exactement de quoi j'avais souffert : la plupart supposaient que j'avais vu la mort de près, que je m'étais battu et que j'étais ressuscité.

L'argent affluait, tandis que je prenais soin de discuter avec chacun en veillant à avoir un mot pour sa petite famille. *Le mariage de votre fille – c'est Victoria, n'est-ce pas – a-t-il été béni par la naissance de petits ? Et la ferme ? Combien de poulains, dites-vous ? C'est fabuleux ! Et la récolte ? D'après vous, l'automne s'annonce-t-il bon ? Mon Dieu, le petit Benjamin ! Il a déjà dix ans ? Et toujours aussi malin, à ce que je vois. Croyez-moi, ce garçon est promis à un bel avenir.*

Le soir, je fermai la boutique le cœur léger, avec une bourse bien remplie. Et quoique mes pieds me fissent souffrir, je parcourus sans peine les cinq cents mètres qui me séparaient de la maison. Mes livres m'y attendaient et je comptais travailler jusqu'à minuit, tant cette journée m'avait revigoré. Finalement, je pouvais parfaitement mener de front mon travail et ma passion.

Tao

Il faisait nuit et j'étais réveillée. À l'instar de toutes les autres activités, dormir n'avait plus de sens. Adossée au mur du séjour, je contemplais mes mains, pressais les uns contre les autres mes doigts aux ongles trop longs jusqu'à en avoir mal. Combien de temps fallait-il que j'appuie pour qu'ils se mettent à saigner ?

J'avais réussi à supporter la disparition de ma mère. Elle était malade, âgée. Et puis, on l'avait placée dans un bon endroit, apparemment, la maison avait l'air très bien sur la vidéo. Elle était entre de bonnes mains. Mais Wei-Wen... L'envie de pleurer me brûlait la poitrine, me serrait la gorge, la souffrance physique était telle que j'en avais de la peine à respirer. Pourtant je réprimais mes sanglots.

Personne n'exigeait que nous reprenions le travail. Après avoir appris – par qui, je ne pensai pas à le demander – ce qui nous arrivait, nos chefs d'équipe s'étaient présentés chez nous et avaient cherché leurs mots sur le pas de la porte, sans entrer. Ils étaient venus nous encourager à prendre le temps dont nous avions besoin. J'ignorais jusqu'à quand ils nous laisseraient en paix.

Les premiers jours, des voisins laissèrent des dons sur notre seuil. De la nourriture, principalement. Des conserves. Une bouteille de vrai ketchup. Et même un kiwi. Je ne savais même pas qu'on produisait encore des kiwis. Mais le fruit n'avait aucun goût. Une âme charitable avait pensé à ramasser nos affaires abandonnées dans le pré le jour du drame. Tout était là, même la boîte de prunes vide. Son odeur me donna la nausée.

Les premiers temps, Kuan était resté couché dans la chambre, pleurant pour nous deux. Ses sanglots emplissaient l'appartement, déferlaient dans les pièces exiguës. Jamais je ne m'étais toutefois résolue à aller le voir.

Puis il se leva. Nous nous tournions autour en silence. Les journées s'évanouissaient, nous vivions dans une bulle aussi hermétique que la pièce où avait été hospitalisé Wei-Wen. Tout semblait en suspens. Kuan ne parlait pas, et je ne me sentais pas le cœur d'entamer la conversation : je n'aurais pas su quoi dire. Peut-être ne me jetait-il pas la pierre, après tout, peut-être cette idée ne lui avait-elle même pas effleuré l'esprit.

Si, pourtant. Forcément.

Ce regard vide. Et cette distance. Lui qui avait toujours été si proche physiquement. L'intimité avait disparu, sans laisser place à l'agressivité. (N'osait-il pas ? Voulait-il me protéger ?) Le fossé entre nous n'avait cessé de grandir, jusqu'à devenir infranchissable. J'avais du mal à me trouver dans la même pièce que Kuan. En sa présence, deux uniques mots m'assaillaient : ma faute, ma faute, ma faute. Et tout en lui, soudain, me repoussait. Son corps me dégoûtait. Nous jouions au papa et à la maman, mais sans l'enfant. Nous préparions à manger, rangions la maison, lavions les vêtements. Chaque jour, les mêmes gestes. Nous nous levions, nous nous habillions, nous grignotions un morceau. Buvions du thé. Ce sempiternel thé. Et nous attendions.

Tous les jours, j'appelais l'hôpital. C'était moi qui m'en chargeais, toujours. Même ça, il ne pouvait pas en prendre l'initiative. Le Dr Hio était injoignable, puis on m'apprit au bout de quelques semaines qu'elle ne travaillait plus à l'hôpital. Je ne sus jamais pourquoi.

Les réponses, elles, restaient les mêmes quel que soit mon interlocuteur : *Nous n'en savons pas plus. Il faut attendre. Bien sûr que nous allons vous donner un nom. Naturellement. Il faut juste patienter encore un peu. Ce n'est l'affaire que de quelques jours. Nous allons nous renseigner. Nous reviendrons vers vous. Il faut juste être patient.*

Malgré l'indulgence de nos employeurs, je vis un matin Kuan sortir de la salle de bains en tenue de travail.

— C'est aussi bien, murmura-t-il.

Ce n'était pas le fait qu'il voulût retourner travailler qui me médusa, mais le soulagement que j'en éprouvai. À la pensée d'être débarrassée de lui, de pouvoir être seule avec moi-même, j'eus soudain l'impression qu'enfin mon horizon s'éclaircissait.

— Ça ira ? demanda-t-il.

— Oui. Vas-y.

— Si ça t'embête de rester seule, je peux ne pas y aller.

— Non, c'est bon, ne t'inquiète pas.

Mais il demeurait planté là, flottant dans ses vêtements, encore plus mince qu'avant. Il s'attendait peut-être à ce que j'ajoute quelque chose. À ce que je me mette en colère, à ce que je crie, à ce que je le gifle. Mais pourquoi s'attendait-il à ce que ce soit *moi* qui explose ? Ça aussi, ça faisait partie de mes responsabilités, désormais ? Il me fixait de ses grands yeux, l'air implorant, sa bouche douce et charnue légèrement entrouverte. Je me détournai, incapable de soutenir son regard. Je ne souhaitais plus qu'une chose : que l'homme charmant qui m'avait permis de m'oublier disparaisse au plus vite.

— Tao ?

— Il va vraiment falloir que tu y ailles, si tu ne veux pas rater l'appel, répondis-je, toujours sans le regarder.

Je l'entendis inspirer profondément, comme s'il s'apprêtait à parler, mais ne trouvait pas les mots.

Et il s'en alla – le bruit de ses pas sur le sol, le claquement de la porte –, me laissant enfin seule dans l'appartement vide.

J'entrai dans la chambre et je pris le pyjama posé sur le lit de Wei-Wen. Je demeurai assise, le morceau de tissu entre les mains. J'avais refusé de le mettre à la machine. Il ne l'avait porté que deux nuits, et je souhaitais qu'il reste là à l'attendre jusqu'à son retour. L'étoffe était fine entre mes doigts, bleue et décorée de lunes qui souriaient. Elle sentait encore sa transpiration d'enfant.

Je passai toute la journée sur ce lit.

Je changeai de rythme. Pendant que Kuan dormait du sommeil lourd du travailleur, je veillais dans le séjour. J'allais et venais, ne m'écroulant sur le lit qu'au petit matin. Je ne pouvais pas me reposer, si je m'asseyais, me détendais, dormais, Wei-Wen disparaîtrait à jamais.

Je me tournai vers la fenêtre. Nous avions vue sur la palissade blanche qui entourait les champs. Environ tous les cent mètres, un garde était posté. Je distinguais la silhouette de celui qui nous était le plus proche. Il se tenait immobile, les yeux dans le vide. J'aurais donné cher pour savoir ce qu'il surveillait.

La palissade était si haute que nous ne pouvions voir ce qui se passait derrière, pas même depuis le toit. J'avais vérifié. À son faîte, un filet avait été tendu, qui se soulevait sous le souffle du vent. À plusieurs reprises, des ouvriers étaient venus l'accrocher plus solidement. Chaque jour déversait son lot de curieux, mais tous étaient refoulés. J'avais moi-même longé en vain la clôture pour essayer de trouver des brèches, des passages à travers lesquels se faufiler.

Kuan m'apprit que les gens parlaient. Son équipe travaillait maintenant dans un autre champ, à une dizaine de kilomètres. Ils avaient donc largement le temps de discuter en chemin. Les spéculations allaient bon train. Selon eux, toutes ces dispositions étaient liées à Wei-Wen. La palissade, la zone interdite, la présence des militaires. Ils avaient probablement raison, car nous étions les derniers à nous être rendus là-bas. Et Wei-Wen avait été hospitalisé. Mais dès que ses collègues se rendaient compte que Kuan tendait l'oreille, ils se taisaient. Nous étions devenus l'objet de ces discussions au parfum de scandale. Nous étions au centre de l'attention, et je ne pouvais rien y faire.

Pourtant, nous en savions aussi peu qu'eux. La seule chose dont nous étions sûrs était de notoriété publique : il était arrivé quelque chose à Wei-Wen dans ce champ et, depuis, il avait disparu. Soudain, je notai un changement dans l'attitude du garde : il s'était laissé glisser au pied de la palissade, et sa tête dodelinait légèrement. Il dormait.

William

Les œufs ne mesurent pas plus d'un millimètre et demi de long. On en compte un par alvéole. Une tache grisâtre sur la cire jaune. Au bout de trois jours seulement, la larve éclôt. Elle est alors gavée comme une enfant gâtée. Puis viennent les jours de croissance, avant que les cellules ne soient recouvertes d'un opercule de cire. À l'intérieur, la larve fabrique son cocon, le tisse autour d'elle, telle une cuirasse pour se protéger du monde extérieur. À ce moment-là, et à ce moment-là seulement, elle est seule.

Au bout de vingt et un jours, l'ouvrière s'extrait de son alvéole et part rejoindre les autres bébés abeilles, mais elle n'est pas encore prête à affronter le monde. Elle n'est encore qu'un nourrisson qui ne sait ni voler ni pourvoir à son alimentation ; elle parvient à peine à s'agripper aux rayons, elle rampe, vacille sur ses petites pattes, fait ses premiers pas. C'est pourquoi, les premiers jours, seules des tâches simples lui sont confiées, et à l'intérieur de la ruche uniquement. Son rayon d'action reste limité : elle nettoie le couvain, en commençant par sa propre cellule, avant de se consacrer à celles des autres. Ça y est, elle n'est plus jamais seule. En permanence, des centaines d'autres abeilles l'entourent, qui en sont exactement au même stade de développement qu'elle.

Ensuite, elle devient nourrice : bien qu'elle ne soit elle-même qu'une enfant, elle est désormais chargée de nourrir les larves. Parallèlement, l'après-midi, les jours de beau temps, elle se lance dans ses premières tentatives de vol, teste ses ailes, avec prudence, hésitation. Elle trouve le chemin jusqu'à la planche d'envol et volette en face de l'entrée de la ruche, puis s'en éloigne petit à petit. Mais elle n'est toujours pas prête à partir butiner.

Ses tâches se poursuivent à l'intérieur de la ruche. Elle commence par recevoir les pollens apportés par les butineuses, puis elle produit de la cire et devient gardienne. Dans le même temps, ses vols hors de la ruche deviennent de plus en plus longs. Elle se prépare. Elle sera bientôt prête. Très bientôt.

Enfin, un jour, elle devient butineuse. Elle part seule, elle est libre, ses ailes la transportent de plante en plante. Elle recueille le nectar sucré, le pollen et l'eau sur des kilomètres à la ronde. Bien qu'elle travaille seule dans la nature, elle fait partie d'une société. Prise individuellement elle n'est rien, une fraction infime de la colonie, mais avec les autres elle est tout. Car, ensemble, elles forment la ruche.

Comme une abeille, cette idée naquit de l'invisible avant de s'étoffer. Je commençai par des croquis, des coups de fusain légers sur le papier, en indiquant des dimensions approximatives, en leur donnant des formes vagues. Puis, gagnant en confiance, j'allai plus loin, je me mis à compter, à calculer, les traits s'affirmèrent, j'étalai la feuille dans toute sa largeur par terre. Pour finir, je sortis la plume et l'encre, et elle se matérialisa sous mes yeux, avec des traits plus nets, plus précis, des dimensions exactes. Et enfin, le vingt et unième jour, la ruche fut prête.

— Pouvez-vous me fabriquer cela ?

Je dépliai les plans sur la vieille table bancale et couverte d'entailles de Conolly. On aurait pu s'attendre à trouver chez lui des meubles en parfait état mais, visiblement, c'était la même rengaine que pour les cordonniers… Tout dans son séjour exigu semblait de travers et branlant ; le lit défait dans un coin, la chaise cassée devant l'âtre. Et le sol était tapissé d'une couche de sciure de bois si épaisse qu'on se serait cru dans son atelier, et non dans son salon.

De sa main puissante, il saisit l'un des plans, qui sembla soudain très fragile. Il s'approcha de la lucarne, dont il avait bouché l'un des carreaux cassé par une planche clouée. On me l'avait recommandé comme le meilleur menuisier des environs, mais ce que je voyais autour de moi me laissait sceptique.

— La caisse, je vois, mais pourquoi ce toit en pente ?

— Ma foi… c'est une maison, vous comprenez… une bâtisse… une demeure.

— Une demeure ?

Il hésita.

— On parle bien d'abeilles ?

Je réfléchis, je ne pouvais pas tout lui expliquer, il me fallait lui donner une raison logique, il me fallait parler sa langue.

— C'est à cause de l'eau, vous comprenez. De la pluie. Pour qu'elle s'évacue plus facilement.

Cet argument sembla lui convenir : il était désormais question de construction et non de sentiments.

— Ça complique les choses. Mais pourquoi pas.

Il étudia ensuite les plans de l'intérieur.

— Et ça… Des cadres ?

— Ils doivent être suspendus au toit. Il serait préférable d'en avoir dix par ruche, mais sept ou huit peuvent suffire. Un morceau de cire sera fixé dessus.

Il me regarda, l'air interrogateur.

— De la cire d'abeille. Une amorce, pour inciter les abeilles à continuer.

— Vous m'en direz tant...

— À l'état sauvage, les abeilles construisent des rayons transversaux, mais je ne veux pas les laisser faire, c'est pourquoi je prépare le terrain.

— Je vois, dit-il en se grattant l'oreille, de toute évidence pas passionné.

— Les cadres les aideront à construire leurs gâteaux à la verticale. Par la porte, je pourrai observer l'ensemble de la ruche et étudier les conditions dans lesquelles les abeilles travaillent. La ruche me permettra aussi de remplacer les gâteaux de cire en tirant simplement sur les cadres. Ça facilitera l'entretien et permettra de récolter le miel sans faire de mal aux abeilles.

Il me lança un coup d'œil absent, puis se replongea dans l'étude du plan.

— Des baguettes, ça j'ai. Mais pour les parois et le toit... je ne sais pas trop quel bois utiliser.

— Ça, je vous laisse décider, lui répondis-je avec toute l'amabilité dont j'étais capable. Après tout, c'est vous l'expert.

— Absolument. Tandis que, euh... pour les gâteaux de cire parallèles, c'est vous.

Pour la première fois, il sourit, un large sourire bonhomme, alors qu'il me tendait sa main puissante. J'étais enchanté. Je voyais déjà Conolly écouler des caisses et des caisses de ruches modèles de Savage, nous garantissant la fortune à tous deux. Ma foi, cette collaboration s'annonçait prometteuse.

GEORGE

Les véhicules de Kenny entrèrent dans la cour en toussant, crachant des gaz d'échappement. La poussière soulevée par les pneus se déposa en couche épaisse sur les bennes vides des camions. Le pépiement des oiseaux dans le soleil couchant disparaissait sous le rugissement des moteurs. J'avais loué trois camions, cette année – des petits, malheureusement, qui n'avaient rien à voir avec les semi-remorques de Gareth. On pouvait tout juste faire entrer trois ruches en hauteur et quatre en largeur. Mais le capot abritait de fidèles chevaux et un moulin tellement rustique qu'on pouvait le réparer soi-même en cas de pépin, et les pépins étaient fréquents.

Nous entreprîmes de charger les ruches dans le crépuscule. Il avait fallu attendre que les abeilles rentrent du travail.

La nuit tombait. Nous laissions tourner les moteurs pour pouvoir travailler à la lumière des phares. Avec nos combinaisons blanches et nos chapeaux voilés, nous avions l'air d'extraterrestres, évoluant dans le halo des phares, comme si nous manipulions des matériaux radioactifs. Je ne pus m'empêcher de rigoler. Si seulement le professeur Sweat-à-capuche nous voyait.

L'effort était rude : je dégoulinais de sueur sous ma combinaison. Chaque ruche pesait un âne mort.

Mais l'année prochaine… L'année prochaine nous aurions un chariot élévateur, peut-être un vrai semi-remorque. J'avais mis de l'argent de côté, en espérant que ça suffirait pour demander un nouveau prêt à la banque. Je n'en avais pas parlé à Emma. Je savais ce qu'elle en pensait. Mais pour gagner de l'argent, il faut en dépenser. C'est comme ça.

Aussitôt les ruches chargées, nous partirions. Nous ne gagnerions rien à différer, le voyage était long. Deux hommes par véhicule, qui se relaieraient au volant. Je prendrais mon pick-up. Avec Tom.

Je ne sais pas si c'était *Star Wars* ou le fait que Tom avait promis d'écrire sur ce voyage : toujours est-il qu'il avait pu rentrer avec moi. Avec le feu vert de John, son professeur. Depuis son retour, il passait tout son temps auprès des abeilles. Et il était toujours aussi peu causant. Je ne voyais pas son visage sous le voile, mais il travaillait, obéissant à toutes les consignes, consciencieux, silencieux, rapide – encore plus rapide, même, que Jimmy et Rick. Je voulais le lui dire, le féliciter, mais je ne trouvai jamais le bon moment.

Je n'en eus pas non plus l'occasion dans la voiture, car il roula son pull en boule, le cala sous son oreille, appuya la tête contre la fenêtre et ferma les yeux. Il était beau, mon garçon. Pas épais mais beau. J'imagine qu'il avait du succès auprès des filles. Avait-il une copine ? Le moteur ronronnait, accompagnant le léger ronflement de Tom. Il n'y avait pas grand monde sur la route, et la chaussée sèche nous permettait de rouler à vive allure.

Tout se passait comme prévu : nous nous relayions pour dormir et prendre le volant, sans échanger plus que quelques mots. Le jour se leva. Le paysage ondulait autour de nous. Tel un énorme insecte, une machine passa dans un champ, le corps gonflé par les milliers de litres de produit chimique que contenait sa cuve cylindrique, entre deux longues ailes en rotation qui répandaient le pesticide sur les terres en un nuage de gouttelettes.

Je gardais mes abeilles loin de ces saletés : ça les rendait apathiques et occasionnait toujours des pertes. Ces dernières années, bon nombre d'agriculteurs avaient adopté un nouveau système. Les pesticides n'étaient plus pulvérisés, mais épandus sous forme de billes sur le sol. C'était plus sûr, disait-on. Les plantes les absorbaient par la racine, et leur efficacité s'en trouvait prolongée. N'empêche que je restais convaincu que c'était des saloperies. J'aurais tant aimé que les agriculteurs continuent à utiliser les bonnes vieilles méthodes, qu'ils laissent les plantes se débrouiller seules, sans recourir à tous ces produits chimiques. Mais je savais que c'était peine perdue : les insectes nuisibles pouvaient vous ravager un champ à maturité en une seule nuit. Notre pays était trop peuplé, la nourriture trop bon marché et le reste du coût de la vie trop élevé pour que quelqu'un ose courir ce risque.

Tom s'éveillait à côté de moi. Il ouvrit le thermos, se servit ce qui restait dans une tasse, avant de se rappeler soudain mon existence.

— Désolé, tu en voulais ?

— Non, vas-y.

Il but son café en deux gorgées, sans ajouter un mot.

— Bien, bien…, fis-je, histoire surtout de combler le silence. En vain.

— Et, euh…

Je me raclai la gorge.

— Côté filles, à l'école ? Ça se passe bien ?

— Pas vraiment, non.

— Il n'y en a pas de mignonnes ?

— Il n'y en a pas qui me trouvent mignon, répliqua-t-il en riant.

Et je sentis qu'il était d'humeur plutôt bavarde.

— Ça viendra, tu verras.

— J'espère que je n'aurai pas à attendre aussi longtemps que toi et maman.

Emma et moi nous étions mariés à trente ans, alors que mon père avait perdu depuis longtemps tout espoir de me voir casé.

— Estime-toi heureux, dis-je. T'as échappé aux petits frères et sœurs bruyants. Tu n'imagines pas la belle vie que tu as eue en tant que fils unique.

— J'aurais bien aimé en avoir, pourtant.

— Sur le papier. En réalité, c'est l'enfer. Et je sais de quoi je parle.

Nous étions quatre frères. Ça criait et se bagarrait dans la maison du matin au soir. J'étais l'aîné et, dès l'âge de six ans, j'étais devenu un mini-papa. J'avais toujours été content que Tom soit enfant unique.

— Mais bon. La priorité, pour l'instant, c'est que tu te trouves une copine. À partir de là, tu pourras faire des enfants, un à la fois. Tu sais comment ça marche ? Les abeilles et les fleurs, tout ça. Mais peut-être n'avons-nous jamais eu cette conversation ?

— Non, c'est peut-être le moment ?

Il pouffa.

— Vas-y, papa, raconte. Qu'est-ce qui se passe avec les abeilles et les fleurs ?

J'éclatai de rire.

Lui aussi.

Ça faisait du bien.

WILLIAM

— Edmund ?

Je frappai à la porte de sa chambre.

J'avais passé les jours précédents auprès des abeilles, en attendant la nouvelle ruche. J'avais trouvé la reine : elle était plus grande que les ouvrières et les faux bourdons, et j'avais marqué son thorax d'un point de peinture blanche. J'avais également découvert des cellules royales, mais je les avais aussitôt détruites, ne voulant pas courir le risque d'un essaimage – c'est-à-dire que la vieille reine s'en aille avec une partie de la colonie pour céder la place à une reine plus jeune et ses descendants. Toutefois, malgré des heures d'observation, ma connaissance de la ruche restait limitée. Je continuais à l'ouvrir à grand-peine et en prenant le maximum de précautions, car à chaque fois je perturbais ses occupantes. Comment se faisait-il que la reine ponde deux types d'œufs différents, ceux des ouvrières et ceux des faux bourdons ? Je n'avais toujours pas réussi à élucider ce mystère. L'installation de la nouvelle ruche m'y aiderait sans doute.

Une chose était sûre : j'avais affaire à une colonie laborieuse. La ruche s'alourdissait de jour en jour. Les abeilles l'approvisionnaient en nectar et en pollen, et le miel luisait déjà à l'intérieur, ambré, sucré et alléchant.

Charlotte me tenait souvent compagnie. Les abeilles la passionnaient, elle prenait la ruche dans ses bras, la pesait, pariait sur la quantité de miel qu'elle contenait. Elle la soulevait comme si elle avait fait cela toute sa vie, puis s'assurait qu'il n'y avait pas d'autres cellules royales, cherchait la reine et la sortait, à mains nues – oui, elle osait attraper les abeilles sans gants. Elle regardait alors les ouvrières s'agiter et se lancer à sa recherche, comme elles le font à chaque fois que la reine disparaît. Charlotte avait grandi durant l'été, son corps dégingandé avait pris des formes et ses joues pâles, des couleurs. Devenues trop courtes, ses jupes qui lui arrivaient à mi-mollet en paraissaient presque indécentes. Elle aurait bien mérité qu'on lui achetât une nouvelle robe, mais nous avions pour l'heure d'autres priorités.

Certains jours, j'étais bien obligé d'aller au magasin. Là aussi elle m'aidait, rangeait, nettoyait, surveillait les stocks, tenait les comptes – on entendait les grattements du bec de sa plume, tandis qu'elle additionnait, soustrayait, calculait les bénéfices.

Edmund, lui, ne venait jamais nous prêter main-forte. Même en restant à l'écart de la vie de famille, je me rendais compte qu'il ne révisait pas aussi sérieusement qu'il aurait dû. J'avais découvert qu'il rangeait ses livres dans un recoin du séjour, où ils prenaient la poussière comme les miens en leur temps. Il semblait toujours tellement fatigué et souffreteux… Enfermé dans sa chambre la plupart du temps, il était affligé d'une mollesse et d'une inertie peu communes chez les jeunes gens de son âge.

J'espérais qu'il viendrait avec moi observer les vieilles ruches en paille : c'était le seul moyen pour qu'il prît la mesure de la révolution qu'allait représenter mon modèle de ruche. Je voulais qu'il sût ce que son livre avait déclenché en moi, et peut-être parvenir à faire naître la même ferveur chez lui.

— Edmund ?

Je frappai de nouveau.

Il ne répondit pas.

— Edmund ?

Rien. J'hésitai, puis poussai la porte. Fermée. Bien sûr. Je regardai par le trou de la serrure et m'aperçus que la clé se trouvait à l'intérieur : il s'était enfermé.

Je cognai à la porte.

— Edmund !

Enfin j'entendis des pas, et le battant s'entrouvrit. Il cligna des yeux, ébloui. Ses cheveux avaient poussé, il arborait une moustache duveteuse et, pour tout vêtement, une chemise froissée. Ses pieds, surmontés de jambes étonnamment poilues, étaient nus sur le plancher.

— Père ?

— Je suis désolé de te réveiller.

Il haussa les épaules, étouffa un bâillement.

— J'espérais que tu pourrais m'accompagner. Je souhaiterais te montrer quelque chose.

Il me fixa de ses yeux encore ensommeillés, se frotta la jambe avec un pied, mais ne me répondit pas.

— J'aimerais tant que tu comprennes comment fonctionne la ruche en paille, poursuivis-je en essayant de maîtriser mon enthousiasme.

— La ruche en paille ?

Toujours ce ton nonchalant, apathique.

— Oui. Celle au fond du jardin, tu n'as pas pu manquer de la voir.

— Ah, celle-là !

Il chancela et déglutit.

— De manière que tu comprennes la différence entre cette ruche et la nouvelle. Quand elle arrivera.

— Ah oui, dit-il, les lèvres pincées.

De nouveau il déglutit, comme s'il étouffait un renvoi.

— Et que tu voies en quoi cette dernière lui est nettement supérieure.

— Oui.

Sous ses paupières lourdes, je ne décelais pas la moindre trace d'intérêt.

— Tu pourrais peut-être t'habiller ?

— On ne peut pas faire ça un autre jour ?

— Ce serait préférable maintenant.

Je me rendis compte que je courbais la nuque.

— Je suis épuisé. Peut-être plus tard.

Je redressai le dos et tentai de prendre un ton autoritaire :

— En tant que père, j'exige que tu viennes avec moi maintenant.

Son regard croisa enfin le mien. Il rejeta ses cheveux en arrière, leva le menton.

— Sinon ?

Sinon ? Je restai sans voix, à battre des paupières.

— Sinon quoi ? Je vais tâter de la ceinture ? C'est ça ? Si je ne vous accompagne pas au fond du jardin, vous allez ôter votre ceinture et me fouetter, jusqu'à ce que mon dos saigne et que je sois contraint de vous obéir ?

Rien ne se déroulait comme prévu. Nous nous toisions. Sans mot dire. Thilda surgit dans le couloir. Elle se précipita vers moi en balayant le plancher de ses jupes.

— William ?

— Il est bientôt deux heures, me justifiai-je.

Elle haussa la voix.

— Il a besoin de sommeil. Il n'est pas en forme… Va te coucher, mon grand.

Elle s'arrêta à côté de moi, posa une main sur mon bras.

— Tu dors sans arrêt, dis-je à Edmund.

J'avais parlé fort, d'un ton excédé. Il ne prit pas la peine de répondre, se contentant de hausser les épaules. Thilda essaya de me faire reculer.

— Va te coucher, mon trésor, miaula-t-elle à l'adresse de son fils. Tu as besoin de te reposer.

— Se reposer de quoi, si je puis me permettre ? intervins-je.

— Vous me semblez assez mal placé pour critiquer, riposta Edmund.

— Pardon ?

— Vous avez passé des mois au lit, si je ne m'abuse.

— Edmund ! s'exclama Thilda. Ne parlons pas de *ça*.

— Et pourquoi donc ? rétorqua-t-il.

Je me sentis terrassé par le désespoir.

— Je suis désolé, Edmund. Je vais y remédier. Je suis en train d'y remédier. C'est pourquoi je tenais tant à te montrer…

Thilda ne me laissa pas terminer. Elle me repoussa dans le couloir et me glissa d'une voix doucereuse :

— Mon pauvre Edmund. C'est trop pour lui. Il doit se reposer, il en a besoin.

Edmund me fixait d'un air inexpressif. Puis il nous ferma la porte au nez.

Thilda me retenait toujours. J'allais protester, mais soudain une pensée me vint. Était-il malade ? Edmund était-il malade ?

— Me cacheriez-vous quelque chose ? demandai-je à Thilda.

Son regard, de marbre, m'effraya presque.

— Je suis sa mère, déclara-t-elle en détachant ses mots, je sens quand il a besoin de repos.

— Et moi je suis son père, et ce que je sens, c'est qu'il a besoin de prendre l'air, répliquai-je en regrettant aussitôt mes propos.

Ses lèvres se retroussèrent en un sourire dédaigneux. Aucun de nous deux n'était prêt à céder. Car Edmund n'était pas malade, bien sûr que non, mais sa mère le protégeait en voulant lui épargner tout effort. Seulement elle ignorait ce qu'il y avait entre nous, ce que sa visite avait déclenché chez moi, combien il était important que je puisse le partager avec lui.

Je renonçai au projet de lui expliquer tout cela : je savais qu'elle allait se transformer en véritable moulin à vent, balayant mes arguments logiques d'un geste.

J'avais sans doute intérêt à lui mettre la main dessus en début de soirée, avant qu'il ne disparût de la maison, comme souvent, sous cet immuable prétexte : « Je sors. » Mais où sortait-il ? Il ne le précisait pas. Si seulement il pouvait faire comme moi à son âge, aller observer la nature en pleine forêt… Après tout, peut-être était-ce le cas.

En attendant, je redoublais d'impatience : il allait voir ce qu'il allait voir, une fois la nouvelle ruche arrivée. Je le rendrais fier.

Tao

Je tournai au coin de la maison. La haute palissade se dressait devant moi, le blanc de la bâche ressortait dans la pénombre et réfléchissait les rayons du croissant de lune. La terre embaumait, il faisait chaud et humide, le chemin était bordé de brins d'herbe.

Je passai à pas de loup devant le garde. Plongé dans l'obscurité, le menton sur la poitrine, la respiration lourde et paisible.

Je perçus un bourdonnement dans l'air, un bruit discret, à dix mètres au-dessus de ma tête. Un insecte ? Non, c'était trop gros. Le bruit s'évanouit rapidement, et le silence retomba.

Avec précaution, je tendis la main vers la clôture. Je m'attendais à ce qu'une alarme se déclenche, un hurlement de sirène. Mais rien de tel n'advint.

Je parcourus quelques mètres, en laissant ma main glisser sur la toile lisse et épaisse. Et soudain, sous ma paume, je sentis un raccord. La bâche était tendue, mais je parvins néanmoins à glisser mes doigts entre les deux pans de toile. Je tirai légèrement. Avec un bruit presque imperceptible, ils se détachèrent l'un de l'autre. Je réussis bientôt à les écarter suffisamment pour pouvoir passer.

Je jetai un dernier coup d'œil au soldat, il dormait toujours profondément. Je me faufilai derrière la palissade.

Il faisait plus sombre de ce côté-ci. Je savais qu'il y avait des projecteurs – il nous arrivait le soir de voir leur lumière balayer les lieux –, mais ils étaient éteints à cette heure.

Des sentinelles montaient-elles la garde de ce côté-ci ? Devant moi, les arbres apparurent. Ils n'étaient plus en fleurs : un feuillage épais les recouvrait à présent.

Le silence régnait, à l'exception du souffle du vent dans la végétation. Je tremblais d'excitation. Que se passerait-il si on m'attrapait ?

Je me mis à avancer lentement. Un peu plus loin, je distinguai l'ornière que nous avions longée jusqu'à la colline. Je décidai de la rejoindre.

Jamais les champs n'avaient suscité chez moi de l'anxiété ; de nombreux autres sentiments, oui, comme le découragement, l'ennui ou encore la joie, mais la peur, jamais. Je me déplaçais à présent aussi discrètement que possible, les battements de mon cœur résonnant dans mes oreilles, le dos en sueur.

Je suivais maintenant les ornières qui m'amenèrent à la lisière de la forêt. Tout à coup, je perçus un mouvement en périphérie de mon champ de vision, une ombre. Quelqu'un était-il là ? Je fis volte-face. Rien. J'évoluais dans un monde vide et silencieux. C'était juste la peur qui me jouait des tours.

J'avançai encore de quelques pas.

Un, deux, trois et hop ! Un, deux, trois et hop !

Nous étions passés par ici.

Avec Wei-Wen entre nous. En bonne santé, résolu, le corps chaud, souple. Mon petit garçon.

Mon enfant.

Je dus m'arrêter, me pencher vers l'avant, terrassée par une douleur foudroyante au diaphragme. Respire calmement. Pense à autre chose. Redresse-toi. Sois rationnelle.

Regarde autour de toi. Quelle distance restait-il à parcourir jusqu'à la colline où nous avions déjeuné ? Il me fallait continuer.

Je n'avais couvert qu'une distance minime quand je l'aperçus. La lumière. Une lueur jaune au loin. Je m'en approchai à pas lents, posant un pied devant l'autre avec d'infinies précautions.

C'est alors que je découvris la tente. À l'orée du bois. Ronde, de la taille d'une petite maison, avec un toit pointu. Elle était éclairée de toute part et faite de la même toile que la palissade, d'une blancheur tout aussi stérile. Des soldats montaient la garde. La tente était sous haute surveillance, bien plus que la palissade. La patrouille allait et venait tranquillement, leurs silhouettes se projetant sur la toile, comme un théâtre d'ombres sur une toile de cirque qu'on aurait oublié de colorer. Devais-je y voir une menace ou une protection ?

Je ne distinguais ni entrée ni fenêtres. Reculant d'une centaine de mètres, je fis le tour de la tente pour en examiner l'autre côté. Je fus alors frappée par une évidence : elle avait été plantée à l'endroit où Kuan avait trouvé Wei-Wen. La peur m'envahit ; mes jambes se mirent à trembler si fort que j'eus du mal à garder l'équilibre. Jusqu'au bout, j'avais espéré que la palissade, les militaires, la tente, que rien de tout cela n'avait de rapport avec Wei-Wen.

À présent, tous mes espoirs s'écroulaient : personne n'allait m'appeler pour m'informer que Wei-Wen s'était cogné la tête en tombant, mais qu'il allait mieux, qu'il se rétablissait, que nous pouvions venir lui rendre visite et que bientôt il rentrerait à la maison. Je m'étais abritée derrière des chimères.

À mi-chemin entre la tente et moi, j'entraperçus une pile de cartons. Je m'en approchai doucement, à l'abri des regards, plongeai la main dans l'un d'eux qui était ouvert et observai de plus près son contenu : de la terre et des bouts de racines. Quelque chose était imprimé sur le côté, un code postal et un nom. Beijing.

Je refermai le carton et continuai à avancer lentement, en priant pour ne pas faire craquer de brindilles. Enfin, j'arrivai face à l'entrée de la tente. De ce côté-là, la façade était aussi blanche et opaque qu'à l'arrière, mais fendue d'une fermeture Éclair. Je me recroquevillai. J'attendis. Tôt ou tard quelqu'un finirait bien par entrer ou sortir.

Je restai à genoux jusqu'à ressentir une crampe. Je m'assis alors par terre, malgré l'humidité du sol qui me glaçait les os. Je remarquai alors les tas de branches autour de moi. Ils avaient dû abattre une dizaine de fruitiers pour pouvoir installer la tente. Des branches sèches se détachaient sur la toile blanche.

Il ne se passait rien. De temps à autre, des voix basses me parvenaient de l'intérieur, mais j'étais incapable de comprendre ce qu'elles disaient.

Je demeurai ainsi longtemps, entourée par l'obscurité, alors que les minutes se transformaient en heure. Puis je fus arrachée à ma torpeur par le vrombissement d'une fermeture à glissière. La tente s'ouvrit et deux personnes en combinaison de protection blanche en sortirent, tête baissée, absorbées par une conversation à mi-voix. Je tendis le cou, plissai les yeux. La tente ne resta ouverte qu'un instant, mais je parvins à voir qu'elle contenait une tente plus petite, aux parois transparentes, remplie de végétaux. Une serre ? Des feuilles d'un vert éclatant, des fleurs roses, orange, blanches et rouges, sous une lumière dorée. Comme un paysage fantastique dans un livre illustré – un autre monde, des plantes vivantes, des plantes en fleurs, des plantes que je n'avais jamais vues, qui n'existaient pas parmi les rangées d'arbres fruitiers tous identiques.

Soudain, l'une des deux personnes en combinaison s'avança dans ma direction. Je m'éloignai en essayant de me faire le plus silencieuse possible.

Elle se figea, aux aguets, comme si elle percevait ma présence. Je retins mon souffle, espérant me confondre avec les troncs d'arbres.

Enfin, elle rentra dans la tente et je m'élançai vers la palissade.

J'avais vu quelque chose. Mais quoi ? Les clôtures, les cartons, la tente. Je ne comprenais pas.

Ici comme à l'hôpital, on refusait de me donner ce que je demandais. Mon fils, ou une réponse à mes questions.

Je ressortis par où j'étais entrée. Le garde ronflait toujours.

Seule dans la nuit douce, j'observai longuement la palissade : Wei-Wen n'était pas ici. Ni même dans cette partie du pays. Il se trouvait à l'endroit d'où venaient les plantes. À Beijing.

George

C'est beau, des champs de myrtilliers en fleurs. À chaque fois j'oubliais. Et à chaque fois que je retournais dans le Maine au mois de mai, accueilli par ses collines rose et blanc, il fallait que je m'arrête pour admirer le spectacle.

On aurait pu écrire des tas de bouquins sur ce sujet. Mais en attendant, il fallait que Lee gagne son pain. Et sans les abeilles, les jolies fleurs ne resteraient que des jolies fleurs (elles ne savaient pas encore se polliniser toutes seules !) – et point de myrtilles. Ainsi, à chaque fois que l'agriculteur nous voyait débarquer, éreintés après des heures de route, il soupirait de soulagement.

Nous avions prévu de rester trois semaines. Lee payait quatre-vingts dollars par ruche. Même si ça lui faisait certainement mal de débourser une telle somme, j'en connaissais beaucoup qui demandaient plus. Gareth, par exemple. Je n'étais pas cher comparativement à Gareth.

Et Lee en avait pour son argent. Dans chaque ruche, cinquante mille abeilles travaillaient du lever du soleil à la tombée de la nuit. Des abeilles joyeuses, à en juger par le bourdonnement sain qui s'élevait de chaque ruche. Il n'avait jamais eu aucune raison de se plaindre. Depuis qu'il avait repris la ferme, tous les ans au printemps je venais chez lui, et tous les ans, grâce à mes abeilles, il récoltait plein de baies.

De grosses chaussures aux pieds, un pantalon trop court et un bob crasseux sur la tête, Lee se rua sur moi quand je sortis de la voiture. Il ne voulait plus lâcher ma main, comme s'il tenait à s'assurer que je ne partirais pas avant que mes abeilles aient fait le boulot.

Ses mains étaient plus maigres que dans mon souvenir. Il avait perdu du poids. Et des cheveux aussi.

— Regardez-moi ça, lançai-je en souriant, on a encore pris des rides !

Il me rendit mon sourire.

— Pas autant que toi.

En réalité, le Maine était beaucoup trop loin pour nous. Il aurait été plus raisonnable de trouver une exploitation à côté de la maison. Mais au fil des ans, Lee était devenu une sorte d'ami et je faisais le voyage en grande partie pour le plaisir de passer du temps avec lui. Nous parlions beaucoup pendant mon séjour. Il posait toujours quantité de questions. Sur les abeilles, la ferme. Je me moquais de lui en l'appelant le « péquenot universitaire ». Après de longues études, il avait racheté la fleur au fusil une vieille ferme en ruine dans les années 1990. Au départ, comme beaucoup de débutants, il avait des idées très arrêtées : il ne ferait que du bio, par exemple. Puis il avait été rattrapé par la réalité du terrain.

Ces dernières années, il avait même pris un virage à cent quatre-vingts degrés, revenant à l'agriculture traditionnelle et laissant les gros pulvérisateurs rouler sur ses champs. À sa place, j'aurais fait la même chose.

D'un coup de menton, je lui indiquai Tom.

— Tu te souviens de mon gamin ?

Tom s'avança vers nous et lui tendit docilement la main.

— Ça alors ! s'exclama Lee. Mais ma parole, tu es deux fois plus grand que la dernière fois que je t'ai vu.

Tom rit poliment.
— Alors comme ça, tu es venu.
— On dirait bien, oui….
— Et l'école ?
— J'ai pu me libérer.
— Ici aussi c'est une école, dis-je.

Les camions de Kenny se mirent en route. Le silence s'imposa. Nous avions fini d'installer les ruches. Il ne restait plus que Lee, Tom et moi désormais. Tom était assis dans la voiture. Il lisait, ou dormait peut-être. On ne l'avait pas beaucoup entendu ces dernières heures. Mais aujourd'hui encore il avait travaillé dur, en tout cas quand on le lui demandait.

Lee ôta ses gants, releva le voile et s'alluma une cigarette.

— Voilà qui est fait. Il ne reste plus qu'à attendre, maintenant. J'ai regardé la météo. Ça s'annonce bien, dit-il.

— Tant mieux.

— Un peu de pluie dans les prévisions à plus long terme, mais pas beaucoup.

— On devrait pouvoir supporter quelques gouttes.

— Et j'ai fait installer de nouvelles clôtures.

— Super.

— Ça devrait les tenir à distance.

— Espérons.

Le silence retomba. Je n'arrivais pas à chasser la vision de grosses pattes d'ours en train de massacrer les ruches.

— De toute façon, c'est à ta charge, dis-je.

— Merci. Je sais.

Il inhala profondément la fumée.

— Il va reprendre ?

Il hocha la tête en direction de Tom, dans la voiture.

— C'est l'idée, oui.

— Il en a envie ?

— Ça fait son chemin.

— Dans ce cas, pourquoi aller à la fac ? Il ne vaudrait pas mieux qu'il s'y mette dès maintenant ?

— Tu as fait des études, toi aussi.

— Justement !

Il me lança un sourire un coin.

Quand elles arrivent dans un nouvel endroit, les abeilles sont calmes pendant les deux premiers jours. La majeure partie du temps, elles restent cloîtrées à l'intérieur, chez elles. Puis, petit à petit, elles s'aventurent hors de la ruche, exécutent des petits vols de reconnaissance, inspectent leur environnement, prennent leurs marques. Le troisième jour, elles retrouvent une activité normale. Autour des myrtilliers, ça bourdonnait de tous les côtés. À quelques dizaines de mètres des ruches, Lee comptait, tête penchée, sans savoir que je l'observais.

Je me glissai derrière lui.

— Bouh !

Il sursauta.

— Oh ! Putain !

J'éclatai de rire.

Du bras, il fit un geste de découragement.

— Tu m'as interrompu !

— Ne t'énerve pas, je vais t'aider.

— Je ne te fais pas confiance pour compter. Tu n'es pas objectif.

Je m'accroupis à côté de lui.

— Tu fais fuir les abeilles, sourit-il. Maintenant que tu es là, il n'y a plus de place pour elles.

— OK, j'ai compris.

Je m'éloignai et délimitai une surface d'environ un mètre carré, que j'entrepris d'examiner attentivement.

Elles étaient bien là.

Une abeille s'envolait justement d'une fleur pour disparaître un peu plus loin. Une autre se posa à ce moment-là. Et même une troisième.

— Ça va ?

Je levai les yeux.

— Mouais, répondit-il. Deux abeilles ici. Et toi ?

— Trois.

— Tu es sûr ? Je parie que tu grossis les chiffres.

— C'est toi qui ne sais pas compter.

Il resta là à scruter encore un petit moment le terrain.

— Bien. En voilà d'autres.

Je me redressai, lui souris. Deux abeilles et demie par mètre carré étaient synonymes d'une bonne pollinisation. C'est pourquoi Lee était si concentré : le nombre d'abeilles par mètre carré déterminait le nombre de kilos de baies qu'il pourrait cueillir à la fin de l'été.

Deux pour lui. Trois pour moi. Une bonne année en perspective.

Puis il se mit à pleuvoir.

WILLIAM

Enfin, elle arriva. Conolly sauta de son siège et se dirigea vers l'arrière, où elle flamboyait sur le fond sale de la carriole. Je rejoignis le menuisier et tendis la main vers cette merveille. Ma ruche. Le bois, doux et lisse sous mes doigts, était travaillé dans les règles de l'art, les planches du toit à l'assemblage discret et les portes munies de petites poignées recourbées. Aucune trace d'éclat de bois ne venait entamer sa perfection. J'ouvris l'une des portes, qui glissa sans bruit. À l'intérieur, des rangées de cadres à la verticale attendaient d'être remplies. Et cette odeur de bois entêtante… J'étudiai mon bébé sous toutes les coutures, admirant des détails qui m'avaient d'abord échappé, comme le côté joliment sculpté. La rumeur disait donc vrai : Conolly était bel et bien un prodige.

— Alors ?

L'homme me souriait, fier comme un gamin.

— Satisfait ?

Trop ému pour répondre, je me contentai de sourire.

Ensemble, nous soulevâmes la ruche et la déposâmes à terre dans la cour poussiéreuse. Elle était si belle et propre que c'était presque sacrilège de la poser sur le sol sale.

— Où voulez-vous l'installer ? demanda Conolly.

— Là-bas.

Je montrai le tremble du doigt.

— Vous avez déjà les abeilles ?

— On va les transférer dans celle-ci. Puis nous élèverons des essaims quand nous aurons construit d'autres ruches.

Il me toisa.

— Quand vous aurez construit d'autres ruches, rectifiai-je en risquant un sourire.

— Dans cette affaire, c'est bien la seule chose dont je pourrai m'enorgueillir, plaisanta-t-il.

Puis il se tourna vers la ruche en paille un peu plus loin. Des milliers d'abeilles bourdonnaient autour, travaillant d'arrache-pied. Au même instant, l'une d'entre elles fonça sur nous. Conolly s'écarta d'un bond.

— Je crois que je vais vous laisser la porter seul.

— Elles ne sont pas dangereuses.

— Vous m'en direz tant !

— Dans ce cas, concédai-je en souriant, je vous épargnerai cette peine.

Il m'aida à mettre la ruche sur une brouette avant de prendre congé, sachant comme moi que nous serions appelés à nous revoir vite.

La ruche n'attendait plus que moi.

Avec cérémonie, telle une future mariée fixant son voile devant le miroir, je revêtis la combinaison blanche, les gants, le chapeau, puis me penchai sur la brouette pour la pousser jusqu'au fond du jardin. À force d'être piétinée, l'herbe avait fini par former un sentier jusqu'à la ruche – une nef étroite, pensai-je soudain. Je pouffai en m'imaginant marcher jusqu'à l'autel, les joues rougies par l'émotion. Ce jour-là aussi allait sceller mon destin.

Je déplaçai l'ancienne ruche et posai la nouvelle à sa place. Le bois doré brillait sous le soleil. Avec des gestes prudents et délicats, j'entrepris de transférer les abeilles. J'attrapai la reine et je la plaçai dans la nouvelle ruche, où elle trouva rapidement ses marques. Les ouvrières ne tardèrent pas à l'y rejoindre.

Mon calme était contagieux. Je me sentais en parfaite sécurité, à tel point que j'enlevai mes gants et me mis à travailler à mains nues. Les abeilles, dociles, se laissaient manipuler, apprivoiser.

Je me réjouissais déjà de toutes ces heures que j'allais passer en leur compagnie, tandis que chaque jour grandirait notre confiance mutuelle.

Et puis, tout à coup, je perçus comme un frôlement sur ma jambe, un battement d'ailes rapide, suivi d'une douleur cuisante.

Je bondis en laissant échapper un cri aigu que personne, heureusement, n'entendit. Ma main se porta instinctivement vers mon pantalon pour écraser la bestiole qui se cachait dessous.

Je secouai le tissu. L'abeille tomba dans l'herbe. Sur le dos, le thorax velu et l'abdomen luisant, elle agitait ses fines pattes dans tous les sens.

Ma jambe me brûlait affreusement. Comment une bête aussi petite pouvait-elle causer une douleur aussi grande ? La piétiner, je voulais la piétiner, même si elle était déjà morte ! Mais un regard vers la ruche, où résidaient ses sœurs, m'en dissuada. On n'est jamais trop prudent.

Je m'empressai d'enfoncer le bas de ma combinaison dans mes bottes, d'enfiler à nouveau mes gants et de me calfeutrer, puis, les mains rapides et les épaules crispées, je me remis au travail. Il était sans doute trop tôt pour me fier à elles, et je ne leur avais pas non plus donné beaucoup de gages de confiance. J'étais néanmoins convaincu que le temps plaiderait en ma faveur. À force de bonne volonté, un jour, nous ne ferions qu'un.

De longues et laborieuses minutes plus tard, les abeilles étaient installées dans leur nouveau logis.

Je reculai d'un pas pour les observer. C'étaient elles

qui décideraient ou non d'élire domicile dans cette caisse en bois. De nombreuses ouvrières bourdonnaient encore autour de l'ancien panier : elles cherchaient la reine. Je chargeai la ruche en paille sur la brouette pour aller la mettre au feu. À ce moment seulement, je verrais si j'avais réussi mon pari.

TAO

Des pulls. Des pantalons. Des sous-vêtements. Pour combien de jours ? Une semaine ? Deux ?

J'avais ressorti un vieux sac de voyage ayant appartenu à mon père et j'y jetais tout ce que je pouvais, avec la précipitation de quelqu'un qui a déjà trop longtemps tardé.

En rentrant de mon escapade en zone interdite, il m'avait été impossible de me mettre au lit. J'avais arpenté le séjour de long en large. J'allais enfin pouvoir agir. Je n'aurais plus besoin de rester ici à tourner tel un lion en cage en attendant l'appel censé m'expliquer tout, tandis que ce petit mot que je n'avais jamais dit à Kuan me taraudait. Cet unique petit mot : pardon. C'était au-dessus de mes forces. Si je lui disais pardon, cela deviendrait vrai : ce serait ma faute.

Partir était l'unique chose à faire.

Je fermai le sac. La fermeture Éclair émit un *woup !* sonore qui dut couvrir celui de ses pas, car quand je me retournai il était là. Clignant des yeux, les cheveux ébouriffés, à peine réveillé.

— Je pars pour Beijing.

— Quoi ?

Il me regardait, stupéfait. Peut-être à cause de ce que je venais de lui annoncer, peut-être parce que je ne lui proposais pas de m'accompagner. Au même moment, je me rendis compte que j'aurais dû dire *nous*. *Nous* partons pour Beijing. Mais je n'avais pas envisagé un seul instant sa présence à mes côtés.

— Enfin, comment…

— Il faut que je le trouve.

— Mais tu n'as aucune idée de l'endroit où il est hospitalisé !

— Je n'ai pas le choix.

— Mais à Beijing… Par où vas-tu commencer ?

Qu'il était maigre. Il ne l'avait jamais été autant. Ses traits étaient accusés, bien trop marqués.

— Je me suis procuré des adresses. Il suffit de chercher les hôpitaux.

Sa voix grimpa dans les aigus.

— Seule ? Mais la ville est… Ce n'est pas dangereux ?

— Il s'agit de notre fils.

Cette remarque me parut soudain inutilement dure.

Je soulevai le sac sans lui accorder le moindre regard. Je sentais juste sa présence immobile derrière moi, les mots qui restaient bloqués dans sa gorge. Hésitait-il à offrir de se joindre à moi ?

— Mais comment vas-tu payer le billet, l'hôtel… ?

Mes mains s'arrêtèrent en plein mouvement. Je savais que cette question ne manquerait pas d'être abordée, celle de l'argent.

— Je n'en prendrai qu'une petite partie, murmurai-je.

Il se dirigea d'un pas rapide vers le placard de la cuisine, l'ouvrit et le fouilla des yeux. Son visage se figea. Il se tourna vers moi. Subitement, il y avait quelque chose de froid dans son expression. D'un geste brusque, il m'arracha mon sac des mains, l'ouvrit et découvrit la boîte en fer-blanc sur le dessus.

— Non ! s'exclama-t-il avec une puissance que je lui avais rarement entendue.

Il lâcha le sac par terre et s'avança vers moi.

— Tu ne le trouveras jamais, Tao. Tu vas dépenser toutes nos économies pour rien.

— Puisque je te dis que je ne dépenserai pas tout ! Il faut au moins que j'essaie.

Je baissai les yeux. En m'efforçant de ne pas fixer le sac, alors que je n'avais qu'une envie : l'attraper. Je concentrai mon attention sur une écornure au sol. Cet hiver, Wei-Wen avait laissé tomber un cheval en bois à cet endroit ; je m'étais mise en colère – nous n'avions pas beaucoup de jouets – tandis que mon petit garçon pleurait à gros sanglots. Il avait cassé le cheval, une de ses jambes était brisée.

— Mais si cet argent disparaît... Nous économisons depuis trois ans... Nous serons trop vieux... Si cet argent disparaît, nous...

Il ne termina pas sa phrase. Nous nous faisions face, le sac entre nous, la boîte en fer-blanc posée sur le dessus.

— Cela ne changera rien, finit-il par déclarer. Aller là-bas ne changera rien.

— Et tu crois que ça changera quelque chose de rester ici sans rien faire ?

Il ne répondit pas, comme s'il n'arrivait pas à formuler ce qu'il avait sur le cœur. Le problème n'était pas seulement la disparition de Wei-Wen : le problème était que ce soit ma faute. Et maintenant j'allais aussi lui ôter toute chance d'avoir un autre enfant.

Il fallait que je chasse cette idée de ma tête. Ma faute. Ma faute. Non. Bien sûr, je savais que ce n'était pas vrai. C'était autant la sienne que la mienne. Nous aurions pu rester à la maison ce jour-là. Rester à compter, avec les livres. C'était lui qui avait voulu sortir. Les responsabilités étaient partagées. Nous étions deux sur ce coup.

Nous étions deux.

— Viens avec moi.

Il ne répondit pas.

— Tu peux m'accompagner, on peut y aller ensemble.

Je risquai un coup d'œil vers lui. Était-il furieux ? Son regard croisa le mien. Non. Juste infiniment triste.

Puis il secoua légèrement la tête.

— Il vaut mieux que je reste ici. Que l'un de nous soit joignable. En plus... ça coûtera plus cher à deux.

— Je ne dépenserai pas tout, murmurai-je. Promis.

D'un geste vif, je soulevai le sac après y avoir replacé la boîte. Il me suivit jusqu'à l'entrée.

— Tu dois vraiment partir tout de suite ?

— Il n'y a qu'un seul train par jour.

Nous restâmes plantés là. Son regard sur moi... Espérait-il que je le dise enfin ? Est-ce que cela nous faciliterait la tâche ? Si je le criais ? Le hurlais ?

Les mots refusaient de franchir mes lèvres.

Je mis mon blouson et me dirigeai vers la porte.

— Bon, eh bien... au revoir.

Il s'avança vers moi. Il voulait simplement me serrer dans ses bras, mais c'était déjà trop. Sa joue contre la mienne, ses lèvres dans mon cou... Je ne pouvais supporter l'idée qu'il réveille en moi les sensations d'avant. À moins que ces sensations ne soient mortes, pour lui aussi... Voulait-il encore de moi ? Je n'en savais rien et je ne voulais pas le savoir.

Je ne recommençai à respirer calmement qu'après avoir pris place dans le train, le dossier en plastique usé contre mes omoplates. Je me laissai aller contre l'appui-tête. Je restai dans cette position à regarder défiler les maisons, les gens, les arbres et les champs. Je ne me sentais pas concernée par le monde extérieur. Le train filait à une allure telle que les arbres n'étaient plus que des ombres. Si les contrôles n'étaient pas trop nombreux en cours de route, nous devrions avoir parcouru les mille huit cents kilomètres avant la nuit.

Le monde qui était le mien disparaissait derrière moi. À mesure que nous progressions vers le nord en gagnant de l'altitude, la nature changeait : des doux vergers aux collines boisées, des jardins en terrasses aux rizières. Quand le train grimpa dans les montagnes, les vastes plaines furent remplacées par un paysage désertique. Des dizaines et des dizaines de kilomètres d'une aridité sinistre. Je détachai mon regard de la fenêtre.

Je ne m'étais rendue à Beijing qu'une seule fois, dans mon enfance, lorsque j'avais accompagné mes parents pour rendre visite à des amis qui vivaient là-bas. De ce voyage, je ne conservais que quelques images : une grande rue animée, poussiéreuse, à l'activité intense. Un vacarme assourdissant, des gens partout, beaucoup plus que je n'en avais jamais vu jusque-là. Le train qui nous y avait emmenés était le même que celui que je pris pour aller chercher mon fils : la technologie n'avait guère évolué. Plus personne n'avait de temps à consacrer à l'innovation.

Je piquais du nez par intermittence et faisais toujours plus ou moins le même rêve. J'arrivais à Beijing, menais ma petite enquête, et tombais sur quelqu'un qui affirmait pouvoir me conduire jusqu'à Wei-Wen. Une fois, il s'agissait d'un employé d'hôtel qui m'entraînait dans des ruelles étroites et des rues animées. Nous courions l'un derrière l'autre en nous heurtant constamment à des passants, je manquais de le perdre de vue, je lui attrapais le bras, mais il se dégageait. Je me réveillai, le souffle court. Dans le rêve suivant, mon guide était l'employée d'une boutique et le dédale s'enfonçait dans un quartier où les gratte-ciel masquaient le soleil. Des vendeurs de rue essayaient sans cesse de nous barrer la route, et je finissais par perdre de vue ma bienfaitrice. Je m'arrêtais, en larmes, consciente que mon unique chance de revoir mon fils venait de s'évanouir.

Puis soudain, j'étais ailleurs. Une fête dans un jardin. Un rêve, un souvenir. Je portais une robe légère, il faisait chaud. J'étais redevenue une enfant et je participais à une fête de fin d'année. Nous mangions des gâteaux, des gâteaux trop secs avec peu de matière grasse et des ersatz d'œufs, et une glace à l'eau fade, mais bonne quand même. Dans cette chaleur de début d'été, la glace froide qui fondait dans ma gorge me remplissait de bien-être. Mes petites camarades faisaient une ronde en chantant une comptine qui retentissait de plus en plus fort dans tout le jardin. Certaines chantaient juste, d'autres, non. Je me tenais dans l'ombre et les observais. Le buffet de gâteaux était en train de se vider sous l'assaut de petits gourmands. Une fille de ma classe aux yeux légèrement enfoncés, Daiyu, en salopette bleu clair, chaussures brillantes et cheveux attachés par des barrettes, se servait une grosse part de gâteau qu'elle allait manger à côté de ses parents. Un autre enfant s'approchait du buffet, un petit garçon. Wei-Wen. Mon Wei-Wen. Il se servait un morceau encore plus gros que celui de Daiyu. Puis il partait.

Non, pensais-je alors, pas le gâteau. Ne mange pas le gâteau ! Mais il disparaissait dans la foule puis réapparaissait, sa part de gâteau toujours à la main. Il fallait que je le rattrape avant qu'il n'en avale un bout. Il ne fallait pas qu'il en mange. Surtout pas. J'étais adulte, désormais, la Tao d'aujourd'hui, je le suivais en trottinant, je me frayais un chemin parmi les gens, je l'apercevais, de nouveau il disparaissait, réapparaissait, disparaissait. Et pendant ce temps, la foule ne cessait de croître autour de moi. Son foulard rouge dans la foule, un pan de son foulard, au loin. De nouveau, il avait disparu…

Je me réveillai : le train entrait dans une grande gare délabrée et sombre. Beijing.

George

Nous étions au motel, dans une chambre aux murs jaune clair et à la moquette tachée, à l'odeur d'antimite et de moisi.

Derrière la fenêtre, des trombes d'eau. Pas la petite pluie légère et sympathique qui parfume l'air et fait gazouiller les oiseaux. Non. Pour la cinquième journée d'affilée, c'était le déluge. Je commençais à me demander si on ne m'avait pas jeté le mauvais œil.

Tom devait repartir le lendemain. Le nez plongé dans un livre, il donnait des coups de marqueur jaune fluo. Le seul bruit audible était celui du feutre, presque permanent. À croire qu'il éprouvait le besoin de surligner chaque mot.

Nous n'avions nulle part où aller. La chambre m'avait semblé grande le premier soir. À présent, j'avais l'impression qu'elle avait rétréci. Nous n'avions qu'une fenêtre, qui donnait sur la rue à l'arrière. Les deux grands lits recouverts d'une courtepointe à fleurs froissée prenaient toute la place. Assis sur le mien, j'avais eu largement le temps de me lasser des deux tableaux au mur, une femme dans un champ de fleurs, et un bateau ; des empreintes de doigts sur la vitre du cadre troublaient le visage de la femme. Tom occupait le coin salon près de la fenêtre. La table croulait sous ses livres. Il avait passé le plus clair de son temps assis là. J'admets qu'il n'y avait pas beaucoup d'autres possibilités, mais quand même. Il paraissait se foutre éperdument des abeilles ou de la pluie. Au lieu de jurer et de s'arracher les cheveux, comme tout le monde, il lisait. Tout simplement. Il lisait et surlignait avec de gros marqueurs fluorescents. Rose, jaune, vert. Je sursautai quand le téléphone sonna. Le numéro de Lee s'afficha.

— Oui ?

— Du nouveau ?

— Pas depuis la dernière demi-heure, non.

— J'ai regardé une autre météo, dit Lee. Ils annoncent des éclaircies à partir de cet après-midi.

— Et les cinq autres que tu as regardées ?

— De la pluie.

Sa voix était plate.

— Que veux-tu, il y a des choses qui ne dépendent pas de nous.

— Serait-il...

Il hésita.

— Pourrais-tu éventuellement rester quelques jours de plus ?

Nous avions déjà vaguement évoqué ce sujet, mais il ne m'avait encore jamais posé la question aussi franchement.

— J'ai déjà réservé les camions pour le retour. Et les chauffeurs.

— Je vois.

Il n'ajouta rien, il savait que c'était peine perdue.

— Ça va bien finir par se calmer, le consolai-je en essayant de prendre le même ton que ma mère.

— Ouais.

— Et quelques jours de plus ou de moins, ça ne changera pas grand-chose.

— Sans doute.

Nous nous tûmes. Je n'entendais plus que le ruissellement de la pluie dehors et le clapotis des pneus des voitures qui roulaient dans les flaques.

— Je crois que je vais aller y faire un tour, annonça-t-il soudain.

— Ah bon ?

— Juste pour jeter un coup d'œil.

— Je suis passé voir ce matin. Elles sont à l'intérieur. C'est le grand calme.

— Oui, mais quand même.

— Fais comme tu veux, ce sont tes abeilles après tout.

Il lâcha un rire sans joie et raccrocha.

Tom leva les yeux de son livre.

— Pourquoi ne dis-tu pas les choses telles qu'elles sont ?

— Comment ça ?

— Évidemment que cette pluie va compromettre sa récolte.

— Ouais, mais bon…

— C'est un adulte, il peut entendre la vérité.

Il referma le bouchon du feutre avec un clic déterminé. Ce bruit, sa façon d'exécuter son geste provoquèrent en moi comme des démangeaisons. Et ses mots, bon sang, il s'exprimait comme un professeur de cinquante ans !

— Je croyais que tu révisais.

— J'ai fini.

— Alors qu'en fait tu épiais mes conversations !

— Bon sang, papa, on est à trois mètres l'un de l'autre !

— Alors comme ça, maintenant, monsieur a un avis sur tout ?

— Pardon ?

Ça me démangeait affreusement.

— Pardon ? l'imitai-je. Après avoir rechigné à la tâche pendant une semaine, tout à coup monsieur s'implique ?

Il se leva. Il était plus grand que moi.

— Je n'ai jamais rechigné à la tâche. J'ai bossé. J'ai travaillé comme une bête, plus que toi, dès que l'occasion se présentait. Et tu le sais très bien.

— Mais le cœur n'y était pas.

J'avançai vers lui. Instinctivement, il recula. Puis il s'aperçut de ce réflexe et redressa la tête, bombant le torse.

— Je n'ai jamais prétendu que ça me passionnait. C'est toi qui m'as demandé de t'accompagner, tu te souviens ?

— Je ne suis pas près de l'oublier.

Il observa un silence. Son regard était posé sur moi. Un dollar pour ses pensées.

Puis soudain :

— Peux-tu me décrire Jimmy et Rick, papa ?

— Hein ?

— Comment sont-ils ? Décris-les-moi.

— Jimmy et Rick ? Depuis quand tu t'intéresses à eux ?

— Je ne m'intéresse pas spécialement à eux. Mais si je te demandais de me les décrire, t'aurais plein de choses à me dire, n'est-ce pas ?

Je le dévisageais, sans comprendre où il voulait en venir.

— Je sais un tas de choses sur eux, moi aussi, poursuivit-il. Uniquement à travers ce que tu as pu me raconter. Pareil pour Lee. Je connais leur hobby, je sais ce qu'ils aiment et même ce qu'ils craignent. Parce que tu me l'as dit.

Sa voix s'était adoucie, il parlait moins fort.

— Que Rick regrette de ne pas avoir de copine, par exemple. Et Jimmy… j'ai compris à demi-mot que tu te demandais s'il n'était pas de l'autre bord.

Je voulus répliquer, dire quelque chose sur Jimmy, mais je ne savais pas quoi exactement. Car nous n'étions pas en train de parler de Jimmy ou de Rick : je le sentais bien. J'avais l'impression que Tom avait enfoncé mon crâne dans une boîte et la secouait violemment.

— Moi, par exemple, comment tu me décrirais ? demanda-t-il.

— Toi ?

— Oui, moi. Qu'est-ce que j'aime ? Quels sont mes points forts ? Mes craintes ?

— Toi, tu es mon fils.

Il soupira, puis se dirigea vers son sac de livres.

— Si on reste ici, je vais passer à l'histoire.

J'aurais souhaité, moi aussi, me cacher derrière un gros bouquin. Ou avoir en réserve un commentaire super intelligent. Mais il m'avait coupé la chique. Je restai sans voix, en proie à une démangeaison qui ne passait décidément pas.

Une heure s'écoula, une heure et demie peut-être, puis la pluie s'arrêta. Le ciel se fendit, se parant d'une teinte pas tout à fait bleue encore, mais d'un gris moins soutenu que celui des jours précédents. Manifestement, les auteurs de la sixième prévision météo avaient vu juste.

Tom posa enfin son livre. Se leva et enfila son blouson.

— Je vais faire un tour.

— Tu ne peux pas prendre la voiture.

— Non, non.

— Il se peut que j'en aie besoin.

— C'est bon, j'ai compris.

— Bien.

Au moment où il allait ouvrir la porte, la sonnerie du téléphone retentit. Lee. Il nous demandait de rappliquer au plus vite.

TAO

Je trouvai un hôtel ouvert juste à côté de la gare, décrépit et immense, mais bon marché. Sur le trottoir d'en face, un restaurant servait de la nourriture correcte. Pour mon arrivée, j'allais m'offrir un repas chaud, mais j'étais consciente que je n'aurais pas les moyens de me payer ce luxe tous les jours. Il fallait que mes économies tiennent plus d'une semaine, car j'ignorais combien de temps me serait nécessaire pour découvrir où mon fils était hospitalisé. Il était hors de question de partir avant de le savoir.

Un jeune serveur posa une assiette de riz frit devant moi. C'était tout ce que l'établissement avait à me proposer. J'étais la seule cliente dans la salle. Rien ne ressemblait au souvenir que je gardais de cette ville autrefois bruyante et grouillante d'activité. La plupart des maisons étaient à l'abandon, les rues, désertes. Il ne semblait plus y avoir ici aucun moyen de subsistance. Tout cela était sans doute dû au fait qu'on avait forcé une grande partie de la population à s'installer dans des régions où l'agriculture requérait une main-d'œuvre importante. À présent, telle une personne âgée s'acheminant vers la mort, Beijing déclinait un peu plus chaque jour.

Je rapprochai ma chaise de la table. Le bruit des pieds raclant le sol résonna dans la salle vide. Debout à côté de moi, le serveur attendait que je termine mon assiette. Il n'avait pas plus de dix-huit ans, et il était maigre. Très. Ses cheveux mi-longs n'avaient sûrement pas vu de ciseaux depuis longtemps et l'uniforme qu'il portait devenait décontracté sur sa silhouette. Dans une cour de lycée, il aurait été un de ces ados auprès desquels il fait bon se montrer. Un de ces gamins dotés d'un truc en plus, qui n'ont aucun besoin de se mettre en avant. En temps normal, il aurait été entouré d'une bande de copains.

Il sentit que je l'observais.

— Ça vous plaît ? demanda-t-il, gêné.

— Oui, merci.

— Encore désolé de n'avoir aucun des plats sur la carte.

— Ne vous inquiétez pas. De toute façon, je n'aurais pas les moyens de me les offrir, soupirai-je avec un sourire.

Le jeune homme sembla soulagé, peut-être avait-il compris que nous étions dans le même bateau.

— Le restaurant est-il toujours aussi vide ?

— Ces dernières années, oui.

— Mais alors… de quoi vivez-vous ?

Il haussa les épaules.

— Il nous arrive quand même d'avoir quelques clients. Et puis nous avons vendu une partie du matériel.

Il fit un geste vers son père, qui était en train de faire la vaisselle en cuisine.

— Tous les bons couteaux, un hachoir à viande, quelques marmites, la grande gazinière. Pour le moment, ça nous suffit. Nous avons calculé que nous avions assez d'argent pour tenir… jusqu'en novembre.

Il se tut. Il pensait sans doute la même chose que moi : et après ?

— Pourquoi n'êtes-vous pas partis ? demandai-je.

Il se mit à essuyer des poussières invisibles sur une table.

— Tous ceux que nous connaissions ont été contraints de quitter la ville, mais nous avons été autorisés à rester car notre restaurant avait une longue tradition derrière lui. Papa s'est démené pendant des mois pour obtenir cette autorisation.

Il roula le chiffon en boule, le serra dans son poing.

— Je me souviens encore de sa joie le jour où il est rentré nous annoncer la nouvelle.

— Et maintenant ?

Il détourna le regard.

— Maintenant, il est trop tard. Maintenant, nous sommes ici.

Il tira sur ses cheveux raides. Soudain, il me rappela Wei-Wen. Comme ce garçon était jeune, peut-être plus encore que je ne l'avais cru : il n'avait probablement pas plus de quatorze ou quinze ans. Et il était en pleine croissance.

Je poussai l'assiette vers lui.

— Tu peux finir, si tu veux. Je n'ai plus faim.

— Non.

Il me considérait, l'air troublé.

— Vous avez payé pour ce plat.

— Je n'ai plus faim.

Je lui tendis les baguettes.

— Tiens. Assieds-toi.

Il jeta un coup d'œil furtif en direction de la cuisine. Son père était occupé. D'un geste vif, il attira la chaise à lui, s'assit et saisit les baguettes. Tel un chien se jetant sur sa gamelle, il ingurgita le riz à toute allure, comme Wei-Wen avec les prunes. Brusquement, il s'interrompit, comme s'il était embarrassé de se sentir ainsi épié. Je l'encourageai à continuer, mais il fit un effort pour manger plus lentement.

Je me levai pour le laisser terminer en paix mais, aussitôt, il se leva d'un bond.

— Reste assis, dis-je en allant vers la porte.

— D'accord…

Il s'immobilisa, hésitant.

— Mais non…

Il s'avança vers moi.

La main sur la poignée, je le regardais, sans trop comprendre.

— Où habitez-vous ? demanda-t-il.

— Là.

Je lui indiquai du doigt l'hôtel juste en face.

Il me rejoignit sur le pas de la porte. Aucun véhicule en vue, personne, pas le moindre signe de vie.

— Je reste ici jusqu'à ce que vous soyez entrée.

— Pardon ?

— Je reste ici, je ne bouge pas jusqu'à ce que vous soyez à l'intérieur.

Il le dit d'un ton très consciencieux, son jeune visage empreint de gravité.

— Merci.

J'ouvris la porte et je sortis. Ça sentait l'humidité, la poussière et une légère odeur de pourri. Une ville en plein délitement. Des façades délabrées. Un écran fendillé était accroché à un mur. Les dix premières secondes d'une vidéo qui repassaient en boucle montraient Li Xiara, la chef du Comité, en train de parler. De solidarité et de modération peut-être. Mais son message était devenu inaudible. Tout autour, des magasins fermés aux grilles tirées. Des fenêtres cassées. Un monde teinté de gris et de marron uniquement. Un épais brouillard s'était abattu sur la ville. Ainsi qu'un silence profond et pesant.

Je me retournai une fois de l'autre côté de la rue. Le garçon était toujours là. Il désigna l'hôtel du menton, comme pour me dire de me dépêcher.

George

Lee, penché au-dessus des ruches, essayait de remettre de l'ordre. Sous son attirail, je pouvais voir qu'il était inquiet. Quatre ruches gisaient sur le sol. Et tout autour, dans l'herbe mouillée, une nuée d'abeilles perdues, sans domicile, furieuses.

— Aïe ! s'écria-t-il soudain en portant la main à sa nuque.

— Fais attention à ne pas laisser de jour, dis-je en rajustant son voile.

Je remarquai qu'il avait les larmes aux yeux. J'ignorais si c'était à cause de la piqûre ou s'il pleurait déjà à notre arrivée.

— Je croyais que la clôture suffirait, marmonna-t-il.

— Pour peu qu'il ait flairé le miel, il n'y a pas grand-chose qui puisse l'arrêter.

Alors seulement, je sentis le regard de Tom.

— Tu ne m'avais pas dit qu'il n'y avait plus d'ours dans le coin ?

J'étais dans mes petits souliers. Mieux valait ne rien répondre. Je soulevai une caisse. L'inspectai. Rien de cassé.

— Tu peux me donner ce cadre, s'il te plaît ? demandai-je en montrant du doigt l'objet en question.

Il le ramassa et me le tendit : ses mains tremblaient. Il avait l'air aussi terrifié que ce jour-là. Il ne restait plus rien du professeur : j'avais devant moi un petit garçon.

— Il est dans les parages ? murmura-t-il.

— Non, en général il se barre aussi sec, répondis-je en étudiant sa réaction.

Mes paroles semblaient le laisser sceptique.

Je posai la main sur son épaule. Un geste rare.

— Tom. Ce qui s'est passé aujourd'hui n'a rien à voir avec ce que nous avons vécu cette nuit-là. Ça arrive chaque année, mais je n'en ai jamais croisé un seul. Ce sont les abeilles, les victimes, pas nous. Et c'est pire pour Lee, qui doit payer.

Il hocha la tête, sans esquisser le moindre mouvement pour se dégager de mon étreinte.

— Tu comprends maintenant pourquoi on dort à l'hôtel et pas sous la tente, dis-je.

Il hocha de nouveau la tête. Je sentais qu'il avait besoin de moi. Aujourd'hui encore, il avait besoin de moi. Mais au même instant, Lee revint.

— Trois ruches, annonça-t-il. Ce qui fait… deux cent quarante dollars, c'est ça ?

J'allais acquiescer lorsque je surpris son air de détresse.

— Deux cent quarante ? Non, disons deux cents.

— Mais, George…

— Le sujet est clos. Tu peux considérer ça comme un prêt, si tu préfères.

Lee se détourna, déglutit bruyamment. Quant à Tom, il avait toujours le regard rivé sur moi. Il ne disait rien, mais ses yeux parlaient pour lui. Il revivait la scène.

C'était arrivé lors de mon premier voyage chez Lee – mon premier voyage avec les abeilles tout court. Je n'avais pas apporté beaucoup de ruches, uniquement celles que j'avais réussi à caser à l'arrière du pick-up. Je voyais ça comme une expérience : si ça marchait, je pourrais étendre mon activité et pratiquer la pollinisation à petite échelle. Mais dans mon esprit, c'était surtout l'occasion de prendre des vacances, car Tom, alors âgé de cinq ans, m'accompagnait.

Rien que nous deux, en pleine nature. Loin de tout. Pêcher, boire l'eau du ruisseau, faire des feux de camp. Nous en parlions depuis des semaines.

On s'était trouvé une colline, à une petite distance des ruches. De là-haut, nous avions une vue à trois cent soixante degrés, le terrain était plat et bon. Je montai la tente, en prenant mon temps, en veillant à ce que toutes les sardines soient profondément enfoncées dans le sol, à ce que la toile soit parfaitement tendue. Ce serait notre maison pendant trois semaines, il était donc important que nous soyons bien installés.

Je confiai à Tom la mission de dérouler les sacs de couchage. Plein d'entrain, il les disposa dans les règles de l'art. Il avait probablement vu Emma faire les lits à la maison. Il était encore trop tôt pour que cette dernière lui manque et, ce jour-là, c'était un véritable moulin à paroles. Je me disais que nous allions passer un super moment, tous les deux, là-haut sur notre colline. Je lui offrais un souvenir pour la vie. Nous avions allumé un feu puis, serrés l'un contre l'autre, fait griller des guimauves. Comme il frissonnait, j'avais passé le bras autour de lui. Ses épaules étroites disparaissaient sous mon aisselle. Nous avions regardé les étoiles et je lui avais montré les rares constellations que je connaissais. Mon savoir se limitant à la Grande Ourse et Orion, j'en inventai quelques autres.

« Là, tu vois, c'est le Serpent.

— Où ça ?

— Là. »

Ses yeux suivirent mon doigt alors que je lui indiquais une ondulation d'étoiles au hasard.

« Pourquoi ça s'appelle le Serpent ?

— Ça ne s'appelle pas le Serpent. C'est un serpent. »

Je lui parlai alors du serpent. D'ordinaire, je n'étais pas très fort pour imaginer des histoires mais, là, les mots me venaient tout seuls. Peut-être l'homme primitif qui sommeillait en moi resurgissait-il parce que je tenais Tom au creux de mon bras, ou parce que nous étions à des kilomètres de ces choses qui s'appellent télé et divertissement, ou encore parce que l'idée de passer ainsi les trois prochaines semaines m'insufflait une énergie supplémentaire.

« Le serpent vivait dans la montagne à l'extérieur d'un petit village, dans une crevasse, commençai-je. Il était diabolique, d'une méchanceté sans pareille, et toujours affamé. Il mangeait tout, mais absolument tout ce qui lui tombait sous le nez. Il s'attaqua d'abord à la forêt, aux récoltes. Puis aux potagers, aux fruits, aux légumes, aux baies, et pendant ce temps il grossissait, il grossissait. Quand il eut avalé jusqu'au dernier fourré, jusqu'à la dernière patate, jusqu'au dernier brin d'herbe dans le pré, il s'en prit aux gens. Des enfants au petit déjeuner, des grand-mères au déjeuner. Il grossissait encore et encore. Il finit par devenir si long qu'il s'enroula autour du village et se mit à dévorer les habitants les uns après les autres. Les gens se réfugiaient dans leur maison, se cachaient dans les armoires, sous les lits, à la cave. Mais le serpent finissait toujours par les trouver, il se glissait chez eux, se faufilait dans chaque recoin, et les mangeait un à un. »

Je sentais Tom trembler au creux de mon bras, et ce n'était pas que le froid. Je le serrai plus fort contre moi, il se recroquevilla, comme s'il voulait se fondre en moi, tandis qu'il se crispait de peur et de plaisir.

« Personne ne savait plus quoi faire, les gens étaient impuissants. Ils se cachaient du mieux qu'ils pouvaient. Nous allons tous mourir, pensaient-ils, nous allons tous être mangés. Tous, sauf un jeune garçon.

— C'était qui ? murmura-t-il d'une petite voix tendue.

— C'était… Ce n'était pas n'importe quel gamin.

— Ah bon ?

— Oui, c'était un apiculteur.

— Oh ! s'exclama Tom brièvement, comme s'il n'osait pas en dire davantage par peur que j'interrompe mon récit.

— Il avait une grande et belle ruche. Avec la meilleure colonie qui soit : fidèle, dure à l'ouvrage, qui n'essaimait pas. La reine était la même depuis trois ans, elle pondait comme jamais. Le garçon décida de sortir de chez lui et d'aller jusqu'à sa ruche. Il l'ouvrit et, à voix basse, demanda aux abeilles de l'aider. »

Je me tus pour ménager mes effets. Je connaissais la fin, maintenant, et j'étais plutôt content de moi.

Tom attendait. Je faisais monter le suspense. Il finit par craquer.

« Et alors ? »

Je pris mon temps pour continuer.

« Les abeilles l'écoutèrent, réfléchirent, réfléchirent tandis que le serpent se rapprochait dangereusement du garçon, en sifflant. »

Tom me regardait, bouche bée.

« Et au moment où le serpent ouvrit grand la gueule pour avaler le gamin, une gigantesque nuée d'abeilles s'abattit sur lui. Et elles le piquèrent, le piquèrent, à la tête, au cou, sur la queue, dans les yeux, elles le piquèrent partout, jusqu'à ce que le serpent n'en puisse plus et déguerpisse.

— Et ils furent tous sauvés ? » demanda Tom d'une voix presque inaudible.

Peut-être redoutait-il la réponse.

J'attendis de nouveau, je le sentais qui tremblait contre moi.

« ... Oui. »

Tom soupira de soulagement.

« Mais les abeilles n'étaient pas satisfaites, poursuivis-je.

— Non ? »

Il émit un petit rire.

« Elles continuèrent à pourchasser le serpent pendant longtemps, très longtemps.

— Très très loin.

— Oui, très très loin. »

Enfin, le petit corps de Tom se détendait contre le mien.

« Elles le chassèrent jusqu'au ciel, dis-je. Et là, tu vois le serpent. Il s'y trouve encore à l'heure actuelle. »

Tom opina du chef, je sentis sa tête se lever et s'abaisser contre mon bras.

« Il est là, dis-je. Et là, ajoutai-je en montrant un autre endroit un peu plus loin, ce sont les ruches.

— Là ?

— Oui, tu ne les vois pas ? Là, là et là ? »

Je dessinai trois carrés dans le ciel.

« Et les abeilles ?

— Les abeilles ? »

Je réfléchis un instant, puis la réponse me vint, j'étais à deux doigts de me trouver génial.

« Ce sont toutes les autres étoiles. »

Voilà comment ce serait pendant trois semaines, pensais-je une fois couché, écoutant sa respiration dans l'obscurité. Il avait le nez un peu bouché. Il se retourna plusieurs fois dans son sac de couchage avant de réussir à trouver le sommeil. Je m'endormis, moi aussi.

Puis l'ours arriva. Un premier bruit nous réveilla, celui de la gamelle sur le feu qui tombait par terre avec fracas. Une ombre menaçante se découpa sur les abeilles qui scintillaient dans le ciel. Son pas chaloupé dans la bruyère, si près que nous percevions le bruissement de sa fourrure.

Je tenais Tom entre mes bras, même s'il n'y trouvait désormais plus aucun réconfort. Il fixait l'obscurité de ses yeux écarquillés.

Nous entendions l'ours qui retournait notre campement. Il éventra le sachet de marshmallows. Le bois que j'avais si soigneusement empilé fut renversé, et un son sourd et caverneux retentit quand les grosses pattes s'abattirent sur la glacière en polystyrène.

Puis le silence retomba.

Longtemps, nous restâmes sans bouger, puis j'ébouriffai

les cheveux de Tom, en espérant qu'il tournerait le visage vers moi, me regarderait, mais il scrutait toujours l'obscurité devant lui, les yeux dans le vide. Que dire ? Quels mots aurait prononcés Emma à ma place ? Je n'en avais aucune idée, je m'abstins donc de tout commentaire. Je le pressai encore plus fort contre moi, mais son corps ne se détendait pas.

Enfin, j'osai m'aventurer à l'extérieur.

Notre campement était sens dessus dessous, mais l'ours avait disparu.

À ce moment-là seulement, je pus commencer à respirer normalement.

Je passai la tête dans la tente.

« C'est bon, il est parti. »

Mais Tom ne répondit pas. Il était toujours assis à la même place, le regard sombre, la bouche fermée, le corps figé. Je le pris dans mes bras et le portai jusqu'à la voiture. Le lendemain, je le mis dans le bus pour Autumn. Il n'y avait rien d'autre à faire. Emma l'attendrait à la gare routière. Il ne broncha pas à l'idée de devoir effectuer ce long voyage seul. La veille encore, une telle solution aurait été inenvisageable.

La voix d'Emma s'étrangla quand je lui racontai ce qui était arrivé. Je savais ce qu'elle pensait, même si elle ne laissait échapper que des non ! des ah ! Tu aurais dû faire plus attention, pensait-elle, tu aurais dû mieux te renseigner, tu aurais dû savoir qu'il y avait des ours dans le coin. Rien qu'une toile de tente entre vous et la mort, tu as eu de la chance, tu n'en méritais pas tant.

Alors que le bus s'éloignait, je voyais son visage pâle qui me contemplait par la vitre arrière. Le soulagement peint sur sa figure, et ses yeux, ronds et apeurés.

Il ne m'accompagna plus jamais dans le Maine.

Jusqu'à cette année.

Il ne pleuvait toujours pas quand nous montâmes en voiture. Lee partit dans la sienne : il rentrait écrire un courrier pour se plaindre des clôtures électriques, dit-il.

Tom n'ouvrit pas la bouche du trajet. Peut-être surveillait-il les environs, à l'affût d'un ours, peut-être s'attendait-il à en voir surgir un devant nous, ses grosses pattes s'abattant sur le capot et éventrant la carrosserie pour nous attraper, comme deux souris acculées dans un trou.

Une fois au motel, il commença à rassembler ses affaires. Il ramassa les feutres, balança son livre d'histoire dans le sac. Sans bouger, je l'observais.

— Il n'y a pas le feu.

— Autant que ce soit fait, murmura-t-il.

De nouveau il me tournait le dos.

Ce n'est qu'en fermant son sac qu'il daigna se tourner vers moi. Je m'étais assis et feignais de lire le journal.

Il était planté devant moi, les mains le long du corps. Il les mit dans ses poches, puis les ressortit. Il y avait dans son regard quelque chose d'insaisissable.

— Oui ? finis-je par dire.

Sans succès.

Je me replongeai dans mon journal, la tête légèrement penchée de côté, une fausse grimace d'intérêt sur la figure.

— Pourquoi tu fais ça ? demanda-t-il soudain.

Je levai les yeux.

— Pourquoi je fais quoi ?

— Pourquoi tu les transportes partout comme ça ?

— Hein ?

— Les abeilles.

Il inspira profondément.

— Résultat : tu viens de perdre trois ruches. Trois colonies ont perdu leur maison.

Il haussa la voix, ses yeux s'élargirent, il croisa les bras sur sa poitrine, comme s'il devait se retenir.

— Rien que le trajet en camion, aller et retour. Est-ce que tu sais ce que ça leur fait ?

Une telle gravité, dans un corps aussi jeune. C'était trop. C'était risible. Et je ris. Seulement, mon rire n'était pas aussi naturel que je l'espérais.

— Tu n'aimes pas les myrtilles, peut-être ? demandai-je.

Tom parut déstabilisé.

— Les myrtilles ?

J'essayai de garder la tête haute, de conserver ce petit sourire ironique, de me retrancher derrière lui.

— Il n'y aurait pas beaucoup de myrtilles dans le Maine sans les abeilles.

Il déglutit.

— Je sais ça, papa. Mais pourquoi es-tu entré dans tout… dans ce système ? L'agriculture… ce qu'elle est devenue…

Je repliai le journal avec de grands mouvements. Le posai sur la table. En m'efforçant de ne pas me mettre à hurler.

— Si tu étais le fils de Gareth, je comprendrais cette remarque. Mais je ne travaille pas comme lui.

— Je croyais que tu voulais devenir comme lui ?

— Devenir comme Gareth ?

— Je sais que tu veux développer l'activité.

C'était un constat, et non une question. Ni une accusation, même si au fond ça l'était.

Je laissai échapper un nouveau ricanement. Un rire creux.

— Ouais, c'est ça, je nous ai aussi inscrits au club de golf et j'ai investi dans une usine de laiton.

— Hein ?

— Laisse tomber.

Il soupira. Puis il détourna les yeux et contempla le paysage par la fenêtre. Il ne pleuvait toujours pas.

— Je crois que je vais aller la faire, cette balade, dit-il sans me regarder.

Puis il sortit.

Mon fils referma la porte de motel éraflée derrière lui, et je vis tous mes projets partir en fumée.

William

— Mais où est-il ?

Thilda et toutes les filles se tenaient en rang devant moi, dans la cuisine. Elles allaient enfin découvrir ce sur quoi je travaillais. J'avais prévu de les conduire jusqu'à la ruche, suffisamment loin pour éviter les piqûres, et de l'ouvrir sous leurs yeux. De façon qu'elles, qu'Edmund, comprennent quelle était cette invention qui allait changer notre vie. Qui nous apporterait la gloire et grâce à laquelle notre nom passerait à la postérité.

Le soleil luttait pour se maintenir au-dessus de la ligne d'horizon et ne pas être masqué par les nuages lugubres qui s'étaient amoncelés à l'ouest. Sous peu, il allait sans doute pleuvoir. Si je souhaitais montrer la ruche à cette heure-ci, juste avant le coucher du soleil, c'était parce que c'était le moment où les abeilles réintégraient les lieux.

— Il m'a prévenu qu'il ne rentrerait pas dîner, annonça Thilda.

— Ah bon, et pourquoi donc ?

— Je ne le lui ai pas demandé.

— Mais vous lui avez bien dit que j'avais quelque chose à vous montrer ?

— C'est un jeune homme indépendant. Qui sait où il se trouve ?

— Il aurait dû être ici !

— Il est épuisé, l'excusa Thilda.

Même en son absence, elle parlait de lui avec une petite voix tendre, comme s'il s'agissait d'un bébé.

— Pouvez-vous me dire ce qui va advenir cet automne s'il manque à ses devoirs ?

Elle réfléchit, prit un long moment pour me répondre, renifla.

— Est-ce vraiment nécessaire ?

— Plaît-il ?

— Je crois qu'il serait plus raisonnable d'attendre encore une année. Qu'il reste à la maison afin de se reposer.

Ses narines se dilatèrent pendant qu'elle parlait ; cette vision me souleva le cœur, je détournai la tête.

— Trouvez-le ! ordonnai-je sans la regarder.

Huit paires d'yeux étaient braquées sur moi, mais aucune femme de la famille n'esquissa le moindre geste.

— Trouvez-le, j'ai dit !

L'une d'entre elles sembla enfin comprendre qui était le chef dans cette maison. Elle recula vers la porte et saisit son béguin sur la patère.

— J'y vais.

Charlotte.

Nous attendions dans la cuisine, tandis que l'obscurité tombait. Personne n'alluma les lampes. À chaque fois qu'une des petites ouvrait la bouche, Thilda lui imposait le silence. Il allait bientôt faire nuit, il serait alors trop tard pour aller au fond du jardin.

Où était-il ?

Je sortis sur le pas de la porte. L'air était moite et dense, sans un souffle. Le silence régnait : les abeilles étaient rentrées dans la ruche.

Qu'est-ce qui pouvait bien être plus important que la surprise que je lui réservais ?

Je retournai dans la cuisine. Thilda étouffa un bâillement, Georgiana s'était endormie, la tête sur les genoux de Dorothea, Martha et Caroline ronflaient doucement sur des chaises tandis que les jumelles, appuyées l'une contre l'autre, luttaient pour garder les yeux ouverts.

Elles auraient dû être au lit depuis longtemps. Désœuvré, je saisis le pichet sur la table et me servis un verre d'eau. J'avais faim, me firent savoir les gargouillis de mon estomac, que j'essayai de couvrir en raclant contre le sol les pieds de ma chaise. Soudain, la porte s'ouvrit. Je me levai d'un bond. Charlotte entra en premier, fixant le plancher, et, derrière elle, une silhouette sombre. Edmund.

— Mon chéri ! s'écria Thilda en s'élançant vers lui.

Il avait les cheveux et les vêtements trempés, comme si on lui avait jeté un seau d'eau à la figure. Il avança dans la pièce d'un pas mal assuré.

— Charlotte ? dit Thilda.

— Edmund… Il…

— Je suis tombé dans le ruisseau, lâcha péniblement Edmund avant de passer devant nous en titubant.

Je le rejoignis et lui mis une main sur l'épaule pour l'inviter à me suivre dans le jardin. Après tout, il n'était peut-être pas trop tard. C'est alors que je m'aperçus qu'il grelottait, qu'il claquait des dents.

— Edmund ?

— Il faut que… Il faut que je dorme, murmura-t-il sans se retourner, en se dirigeant vers l'escalier.

Thilda trottina à sa suite, le bruit de ses pieds sur le parquet pareil à celui des griffes des poules dans la basse-cour, ses minauderies semblables à des caquètements. « Mon chéri… Viens, je vais t'aider… Voilà, marche doucement… Le lit est fait… Tiens-toi à mon bras… Comme ça, oui… Comme ça. »

Elle disparut avec Edmund dans l'escalier.

Se pouvait-il que mon fils souffrît de la même mélancolie qui m'avait si longtemps terrassé ? Ces maux-là se transmettaient-ils ? De mon sang au sien ? Était-ce pour cette raison qu'il était si distant avec moi ?

Ma poitrine se serra. Pas lui ! Pas Edmund !

Muettes et tombant de fatigue, me filles me dévisageaient, attendant de connaître la suite des opérations. Toutes, sauf Charlotte, qui évitait de croiser mon regard.

— Demain, dis-je d'une voix rauque. Nous verrons cela demain.

TAO

— Pouvez-vous me dire comment aller là-bas ?

Dans la petite réception laide et fatiguée, je montrais du doigt un point sur une carte. L'hôpital était l'un des derniers que je n'avais pas encore visités.

— Autrefois, on avait plusieurs lignes de métro, m'informa la réceptionniste. En deux changements, vous y étiez.

C'était une grande et belle femme au rire puissant, toujours fidèle au poste. Elle avait refusé de quitter la ville et l'hôtel était désormais tout ce qui lui restait pour nourrir sa fille de dix ans. Évidemment, comme tous les autres établissements de Beijing, il lui rapportait de moins en moins. Tous les jours après l'école, la petite venait faire ses devoirs à la réception. C'était le seul moyen qu'elles avaient pour se voir.

— Malheureusement, c'est la partie du réseau que le Comité de la ville conseille de ne plus emprunter, ajouta-t-elle.

Je la fixai, l'air interrogateur.

— Des zones dangereuses, si vous voulez. Des zones occupées. Bien que… occupées ne soit pas vraiment le mot. Les habitants de ces quartiers vivent dans le plus grand dénuement. Et échappent à tout contrôle.

— Qui sont ces gens ?

— Ceux qui ont refusé de déménager. Ceux qui ont été abandonnés. Ceux qui se sont cachés. Vous savez, tout est allé tellement vite… Et quand des gens, plus tard, ont exprimé le regret de ne pas être partis, on leur a répondu que c'était trop tard.

Elle détourna le regard. Peut-être avait-elle vécu la même chose que le propriétaire du restaurant. Mais je ne lui posai pas la question, je n'avais pas la force d'entendre encore une autre de ces histoires.

Et puis je ne voulais pas traîner : comme chaque jour depuis mon arrivée à Beijing, j'avais l'intention de continuer mes recherches. Il devait bien être quelque part. Chaque matin, je partais à l'aube, avec de l'argent dans mon sac et un petit paquet de biscuits secs, direction un nouveau quartier, un nouvel hôpital. J'avais déjà contacté la plupart des établissements par téléphone. J'avais les noms des médecins des différents services. S'ils savaient quelque chose et que je me présentais à eux en chair et en os, pensais-je, il leur serait plus difficile de m'envoyer promener. Certains se souvenaient de moi et compatissaient à ma souffrance. Parfois, ils me confiaient droit dans les yeux qu'ils comprenaient mon désespoir.

Mais la réponse, hélas, était partout la même. Le nom de Wei-Wen n'apparaissait pas dans les archives. Et à chaque fois, on me renvoyait ailleurs, dans un autre hôpital… *Avez-vous essayé à Fengtai, ou à l'hôpital central de Chaoyang, êtes-vous allée voir au Centre des maladies respiratoires de Haidian ?*

Lorsqu'on me dirigeait vers le premier soignant venu, je demandais toujours à parler à un supérieur. Et puis je patientais. Toute la journée. Assise, debout, à la fenêtre, je faisais les cent pas, dans des pièces sombres au carrelage glacial, dans des salles à la lumière impitoyable, un verre d'eau à la main ou un gobelet de thé acheté au distributeur. Seule, le plus souvent, ou dans des salles d'attente peu peuplées.

Le personnel n'avait pas l'air débordé et, pourtant, j'avais toujours l'impression d'être reléguée en fin de liste. Je ne réussissais à rencontrer le bon interlocuteur qu'à l'heure de la fermeture. Entre-temps, je surprenais les gens à lever les yeux au ciel, pensant sûrement : *Elle ne pourrait pas laisser tomber, à la fin ? Il y a beaucoup de gens dans des situations autrement plus graves, des gens malades, souffrant de malnutrition, et voilà qu'elle vient nous bassiner avec son fils... Il faut qu'elle se calme, qu'elle comprenne que nous n'avons pas le temps.* Ce qui ne m'empêchait pas de rester. Je ne faisais rien, mais je demeurais bien en vue, jusqu'à ce qu'ils accèdent à ma demande.

À plusieurs occasions, l'attente me mena jusqu'au bureau du directeur. De grandes pièces aux meubles imposants, des endroits qui avaient dû avoir fière allure avant de sombrer dans la décrépitude. Certains d'entre eux faisaient l'effort de vérifier à nouveau si le nom de Wei-Wen ne figurait pas dans leurs dossiers. Ou bien ils appelaient des collègues. En vain. Wei-Wen avait disparu.

Au début, je téléphonais à Kuan tous les soirs – des conversations lapidaires au cours desquelles je finissais toujours par lui annoncer que mes recherches en étaient au point mort. Lui non plus n'avait rien à m'apprendre. Le ton se faisait de plus en plus neutre entre nous. Puis il me demandait ce qu'il en était de l'argent. Je mentais, je ne pouvais pas lui avouer que le simple billet de train pour Beijing m'avait coûté cinq mille cinq cents yuans. Un soir, enfin, je ne pris pas la peine de l'appeler, et lui non plus. Nous savions qu'il n'y avait rien à dire. La nuit, je dormais d'un sommeil lourd et sans rêves, comme si quelqu'un dépliait une couverture noire sur ma conscience à l'instant même où ma tête touchait l'oreiller. La certitude que je faisais le maximum m'apportait un certain équilibre. Plus le temps passait, plus j'avais de mal, cependant, à croire que ma persévérance serait récompensée. J'arriverais bientôt au bout de la liste des hôpitaux. Et la boîte en fer-blanc était devenue beaucoup trop légère, avec ses sept mille yuans à tout casser. Cette somme pourrait encore suffire, pour peu que nous soyons très économes pendant les deux dernières années qu'il nous restait avant d'atteindre l'âge limite. Mais je n'avais pas encore acheté mon billet de retour.

— Maintenant que j'y pense, ça fait longtemps que je n'ai pas entendu parler de ces quartiers, fit remarquer la réceptionniste. Peut-être qu'ils sont désertés. Je serais vous, je les éviterais.

— Mais l'hôpital ?

— Il se trouve à la limite.

Elle pointa la carte du doigt.

— Les quartiers livrés à eux-mêmes commencent ici. On peut encore se rendre dans cette partie plus au sud. Mais… vous êtes sûre de vraiment vouloir y aller ?

Je hochai la tête.

Elle me regarda longuement et comprit. Elle savait que je cherchais mon fils, c'était tout. J'avais senti qu'il n'était pas nécessaire de lui fournir plus de détails. Tous les parents comprennent. Et tous les parents savent que le danger importe peu, quand la vie de son enfant est en jeu.

Je levai les yeux pour voir le toit. Des tuiles rouges, abîmées par le vent et les éléments, qui avaient dû être vernies, comme celles qui ornaient les toitures des temples. Les murs étaient devenus grisâtres et la peinture s'écaillait. Un discret vrombissement au-dessus de ma tête attira mon attention : quelque chose se déplaçait dans l'air. Je plissai les yeux pour mieux voir, mais la chose en question disparut derrière le toit, dans le ciel d'un gris impénétrable. Le soleil brillait quand j'avais quitté l'hôtel, mais je me trouvais désormais dans le brouillard. Comme si la nuit commençait déjà à tomber.

Le trajet m'avait pris quatre heures. L'itinéraire choisi

comportait trois changements et m'avait fait faire un grand détour, mais il passait par ce que la réceptionniste appelait « les zones sûres ». Tout était cependant si silencieux et délabré que je ne pouvais m'empêcher de me méfier des rares voyageurs que je croisais. Sans cesse, je me surprenais à lancer des coups d'œil anxieux par-dessus mon épaule.

J'avais essayé de joindre cet hôpital à plusieurs reprises, mais la réponse avait été la même que partout ailleurs : ils n'avaient jamais entendu parler de Wei-Wen, ils ne pouvaient rien pour moi. Lors de mes derniers coups de téléphone, personne n'avait décroché. J'étais tombée sur une voix automatique et, j'avais eu beau suivre les différentes instructions, mon appel n'avait jamais abouti.

La première chose que je vis fut une jardinière remplie de plantes mortes. À la lumière blafarde des néons, je compris que l'hôpital avait toujours l'électricité. Dans le grand hall désert, sur un comptoir en bois sombre, je tombai sur une vieille machine – sans doute d'avant l'Effondrement – qui permettait aux proches de s'enregistrer. Elle clignota sous mes doigts, avant que l'écran ne s'obscurcisse.

Je commençai à errer, sans but précis, arrivai devant un ascenseur, appuyai sur les différents boutons, sans succès. Je poursuivis mon chemin à travers des couloirs sombres et infinis. Toutes les portes étaient verrouillées, sauf une, qui menait à une cage d'escalier plongée dans la pénombre. Je montai un étage. La porte était fermée. Je tentai ma chance au niveau supérieur. Fermé aussi. Je dus gravir encore une autre volée de marches et débouchai enfin dans un couloir aussi vide que les précédents. Je parcourus quelques mètres. J'avais l'impression que chacun de mes pas sur le carrelage résonnait dans un bruit sourd.

Je m'arrêtai près d'une fenêtre. C'est alors que je l'aperçus : la lumière, dans une des ailes de l'hôpital. Je continuai dans cette direction, en espérant que le couloir dans lequel je me trouvais m'y mènerait directement. Soudain, j'entendis un bruit devant moi, un objet métallique poussé sur le linoléum.

— Y a quelqu'un ? murmurai-je.

Une double porte vitrée était ouverte en face de moi.

Mon cœur battait à tout rompre : quelque chose n'allait pas, je le sentais. Peut-être ne devais-je pas m'attarder, peut-être devais-je rejoindre au plus vite l'aile éclairée. Mais pour cela, il fallait que je traverse ce couloir. J'accélérai l'allure.

Un autre bruit. Un pas lourd. Une silhouette apparut devant moi. Les pieds nus furent ce que je vis en premier. Les ongles non coupés sur des orteils ridés. La femme – car ce devait être une femme – parvenait à peine à se déplacer, elle marchait en se tenant à une perche à perfusion munie d'une poche. La poche était vide. Son crâne était parsemé de touffes de cheveux gris et son cuir chevelu pelait par plaques. Elle ne portait qu'une blouse d'hôpital, souillée. Dessous, je distinguais les contours d'une couche. À ce moment-là seulement, je remarquai l'odeur.

Elle me regardait fixement, comme si elle avait perdu sa langue.

Je reculai, je voulais partir d'ici.

Elle émit un son sifflant, puis recommença, elle voulait me dire quelque chose.

Je me ressaisis, inspirai profondément. Je ne pouvais pas la laisser comme ça.

Je m'avançai vers elle.

— Vv… voir, murmura-t-elle en vacillant. Vvvenez vvoir.

Je l'attrapai par le coude pour la soutenir. La puanteur me prit à la gorge. Son bras était aussi mince que celui d'un enfant. Elle voulait que je la suive dans une pièce derrière elle.

Je poussai la porte et fus secouée de haut-le-cœur, l'odeur formait comme un magma épais, impénétrable. Elle m'assaillait et me coupait le souffle.

Une salle. Le long des murs, des lits brillants, des lits

médicalisés en tubes d'acier, collés les uns aux autres, avec des draps autrefois blancs. Il devait y en avoir plus d'une centaine.

Dans ces lits, il y avait des malades. Certains assez âgés, mais surtout beaucoup de vieillards. Certains, réveillés, gémissaient, suppliaient, geignaient, des mains s'agitaient dans les airs. D'autres avaient les yeux fermés, comme s'ils dormaient.

À mon arrivée, plusieurs d'entre eux se redressèrent. Ils étaient d'une maigreur effroyable, et dans le même état pitoyable que la femme avec laquelle j'étais entrée. Après s'être mis péniblement debout, ils entreprirent de se rapprocher de moi.

J'étais entourée d'une vingtaine de vieillards qui bataillaient avec leur corps, luttaient contre la pesanteur pour marcher, certains si faibles qu'il leur fallait ramper. Tous répétaient inlassablement les mêmes mots : *À l'aide. Aidez-moi. Aidez-nous.*

Ceux qui dormaient ne bougeaient toujours pas, malgré le vacarme, malgré les cris. À cet instant, je compris qu'ils ne dormaient pas. C'était pire.

Je partis en courant. Et en criant. En criant, mais sans articuler le moindre mot. Je cherchais juste à attirer l'attention de quelqu'un.

Je continuai à avancer dans le noir, jusqu'à l'autre aile, uniquement guidée par le bruit de mes pas sur le linoléum et ma respiration.

Soudain je vis la lumière. Une porte. Une femme en blouse blanche qui me dévisageait, ébahie. Elle était en train de ranger des draps dans une boîte.

— Qui êtes-vous ?

Je ne m'étais pas rendu compte que je pleurais.

Je m'essuyai les yeux et tentai d'expliquer ce qui se passait, mais je bafouillais.

— Tenez, asseyez-vous, dit-elle en m'indiquant une chaise.

— Non, non… les vieux… ils ont besoin d'aide.

Elle détourna la tête. Recommença à plier les draps.

Je la tirai par le bras.

— Venez… Il faut que je vous montre !

Doucement, elle se dégagea. Sans me regarder.

— Nous sommes au courant, déclara-t-elle calmement.

J'attrapai de nouveau son bras.

— Mais ils sont malades. Je crois même que… certains d'entre eux sont morts.

Elle se libéra.

— Nous ne pouvons pas les emmener.

— Les emmener ?

— Nous évacuons l'hôpital. Nous n'y sommes pas en sécurité. Nous emmenons les patients dans un établissement plus au sud, à Fangshan. Nous sommes si peu nombreux que nous ne nous en sortons plus. On ne nous approvisionne plus, personne ne veut travailler ici.

— Mais les vieux ?

— Ils sont morts.

— Non, je les ai vus. Ils sont en vie !

— Ils seront bientôt morts.

Elle croisa mon regard, redressa la tête, comme pour se donner l'air dur.

Je restai interdite.

— Non !

Elle posa une main sur mon bras.

— Asseyez-vous.

Elle se dirigea vers le lavabo afin de remplir un verre d'eau, mais le robinet toussa. Elle renonça et partit en direction du couloir.

— Attendez-moi ici.

Peu après, elle revint avec un verre d'eau tiède.

Je le pris. Ça me faisait quelque chose à tenir. Je m'y agrippai.

Elle s'assit à côté de moi.

— Vous êtes un parent ? demanda-t-elle avec douceur.

— Oui. Non. Je ne sais pas. Je veux dire... d'aucune personne présente ici.

Elle me considéra avec étonnement.

— Je cherche mon fils.

Elle hocha la tête.

— Vous avez raison. Il n'est pas ici. Les derniers patients ont été transférés plus tôt dans la journée. Il ne reste plus que le matériel.

— Et les vieux ?

Elle se leva subitement, sans répondre.

— Et les vieux ? insistai-je.

— Eux, on ne peut plus rien pour eux.

Sa voix était plate. Elle prit le chariot sans me regarder.

— Je vais être obligée de vous demander de partir.

De nouveau, je fus saisie de haut-le-cœur.

— Vous allez les laisser ici ?

Elle détourna la tête.

— Allez-vous-en maintenant.

— Non !

Enfin elle leva les yeux. Des yeux implorants.

— Allez-vous-en. Et oubliez ce que vous avez vu.

Je voulus retenir le chariot, la retenir, elle, mais elle tira l'appareil d'un geste brusque. Il se cogna avec fracas contre le chambranle de la porte, et elle dut s'y reprendre à deux fois pour le faire passer. Enfin, elle parvint à l'entraîner jusque dans le couloir. Les roues grinçaient sur le sol alors qu'elle s'éloignait. Le bruit m'écorchait les oreilles.

J'étais dans la rue, je ne sais pas comment j'étais arrivée jusqu'ici. Je les avais abandonnés, comme tous les autres. Voilà dans quel monde nous vivions. Nous sacrifiions nos anciens. Était-ce aussi ce qui était arrivé à ma mère ? On l'avait envoyée ailleurs. Tout s'était passé tellement vite.

Soudain elle avait disparu. Et je n'avais pas levé le petit doigt. J'avais laissé faire.

Maman.

Je me penchai vers l'avant, tombai à genoux, mon diaphragme se contracta et mon estomac se retourna.

Je vomis jusqu'à ce que je n'aie plus rien dans le ventre. Puis j'hésitai. Je devais y retourner. Leur donner à manger, à boire. Les faire sortir de là. Ou trouver quelqu'un qui puisse m'aider. Je devais agir comme un être humain. Quelqu'un pouvait sûrement faire quelque chose. C'était peut-être moi, ce quelqu'un. Et si la direction n'était pas au courant ? Mais ce n'était pas la raison de ma présence ici.

Wei-Wen.

Je n'étais pas responsable de ce qui se passait entre ces murs. C'était le problème de l'hôpital. Et des familles. Ceux qui les avaient abandonnés dans cet établissement. Et pour une fois, ce n'était pas moi.

Maman. Je l'avais laissée tomber. Je n'allais pas laisser tomber Wei-Wen. Je continuai à vomir, un goût acide dans la bouche, la gorge et les yeux en feu. Je ne méritais pas mieux.

Je ne savais pas dans quelle direction aller, je savais juste qu'il fallait que je parte aussi loin que possible.

Une partie du ciel s'était éclaircie. Mes pas me portaient dans cette direction. Dans l'espoir, peut-être, d'y trouver le soleil, de m'extraire de cette grisaille ambiante. Mais la tache lumineuse ne cessait de rapetisser, tandis qu'un voile obscurcissait toujours plus le soleil.

Quand je me rendis compte que j'étais perdue, il était trop tard.

George

Les ruches étaient de retour. Dans le pré, le petit bois et au bord des fossés, là où Tom souhaitait apparemment qu'elles soient. Sauf que, de toute évidence, même là, il ne voulait pas en entendre parler.

C'était le début de la matinée et je me trouvais dans le champ sur les rives de l'Alabast River. Le soleil cognait sur ma combinaison. Je ne portais rien dessous. Des gouttes de sueur me dégoulinaient dans le dos et me chatouillaient avant de buter sur mon caleçon. Je n'osais imaginer le cagnard, là-bas, en Floride. Comme j'étais heureux de ne pas avoir fait ce choix-là !

Car chez nous, l'été était déjà plus qu'assez chaud. Nous avions eu une météo extraordinaire ces dernières semaines. Peu de pluie. Des abeilles qui ne cessaient d'aller et venir, partant récolter le nectar dès le lever du soleil et continuant jusqu'à ce que celui-ci disparaisse le soir dans le pré, juste derrière la ferme de Gareth.

C'était la meilleure période. Je passais la majeure partie de mes journées auprès d'elles, à présent. Je prenais mon temps. Parfois, je restais un long moment à observer leur danse. Je ne comprenais pas grand-chose à ces va-et-vient, sinon qu'il s'agissait pour elles d'un moyen de s'indiquer où se trouvait le meilleur nectar. *Je bats un peu des ailes, je me déplace sur la droite, puis je fais deux pas sur la gauche et un tour sur moi-même, et tout ça pour vous dire qu'il faut que vous passiez devant le grand chêne, que vous montiez jusqu'au haut de la pente, traversiez le ruisseau et là, les amies, là, vous allez tomber sur un endroit plein de framboises sauvages dont vous me direz des nouvelles !*

Elles ne s'arrêtaient pas. Elles entraient, ressortaient, exécutaient leur petite danse, partaient, récoltaient, rapportaient. Et les ruches s'alourdissaient. Parfois, je les soupesais pour estimer la quantité de miel qui devait déjà goutter à l'intérieur. De l'argent liquide et doré. L'argent de l'apport personnel, du prêt.

Depuis longtemps, les ruches étaient agrandies au moyen de hausses. Il s'agissait maintenant d'empêcher l'essaimage, d'empêcher que la vieille reine ne s'en aille en emmenant une partie de la colonie pour laisser place à une nouvelle reine et ses petits.

Le pré au bord de l'Alabast River se trouvait loin de toute habitation, mais il m'était arrivé plus d'une fois d'être appelé en urgence par des mères de famille furieuses pour déloger un essaim de la cime d'un arbre fruitier. Le nez écrasé contre la vitre, les enfants réfugiés à l'intérieur tremblaient de frousse en me regardant secouer les abeilles et les transvaser dans une nouvelle ruche. Ce genre de mésaventures finissait par ternir votre image… Je faisais donc tout pour les éviter. Mais malheureusement, c'était ainsi : quand les abeilles voulaient s'offrir une petite pause tandis que les éclaireuses partaient chercher un nouveau gîte, elles avaient le chic pour se poser dans les arbres des particuliers.

Voilà pourquoi je passais mon temps le nez dans les ruches à chercher les cellules royales. Dès que j'en apercevais une, je l'écrasais. Et si je découvrais des larves, il n'y avait plus qu'une seule solution : diviser la colonie.

Dans certaines ruches, le besoin d'essaimer était grand. Je n'ai jamais su pourquoi. Il fallait alors changer de reine, et en choisir une elle-même engendrée par une des meilleures reines. Et, surtout, résister à la tentation de continuer à exploiter les larves des abeilles avides de se reproduire.

J'avais déjà changé la plupart des reines cette année-là, mais j'avais gardé les plus fidèles, celles qui étaient susceptibles de pondre trois ans encore. Des reines modèles. C'était les larves de ces abeilles que je privilégiais.

Et la ruche rose à côté de laquelle je me tenais pour l'heure était gouvernée par une de ces reines-là. Très consciencieuse, cette colonie était l'une de celles qui me rapportaient le plus de nectar. Je pouvais avoir confiance dans ces abeilles qui produisaient à tire-larigot. J'avais déjà ajouté deux hausses à la ruche cette année. Deux lourdes caisses, regorgeant de miel, que je n'avais pas contrôlées depuis une semaine.

Ma dernière discussion avec Tom m'obnubilait à tel point que j'en oubliai de vérifier l'état du plan d'envol avant d'enlever le couvercle. Nous n'avions aucune nouvelle de lui. Il ne nous avait rien dit de la bourse, rien de ce qu'il imaginait pour l'avenir. Ou peut-être avait-il téléphoné et discuté avec Emma en mon absence, sans qu'elle m'en ait parlé par la suite. J'attendais. Peut-être étudiait-il les différentes possibilités. Pas de nouvelles, bonnes nouvelles, non ? Et puis, il savait où me trouver. La ferme ne s'était pas volatilisée en son absence.

Avais-je perdu mon fils ?

C'est en posant le toit par terre que je repris mes esprits : le bruit n'était pas le même que d'habitude, pas celui qu'il aurait dû être. C'était bien trop silencieux.

J'ôtai l'isolant, convaincu que leur bourdonnement allait soudain s'élever. Je jetai un coup d'œil à la planche d'envol, au trou.

Aucune abeille.

Puis je regardai dans la caisse du dessus. Tout allait bien du côté des réserves de nourriture. Il y avait beaucoup de miel.

Mais où étaient-elles ?

Peut-être dans la caisse du dessous. Oui, ça devait être ça.

Je saisis la hausse. Mon dos protesta. *Fléchis les genoux et pousse avec les jambes pour soulever.* Je m'efforçai de garder mon sang-froid. Je la posai délicatement dans l'herbe, me redressai et regardai dans la caisse du dessous.

Non.

Les cadres à couvain. Elles devaient être sur les cadres à couvain.

Rapidement, je retirai la grille à reine. Le soleil, juste au-dessus de ma tête, éclairait l'intérieur du corps de la ruche.

Vide. Il était vide.

Le couvain était plein, mais il n'y avait aucune abeille, sauf celles récemment sorties de l'œuf, qui erraient dans la ruche, sans personne pour s'occuper d'elles. De jeunes orphelines.

Tout en bas, je découvris la reine, marquée comme toutes les autres d'une tache de vernis turquoise sur le dos. Plusieurs jeunes abeilles, des enfants, étaient rassemblées autour d'elle. Elles ne dansaient pas, elles étaient apathiques. Seules. Abandonnées. La mère et les enfants abandonnées par la ribambelle d'ouvrières. Abandonnées par celles dont la fonction sur terre était de veiller sur elles. Condamnées à mort.

Je scrutai le sol autour de la ruche. Rien, là non plus. Elles étaient bel et bien parties.

Je replaçai avec précaution la grille à reine et les hausses. Je sentis que mes yeux clignotaient, que mes mains tremblantes étaient soudain aussi froides que par un jour d'automne.

Je me tournai vers la ruche voisine, dont la planche d'envol et l'entrée étaient orientées de l'autre côté. Inutile d'aller voir de plus près : le silence, là-bas aussi, était trop grand.

Aucune trace de parasites. De maladie. Aucune hécatombe. Aucun cadavre.

Juste une ruche désertée.

Et là encore, la reine était quasiment seule.

Mon cœur se serra, je m'empressai de remettre le couvercle.

D'ouvrir la suivante.

J'avais encore de l'espoir dans les mains en soulevant le couvercle. Mais non. Même chose.

J'ouvris la suivante.

Idem.

La suivante.

La suivante.

La suivante.

Je levai les yeux.

Je les regardai, éparpillées autour de moi. Toutes mes ruches. Mes abeilles.

Vingt-six ruches. Vingt-six colonies.

WILLIAM

Pendant qu'Edmund récupérait, je travaillais à la ruche. Cette activité me mettait du baume au cœur, d'autant que le soleil avait succédé à la pluie. Bien sûr qu'il n'était pas malade, il était simplement épuisé, Thilda avait raison. Et je n'étais plus à un jour près : l'important était qu'il vît les efforts immenses que j'avais accomplis.

Les conditions d'observation étaient excellentes. J'avais surélevé la ruche de façon à pouvoir regarder à l'intérieur sans trop me pencher. Les abeilles s'étaient adaptées étonnamment vite à leur nouveau logis : inlassablement, elles rapportaient le pollen et le nectar, et la colonie continuait à prospérer. Tout se déroulait comme prévu. Une chose cependant me surprenait : leur besoin constant d'accrocher les rayons quelque part. J'avais essayé différentes méthodes mais, si ceux-ci étaient trop près des parois intérieures, les abeilles produisaient un mélange de cire et de propolis – un matériau visqueux à base de résine – et, s'ils en étaient trop éloignés, elles construisaient des gâteaux de cire en diagonale, comme à l'état sauvage. Ce besoin qu'elles éprouvaient de fixer les rayons rendrait la récolte difficile, à terme. Cette question méritait d'être approfondie.

J'en étais là de mes réflexions quand il arriva. De nous deux, je fus le premier à l'apercevoir. Je me mis à trembler.

Le chapeau qui se balançait doucement dans le paysage, plongeant son visage dans l'ombre, la chemise lâche autour de son corps sec, le vieux sac en toile de jute qu'il portait à l'épaule, toujours le même, et que je savais rempli de bocaux, de pincettes et de créatures vivantes.

Je me penchai sur la ruche. C'était peut-être l'occasion que j'attendais, mais je ne devais surtout pas lui montrer l'importance que j'accordais à son jugement. Je gardai mes mains occupées, sans bien savoir à quoi. Je voulais avoir l'air absorbé par cette grande œuvre qui était la mienne, rien que la mienne.

Ses pas se rapprochèrent, ralentirent. S'arrêtèrent.

Il se racla la gorge.

— Voyons voir.

Je me retournai, en affectant la surprise.

— Rahm !

Un sourire fugace passa sur son visage.

— Ainsi donc, c'est vrai ce qu'on raconte ?

— Qu'est-ce à dire ?

— Que l'on est rétabli.

Je me redressai.

— Non seulement je suis rétabli, mais je ne me suis jamais senti plus en forme.

Mon Dieu, quelle remarque puérile !

— Vous m'en voyez heureux, répondit-il sans sourire.

J'espérais qu'il allait poursuivre, poser d'autres questions, qu'il serait curieux de connaître la raison de cette exaltation, mais il me tournait déjà le dos, comme prêt à repartir.

Je m'avançai jusqu'à la clôture, enlevai mon chapeau et mon voile. Je voulais le retenir, le saluer d'une poignée de main, sentir son contact. À ce moment-là, je m'aperçus que je transpirais, que mon visage était sans doute rouge et luisant. Je m'essuyai discrètement le front, mais mon état ne lui avait pas échappé.

— Il fait chaud là-dessous, fit-il remarquer.

J'opinai.

— Mais il serait déraisonnable de ne pas se couvrir.

— Oui, approuvai-je sans vraiment comprendre où il voulait en venir.

— Ne pas se protéger peut se révéler très dangereux.

Il s'adressait à moi de ce ton pontifiant que je connaissais bien.

— J'en suis parfaitement conscient.

J'aurais tant souhaité pouvoir lui répondre du tac au tac, avec malice et intelligence, une réplique qui lui aurait arraché un sourire. Hélas ! Je n'avais à lui offrir que des platitudes.

— Cette absence de contact… c'est la raison pour laquelle les abeilles ne m'ont jamais trop inspiré.

— Certes. Tout dépend néanmoins de l'assurance que l'on parvient à acquérir.

Il ignora ma remarque et reprit où il s'était interrompu :

— À moins d'être un Wildman, bien sûr.

Un sourire furtif passa sur ses lèvres.

— Wildman ?

Comme tant d'autres fois auparavant, il m'humiliait en soulignant mon ignorance.

— Ainsi donc, on n'a jamais entendu parler de Wildman ?

— Non… Je ne sais pas… Le nom me rappelle vaguement quelque chose.

— Un artiste de cirque, un charlatan, qui s'amusait à laisser les abeilles grimper sur lui, sans se protéger. Un drôle d'oiseau célèbre pour sa barbe d'abeilles.

Il passa sa main sur son visage pour illustrer son propos.

— Il en avait sur les joues, le menton, dans le cou. Il se produisit même devant le roi George III. Quand était-ce, déjà… En… 1772 ?

Il me regardait, comme si je détenais la réponse.

— Quoi qu'il en soit, ce Wildman portait bien son nom.

Il jouait bel et bien à la roulette russe. Il s'amusait à faire croire que les abeilles lui obéissaient au doigt et à l'œil, comme par magie, alors qu'en réalité il se contentait de provoquer un essaimage artificiel en les gavant de sirop et en prenant la reine. Or, les abeilles vont là où la reine va.

Il ne m'apprenait rien, quoi qu'en dît son petit ton doctoral.

— Son père s'adonnait au même jeu. Thomas Wildman. Sauf que ce dernier a fini par recouvrer la raison et devenir un apiculteur respectable, notamment aux yeux de nombreux nobles. Mais le fils, en revanche, n'a jamais cessé ses inanités. C'est à se demander ce qu'il souhaitait prouver.

— C'est à se demander, oui.

— Bien, bien, conclut Rahm en portant la main à son chapeau pour me saluer. Mais vous n'avez rien d'un Wildman, monsieur Savage. Nous le savons l'un comme l'autre. Ne le prenez pas mal, surtout.

Il chassa une abeille de la main et s'éloigna.

— Professeur Rahm.

Je fis quelques pas dans sa direction.

— Oui ?

Il se retourna.

— Si vous n'êtes pas pressé… je serais heureux de pouvoir vous montrer quelque chose.

Il m'écouta vanter les mérites de la ruche sans piper mot. Comme il avait passé le chapeau et le voile de Charlotte, il m'était impossible de voir ses yeux. Je parlais de plus en plus vite, débordé par l'enthousiasme : enfin, je présentais mon chef-d'œuvre. Et il y avait tant à dire, tant à raconter. Je lui montrai avec quelle facilité on pouvait désormais récolter le miel, enlever les rayons, nettoyer la ruche. Je lui expliquai d'où m'était venue l'idée, lui confiai que je m'étais inspiré de la ruche à feuillets de Huber, en précisant que mon modèle était toutefois infiniment plus simple d'utilisation et permettait de maintenir une température qui convenait mieux aux abeilles. Mais surtout, l'avantage de ma ruche par rapport à celle de Huber résidait dans la possibilité d'observation ; cet objet représentait un formidable outil pour la recherche.

Voilà, j'avais tout dit. J'étais essoufflé après ce flux de paroles ininterrompu.

J'attendais maintenant sa réaction, qui tardait à venir.

Tandis que le silence grandissait entre nous, je sentis l'angoisse monter en moi.

— Je serais très heureux de savoir ce que vous en pensez, finis-je par dire.

Il fit le tour de la ruche. L'étudia sous tous les angles. L'ouvrit. La ferma.

Je croisai mes mains moites derrière mon dos.

Puis le verdict tomba :

— Vous avez construit une ruche Dzierzon.

Je le dévisageai, sans comprendre. Il répéta en détachant ses mots :

— Vous avez construit une RUCHE DZIERZON.

— Je vous demande pardon ?

— Johann Dzierzon. Un prêtre et apiculteur polonais, actuellement installé en Prusse. C'est sa ruche que vous avez construite.

— Non. C'est la mienne… je veux dire… je n'ai même jamais entendu parler de ce… Tzi…

— Dzierzon.

Rahm tourna le dos à la ruche. S'en écarta de quelques pas, enleva le chapeau. Son visage était rouge. Était-il en colère ?

— Les premiers articles que j'ai lus à propos de cette ruche remontent à plus d'une dizaine d'années. Il en a publié un certain nombre dans le *Bienenzeitung*.

Il me toisa d'un regard inexpressif.

— Je sais bien que vous ne lisez pas cette revue et, comme

les articles sont restés cantonnés au milieu de la recherche, je comprends tout à fait que vous n'en ayez pas entendu parler.

Son ton était condescendant.

— Mais cette ruche que vous avez fabriquée est un formidable outil de travail, comme vous l'avez fort justement souligné. Il vous sera donc aisé d'étudier les abeilles in vivo. Qui sait ? Vos travaux se révéleront peut-être utiles…

Il souriait à présent, et je compris que la rougeur de son visage était le fruit de l'amusement et non de la colère. Une fois de plus il retenait un rire sans joie, car une fois de plus je l'avais déçu. Il me fixait, attendant une réponse. Je demeurai coi. Ce n'était pas possible. Avais-je fait tout ce travail pour rien ? Ma gorge se serra, tandis qu'il poursuivait :

— Je vous conseillerais de mieux vous renseigner avant de vous lancer dans votre prochain projet. De grands progrès ont été réalisés dans ce domaine ces dernières années. Dzierzon affirme par exemple que la reine et les ouvrières sont toutes le fruit de la fécondation, contrairement aux mâles qui se développeraient à partir d'un œuf non fécondé. Une théorie controversée, certes, mais très intéressante, et qui a fait couler beaucoup d'encre. Il semblerait aussi qu'il ait incité un jeune moine du nom de Gregor Mendel à se lancer dans des travaux de recherche sans précédent sur l'hérédité. Comme vous pouvez le constater, ce ne sont pas les sujets d'étude qui manquent.

Il me tendit le chapeau d'apiculteur.

— Mais je suis heureux de vous voir de nouveau sur pied. Et merci d'avoir pris la peine de me montrer votre petit passe-temps.

Je tenais toujours son chapeau : impossible, donc, de lui serrer la main. Je restai muet, par crainte que mon au revoir ne s'accompagnât d'un hoquet de désespoir.

Rahm m'adressa un salut militaire et s'en alla.

Me laissant seul, avec mon petit passe-temps.

George

Je traversai rapidement le pré, me dirigeai vers la rivière. L'estomac noué, je passai devant le chêne. Elles devaient bien être quelque part.

Je sortis mon portable pour vérifier que je n'avais pas d'appels en absence : peut-être que quelqu'un avait un essaim dans son jardin ? Mais je l'aurais entendu sonner, évidemment.

Car ce n'était pas une question d'essaimage. Bien sûr que non. Je le savais pertinemment. Aucune ruche ne ressemblait à ça après un essaimage. Aucun essaim n'abandonnait la vieille reine.

Je passai le champ et ses environs au peigne fin, plusieurs fois.

Rien.

Je ressortis mon portable. Il fallait que je reprenne la situation en main, et j'avais besoin d'aide.

Rick décrocha aussitôt. À entendre le fond sonore, il était au pub.

— Rick, à votre service ! s'exclama-t-il, hilare.

Les mots étaient bloqués dans ma gorge.

— Allô ? George ?

— Ouais. Salut. Désolé.

— Y a un problème ? Attends deux secondes.

Le calme se fit autour de lui.

— Rick… Je me demandais juste si tu ne pourrais pas venir. Dans le champ près de la rivière.

Sa joie disparut, il perçut que la situation était grave.

— Maintenant, tu veux dire ?

— Oui. Oui…

— George. Qu'est-ce qui se passe ?

Ma voix se brisa.

— Il y a... plein, plein de choses à remettre en place.

Emma pleurait. Au milieu du pré, sous un arbre, elle pleurait. Les feuilles projetaient des ombres sur son visage, jouaient sur ses joues luisantes. Peut-être s'était-elle réfugiée là pour se cacher, pour cacher qu'elle laissait libre cours à son chagrin, mais je la rejoignis. Je la pris dans mes bras et je la serrai fort, comme je le faisais à chaque fois que je la surprenais dans cet état. Elle se calma. À mon tour, je me calmai.

Nous étions entourés de ruches retournées, les couleurs acidulées juraient dans le soleil. On aurait dit des petites maisons démolies par un géant. Et ce géant, c'était moi. Je n'avais pas eu la force de les remettre en place. Je n'avais pas tout perdu. Certaines ruches, une minorité, étaient encore intactes ; à l'intérieur, les abeilles bourdonnantes travaillaient d'arrache-pied, comme si de rien n'était. Rick et Jimmy étaient venus tous les deux me prêter main-forte. Au loin, je voyais Rick aller et venir lentement. Pour une fois, il la bouclait. Ses mouvements avaient l'air indécis. Jimmy, lui, était déjà à l'œuvre. Il charriait des ruches vides. Les empilait.

— Comment est-ce possible ? sanglota Emma dans mon pull.

Je n'avais pas de réponse.

— Quelque chose a dû mal se passer.

Je la lâchai.

— Tu crois que c'est à cause de nous ?

— Mais non.

Ses pleurs s'apaisèrent.

— Mais… et leur nourriture ?

— Mais bon sang, m'exclamai-je, tu sais bien que ce n'est pas à cette époque de l'année qu'elles risquent de manquer de nourriture !

— C'est vrai, convint-elle.

Elle s'essuya les yeux. Les bras ballants, je ne savais plus quoi faire de mes mains.

— Il fait très chaud, avança-t-elle en regardant le pré au loin. La plupart d'entre elles passent la journée au soleil.

— C'est ce qu'elles font chaque été depuis des générations.

— C'est vrai. Pardon… Je n'arrive juste pas à croire qu'elles puissent disparaître comme ça. Sans raison.

Mes mâchoires se crispèrent. Je lui tournai le dos.

— Eh bien, que tu le croies ou non, ça ne changera rien au résultat.

Une abeille solitaire passa devant nous en bourdonnant.

— Pardon, murmura-t-elle. Allez, viens ici.

Elle tendit les bras vers moi. Douce et rassurante. Je la laissai m'étreindre. J'enfonçai mon visage dans son pull. J'aurais bien voulu pleurer, comme elle, mais mes yeux étaient secs. J'avais du mal à respirer. Je me sentais trop à l'étroit, son pull m'étouffait, la chaleur de sa peau aussi. Je m'écartai. Je me mis à empiler des cadres, mais je n'avais aucun endroit où les poser, je finis donc par les entasser par terre. Un rangement qui ne servait à rien.

Elle vint vers moi, me tendit de nouveau les bras.

— Mon chéri…

J'avais été trahi, comme Cupidon par sa mère. Mais je n'avais pas de mère auprès de laquelle aller me plaindre. Aucune mère à blâmer non plus, car je ne savais pas qui m'avait trahi…

Et je ne pouvais pas pleurer comme un gamin boursouflé après avoir été piqué.

Je refusai les bras grands ouverts d'Emma.

— Faut que je travaille.

Je pris plusieurs autres planches et les posai sur les précédentes, pour bâtir une tour branlante.

— D'accord.

Elle laissa retomber ses bras le long de son corps.

— Je vais voir ce que je peux vous faire à manger.

Elle m'abandonna à mon triste sort.

Le soleil du soir brillait de ses rayons écarlates. Mon corps me faisait mal, mais je continuai à faire l'inspection de mes ruches. À chaque fois, je me heurtai au même spectacle.

Nous étions arrivés au dernier endroit où se trouvaient encore des ruches à contrôler : la forêt derrière la ferme de McKenzie. Un petit bois au beau milieu des champs, qui d'ordinaire bruissait gaiement, entre les oiseaux, les mouches et les abeilles. Il y régnait à présent le silence le plus total.

Jimmy apparut avec trois pliants.

— Asseyons-nous, déclara-t-il.

Rick et moi le suivîmes d'un pas traînant. Rick n'avait pas dit un mot de l'après-midi ; je me surpris à regretter qu'il n'ait pas une histoire à nous raconter. À chaque fois que je le regardais, il détournait la tête, peut-être voulait-il cacher ses yeux brillants.

Jimmy sortit un thermos et un paquet de cookies. Ma chaise n'arrêtait pas de grincer : je trouvais ça déplacé. Jimmy but une gorgée de café en l'aspirant. Ce bruit aussi me dérangeait. Il appartenait au quotidien. J'éprouvai soudain l'envie de lui arracher sa tasse des mains et de lui balancer son café à la figure. Pauvre Jimmy… Ce n'était pourtant pas sa faute.

Ensemble, nous pouvions parler de plein de choses.

L'apiculture. L'agriculture, les outils, l'artisanat, les travaux de menuiserie. Le village aussi, ses ragots, ses habitants. Gareth, par exemple. On pouvait en causer pendant des heures ! Des femmes aussi, en tout cas Rick et moi. En règle générale, les conversations allaient bon train. Nous trouvions toujours un sujet de discussion, un sujet de plaisanterie. Jimmy et moi animions les échanges, comme deux joueurs de ping-pong, tandis que Rick était plus porté sur les longs monologues.

Mais aujourd'hui les mots nous manquaient. À chaque fois que j'essayais d'ouvrir la bouche, je bloquais. Jimmy se raclait sans cesse la gorge et Rick inspira profondément à plusieurs reprises tandis que son regard passait de l'un à l'autre, sans jamais franchir le pas.

Nous nous contentions donc de boire notre café et de manger des biscuits, en nous évertuant à ne pas bouger afin d'éviter de faire grincer nos fauteuils.

Nous restâmes ainsi, tandis que la nuit tombait, s'abattait sur nous, nous enveloppait. Nous pénétrait jusqu'à la moelle.

TAO

Aucune rue n'étant indiquée, la carte ne me servait à rien. Et personne à qui demander mon chemin. Mais j'étais sûre de me trouver là où je n'aurais pas dû être, dans ces zones interdites dont me parlait la réceptionniste le matin même. Celles où il ne restait plus que les personnes abandonnées, les clandestins.

Je tournai au coin d'une rue. Le quartier désert et silencieux était envahi par la nuit. Les ombres s'allongeaient. En périphérie de mon champ de vision, quelque chose bougea. Je fis volte-face. Une porte donnant sur une arrière-cour était grande ouverte. Y avait-il quelqu'un à l'intérieur ?

J'y pénétrai. Jusqu'alors, la peur m'avait épargnée, car je ne pensais qu'à une chose : quitter cet endroit. Soudain, je sentis tous mes muscles se contracter. Devais-je faire demi-tour ?

Mais la tentation était trop forte. J'avançai lentement. Ce n'était sans doute rien, sans doute juste mon imagination. Ou un animal. Un chat, un rat. Une bête qui essayait désespérément de survivre dans ce trou paumé et dépourvu de nourriture, à l'exception de quelques plantes rachitiques qui poussaient dans les fissures de l'asphalte.

Je levai la tête. Au loin, j'entraperçus un panneau bleu

et blanc qui clignotait, victime d'un faux contact : le métro était au bout de la rue.

Je trottinais à présent. La station n'était sans doute pas ouverte, mais j'y trouverais probablement un plan. Et peut-être même pourrais-je suivre les rails jusqu'aux zones habitées, puisque dans cette partie de la ville le métro était en surface.

Je ne courais pas encore assez vite. Dans mon dos, quelqu'un surgit et fonça sur moi. J'eus juste le temps d'entrevoir un long corps dégingandé. Un bref sifflement fendit l'air. Aussitôt, deux autres personnes apparurent, sans que j'aie la moindre idée de l'endroit où elles pouvaient se cacher jusque-là ; elles venaient toutes deux d'une direction différente. Une vingtaine de mètres nous séparaient, mais elles étaient véloces. Elles me couraient après et se rapprochaient rapidement. Une grande fille maigre et deux garçons. Ni des enfants ni des adultes. La peau lisse et des yeux de vieillard. Faméliques. Mais ma présence en ces lieux semblait leur donner une force nouvelle.

Je savais ce qu'ils voulaient. Ils étaient prêts à tout pour apaiser leur faim, aussi désespérés que les vieillards de l'hôpital. À ceci près qu'eux avaient l'énergie et la condition physique pour parvenir à leurs fins. De nouveau je pris mes jambes à mon cou. Pour sauver ma peau, cette fois.

Et ils me rattrapaient, je les entendais. Leurs six pieds qui martelaient le sol à un rythme irrégulier. Le bruit devenait de plus en plus fort.

Devant moi, le panneau bleu s'agrandissait. Si je parvenais jusque-là, si je parvenais à entrer dans la station, si un métro arrivait…

Mais je compris que c'était illusoire. Aucun métro n'arriverait dans un endroit pareil. Il n'y avait que moi ici. Et eux. Trois jeunes totalement affamés, qui n'attendaient rien de la vie, mais qui étaient encore habités par l'instinct de conservation inhérent à l'espèce. Eux aussi faisaient partie de notre monde.

Ils n'étaient plus qu'à quelques mètres. Je les entendais respirer. Ils m'auraient bientôt rejointe. Ils m'agripperaient, me plaqueraient à terre.

Je n'avais pas le choix.

Brusquement, je me retournai. Sans un mot, je levai les mains au-dessus de ma tête en signe de reddition.

Les trois individus s'immobilisèrent. Un trait de surprise passa sur leur visage, qui laissa place à un éclair de sauvagerie. Je me concentrai sur la fille. Pourquoi elle ? Peut-être parce que c'était une femme, comme moi. Peut-être pensais-je qu'elle allait être la plus facile à convaincre de mon humanité. Je la fixai et l'obligeai à soutenir mon regard. Deux battements de paupières m'indiquèrent que je l'avais prise au dépourvu. Elle m'observa, puis jeta un coup d'œil aux deux autres. J'osai les regarder à mon tour. J'allais de l'un à l'autre, en m'attardant un moment sur chacun : je voulais qu'ils me voient, qu'ils me voient vraiment, qu'ils redeviennent des êtres pensants. Qu'ils voient en moi autre chose qu'un dos en fuite, une proie. Qu'ils voient en moi un semblable.

— Vous êtes seuls, ici ? murmurai-je.

Aucun d'entre eux ne me répondit.

Je m'avançai d'un pas.

— Vous avez besoin d'aide ?

La fille laissa échapper un petit bruit, un gémissement, un « oui ». Puis elle s'empressa de lorgner l'un des garçons, le plus grand. Leur chef peut-être.

Je tentai ma chance et me tournai vers lui.

— Je peux vous aider. Nous pouvons partir d'ici. Ensemble.

Un sourire en coin se dessina sur ses lèvres.

— Vous avez peur.

Sa voix était plus aiguë que je ne l'aurais imaginé.

Je hochai lentement la tête, sans le quitter des yeux.
— Oui.
— Dans ces moments-là, on dit n'importe quoi, répliqua-t-il.
Je m'abstins de répondre.
— Le métro fonctionne ? demandai-je à la place.
— D'après vous ?
— Avez-vous essayé d'aller dans un autre quartier ?
Il rit. Un rire dur.
— On a pratiquement tout essayé.
J'esquissai un pas vers lui.
— Là où j'habite, il y a de la nourriture. Je peux vous en acheter.
— Quel genre de nourriture ?
— Quel genre ?
J'hésitai.
— Les choses habituelles. Du riz.
— Et vous voulez qu'on quitte notre maison pour une misérable portion de riz ?
J'inspectai la rue derrière lui. Déserte. Poussiéreuse. Rien ne ressemblait de près ou de loin à une maison.
Il adressa un signe de tête au second garçon et à la fille. Ils s'avancèrent vers moi. Se préparaient-ils à m'attaquer ?
— Non, attendez !
Je plongeai la main dans mon sac.
— J'ai de l'argent !
Je fouillai. Du papier crissa sous mes doigts.
— Et de la nourriture. Des biscuits.
Je sortis le paquet et le leur tendis.
En moins de temps qu'il ne faut pour le dire, la fille fut sur moi et s'empara des gâteaux d'un geste vif. Je reculai d'un bond.
— Eh !
Le garçon le plus grand se précipita sur elle. La fille serra le poing, j'entendis les biscuits s'écraser dans leur emballage.

Elle allait se sauver, quand le garçon se jeta sur elle. Il la força à lâcher prise et récupéra les biscuits. Elle ne protesta pas, mais elle avait les larmes aux yeux.

— On doit partager, dit le garçon. Il le faut.

Occupés à régler leurs différends, ils ne me prêtaient plus attention.

Devais-je en profiter pour essayer de m'échapper ? Ne valait-il pas mieux leur donner tout ce que je possédais, me montrer généreuse ? Ils me rattraperaient. Je n'avais pas le choix.

Je plongeai une nouvelle fois la main dans mon sac. Hésitai, mais il le fallait.

— Tenez. L'argent.

N'osant m'approcher d'eux, je posai les quelques vieux billets par terre. Mes derniers. Il ne restait plus que de la petite monnaie dans la boîte en fer-blanc à l'hôtel.

Le garçon les contempla fixement.

Je reculai d'un pas. Des sanglots dans la gorge.

— Voilà, je vous ai donné tout ce que j'avais.

Il regardait toujours l'argent.

— Et maintenant je m'en vais.

Je reculai encore d'un pas. Puis je leur tournai le dos.

Calmement, je partis en direction du métro.

Un pas.

Deux. Trois.

Mes jambes voulaient courir, mais je m'efforçai de marcher lentement. Il ne fallait pas que je redevienne une proie. Je les entendis derrière moi. Le bruissement d'un blouson, un discret raclement de gorge. Le silence amplifiait le moindre petit bruit. Mais aucun pas sur l'asphalte ne retentit.

Sept. Huit. Neuf. Dix.

Le silence régnait toujours.

Onze. Douze. Treize.

Enfin, j'osai accélérer l'allure. Je me rapprochai de la station, fermée par une chaîne et un cadenas. Alors seulement, je lançai un coup d'œil par-dessus mon épaule.

Ils n'avaient pas bougé, ils se tenaient toujours au même endroit, me suivant de leur regard inexpressif, sans faire le moindre mouvement.

Je me dirigeai vers le coin de la rue, tournai à l'angle. Ils disparurent de mon champ de vision. Une autre rue déserte s'étendait devant moi. J'avais les rails du métro à ma droite, une rangée de maisons mortes à ma gauche. Il n'y avait pas un chat.

Je me mis à courir.

William

Les ouvrages de Dzierzon arrivèrent par la poste dix jours plus tard. Je les emportai dans la chambre conjugale, dont j'étais désormais le seul occupant. Thilda ne partageait plus ma couche même depuis que j'étais guéri – peut-être souhaitait-elle que je l'implorasse... Cela ne risquait pas de se produire.

Le lit me tendait les bras, large, douillet, rassurant. Il eût été si simple de se blottir sous les couvertures en attendant la nuit ! Mais je résistai à la tentation et pris place à mon bureau, le paquet sur les genoux. Au fond du jardin, Charlotte vêtue de blanc observait la ruche. Elle pouvait passer des heures et des heures ainsi, assise à une petite table, une plume, un encrier et son carnet sous le coude, griffonnant sans discontinuer. Elle me ressemblait, même s'il faut reconnaître que j'avais délaissé l'étude depuis ma dernière conversation avec Rahm. J'avais décidé d'ignorer la ruche, même si je n'avais qu'une envie : sauter dessus, la détruire, la fracasser, faire fuser des éclats de bois dans tous les sens. Seule la pensée de ces milliers d'abeilles furieuses et privées de domicile vibrionnant autour de moi m'en avait dissuadé.

Je décachetai le paquet puis, un dictionnaire allemand à mes côtés, je commençai ma lecture. Jusqu'au bout, j'avais espéré que Rahm se trompait, qu'il avait mal compris, que Dzierzon était loin d'avoir conçu une ruche aussi sophistiquée que la mienne. Malheureusement, même si mon allemand médiocre ne me permettait de comprendre que partiellement le texte, il fallait me rendre à l'évidence : nos ruches étaient identiques. Certes, l'emplacement des portes différait et son toit était moins incliné que le mien, mais le principe restait le même, tout comme son emploi. Par ailleurs, son travail ne s'arrêtait pas là : une grande partie de ses travaux découlait de son observation très poussée des abeilles. Sa remarquable méthodologie témoignait d'une patience infinie, tout était soigneusement documenté et l'argumentation, exemplaire. Ce Dzierzon avait l'étoffe d'un grand chercheur.

Je posai les ouvrages et reportai mon attention sur le jardin. Charlotte était en train de remettre le couvercle sur la ruche. Souriante, elle s'achemina vers la maison.

J'ouvris la porte, guettant ses pas au rez-de-chaussée. En me penchant par-dessus la rampe, je la vis sortir son carnet et l'ouvrir, pensive, sur le guéridon dans l'entrée. Le nez en l'air, elle paraissait en proie à de fructueuses réflexions. Je descendis l'escalier. Lorsqu'elle m'aperçut, son visage s'illumina.

— Père, comme vous tombez bien ! Regardez ça.

Elle me tendit son carnet.

Je choisis de l'ignorer et me dirigeai vers le portemanteau. Je pris mon chapeau et ma veste, m'habillai rapidement.

— Père ?

— Pas maintenant, lui répondis-je.

Cette ardeur, cette passion dans ses yeux… Rester dans la même pièce m'était insupportable. Je me hâtai vers la porte.

— Je ne vous retiendrai pas longtemps, je vous le promets. Mais venez voir ce que j'ai découvert.

— Plus tard.

Elle n'insista pas. Je doutais qu'elle eût découvert quoi

que ce fût de révolutionnaire et je n'avais pas la force de le lui expliquer, de la décevoir en lui annonçant que des milliers de personnes avant elle s'étaient déjà livrées aux mêmes réflexions après avoir observé une ruche. J'ouvris la porte lentement, en laissant échapper un soupir. Dans ma main, je pressais la clé du magasin, de ma modeste boutique de semences à la campagne. C'était là qu'était ma place.

Le palais recouvert d'une pellicule de graisse, je m'attaquais à ma seconde tourte de Swammer de la journée. Comment résister aux effluves qui envahissaient mon échoppe en se faufilant sous la porte ? D'autant que le boulanger, me jugeant sans doute trop maigre, me faisait un prix d'ami : à ce rythme-là, j'allais bientôt retrouver mes rondeurs d'antan...

Le vent glacial qui balayait les rues n'encourageait pas les gens à flâner, et l'effet de nouveauté était définitivement retombé. Ainsi, personne n'avait encore franchi le seuil de la boutique. Par ailleurs, la période des grosses commandes de semences était derrière nous : seuls les intéressaient, désormais, les aromates et les graines de plantes qui poussaient rapidement, comme la salade ou les radis.

J'allai guetter le chaland sur le pas de la porte. La diligence de l'après-midi en provenance de la capitale venait de faire son entrée dans le village. Un flot de personnes en descendit, mais aucune ne vint dans ma direction.

Je saluai de la tête le sellier qui graissait une selle sur le trottoir, je souris poliment au charron qui sortait une roue de son atelier, tirai mon chapeau en direction d'Alberta, nouvellement employée à l'épicerie, qui portait un rouleau de tissu en se dandinant.

— Monsieur Savage, fit-elle en m'apercevant. Il faut absolument que je vous fasse goûter quelque chose !

Elle s'engouffra dans la boutique et en ressortit peu après avec un balluchon.

Elle se posta devant moi. Son odeur m'assaillit et me mit mal à l'aise.

— De quoi s'agit-il ? J'ai à faire.

— J'ai appris que vous aviez des abeilles.

Son sourire dévoila une dentition irrégulière derrière des lèvres un peu trop humides.

Le souvenir du monstre marin de Swammerdam resurgit, mais je chassai cette pensée.

— Mon père aussi. Il a cinq ruches. Regardez.

Elle leva le balluchon.

— Je vais vous faire goûter, c'est le meilleur que je connaisse.

Sans attendre que je l'y invitasse, elle pénétra dans le magasin et ouvrit son paquet sur le comptoir : une miche de pain et un petit pot de miel. J'avais tout le loisir d'observer sa peau impure, ornée de deux gros boutons sur le menton. Quel âge pouvait-elle avoir, maintenant ? Près de trente ans ?

Elle me tendit une tartine. Le miel ne brillait pas, il était opaque, épais, il dégoulinait.

— Goûtez donc !

L'odeur du miel, son odeur à elle et les effluves que dégageait la tourte à moitié entamée me soulevaient le cœur. J'étais néanmoins trop bien élevé pour refuser.

— Fameux.

Je mâchais en m'évertuant à ne pas penser au couvain et aux larves contenus dans ce miel récolté par pressage.

Elle dégustait sa tartine en me fixant dans les yeux. Pour finir, elle se lécha avec ostentation les doigts, dans un geste tellement explicite qu'il en était ridicule.

— Quel délice. Mais bon, ce n'est pas le tout, il va falloir retourner travailler.

Elle quitta le magasin en roulant des hanches, et je restai à la regarder, comme hypnotisé.

Quand elle fut partie, j'aperçus une goutte de miel sur le comptoir. Je l'essuyai aussitôt en tentant de chasser le souvenir de la substance sirupeuse dans ma bouche, les lèvres humides d'Alberta, ses boutons d'acné, l'ondoiement presque obscène de son fessier. Ses hanches entre lesquelles je pourrais m'enfoncer, comme dans de la terre. Non, je n'allais pas céder à la tentation, même s'il me fallait pour cela déployer toute mon énergie. Je me laissai tomber sur une chaise et passai de longues minutes à dompter ma fébrilité.

Un rayon de soleil révéla des grains de poussière dans l'air, flottant en apesanteur. Je soufflai dessus, ils rebondirent, puis se stabilisèrent étonnamment vite.

Je soufflai de nouveau, plus fort. À nouveau, ils ricochèrent, avant de retrouver leur état informe. Ils étaient si légers qu'ils ne pouvaient pas s'agréger les uns aux autres.

J'essayai de me concentrer sur un seul grain à la fois. En vain : ils étaient bien trop nombreux.

Je reportai alors mon attention sur l'ensemble, mais ils ne constituaient pas à proprement parler un tout, ils n'étaient que des quantités infinies de grains de poussière incontrôlables.

À quoi bon ? Même eux, je n'étais pas capable de les maîtriser. Je restai à les contempler, défait. Comme un gamin impuissant, une fois de plus.

J'avais dix ans. Des rais de soleil transperçaient le feuillage de la forêt, teintant le paysage autour de moi d'un éclat doré. J'étais assis par terre. Je sentais la terre chaude et humide à travers mon pantalon. Immobile, j'examinais une fourmilière, ou plutôt ce qui au premier coup d'œil s'apparentait à un véritable chaos. Prises individuellement, ces minuscules créatures semblaient insignifiantes ; comment avaient-elles pu ériger une motte presque plus grande que moi ? En les observant, je compris. Je pouvais rester des heures à les regarder. Leurs déplacements suivaient un schéma clair. Elles apportaient une charge, la déposaient, et repartaient en chercher une autre. Elles effectuaient leur tâche avec minutie, dans le calme, de façon systématique, instinctive, atavique. Ce travail était l'œuvre d'une société, la fourmilière était devenue une créature vivante.

Cette découverte m'exalta. Chaque jour, je tentais de convaincre mon père de m'accompagner dans la forêt dorée. Je souhaitais tant qu'il vît ce qu'elles avaient réussi à faire, ce dont étaient capables d'aussi petites créatures en unissant leurs forces. Malheureusement, je ne m'attirais que des remarques ironiques. *Une fourmilière ? Mais laisse-les tranquilles, ces pauvres bêtes. Rends-toi utile, plutôt, fais un effort, montre-nous ce que tu as dans le ventre.*

Et ce jour-là, comme tous les autres, je m'étais retrouvé seul sous les arbres, à observer la fourmilière.

Soudain, je perçus un changement. Un coléoptère avait escaladé une des façades du monticule. Comparativement à celles des fourmis, ses proportions étaient cyclopéennes. L'un des rayons de soleil qui filtraient à travers les feuillages vint se poser sur le dos de l'insecte immobile. Un vide s'était créé autour de lui, les fourmis l'évitaient, elles le laissaient tranquille, tout en continuant inlassablement la tâche qui leur était assignée. La vie de la colonie suivait son cours.

Puis l'une d'entre elles rompit la chaîne en se dirigeant vers le coléoptère.

Elle transportait quelque chose.

Je plissai les yeux. Qu'était-ce ?

Des larves.

Elles étaient maintenant plusieurs à se désolidariser du

groupe, et toutes apportaient des larves. Leurs propres enfants.

J'approchai ma tête pour mieux voir. Les fourmis les déposaient devant le coléoptère. Pendant un instant, celui-ci resta figé, puis il se frotta les pattes avant, et entreprit de les manger.

Ses mandibules s'activaient avec énergie. Les larves disparaissaient dans sa gueule, l'une après l'autre. Et, formant une longue file, les fourmis attendaient de donner leurs petits. J'aurais voulu détourner les yeux, mais mon regard était comme aimanté.

Une nouvelle larve, et hop ! dans la gueule. Les fourmis avaient rompu avec le schéma habituel, elles s'étaient affranchies de la société pour commettre cet acte abominable.

Elles rampaient maintenant sur moi, sous mes vêtements. Mes joues me brûlaient, puis le brasier se généralisa, le sang affluait dans chaque partie de mon corps. Je ne voulais pas regarder, ce spectacle me répugnait, et pourtant je ne pouvais pas m'en empêcher. À ma grande surprise, je perçus une turgescence dans mon pantalon. Cette sensation, nouvelle pour moi, éclipsait tout le reste. Je serrai mes cuisses l'une contre l'autre autour de mon organe durci. Une nouvelle larve fut broyée dans la gueule du coléoptère. Ses yeux écartés luisaient, ses antennes remuaient. Tandis que la nausée s'emparait de moi à la vue de ces larves englouties par le gros insecte, je m'allongeai à plat ventre sur le sol, contre la terre, en me disant que j'allais salir mon pantalon, mais c'était plus fort que moi. Je n'avais jamais assisté à rien de tel. La répulsion et le désir montaient en moi.

Alors que je m'enfonçais dans la terre avec des mouvements saccadés, j'entendis des pas dans mon dos. Mon père était finalement venu. Il s'arrêta et observa la scène. Ce n'était pas celle que je tenais tant à lui montrer. Cet instant… Moi, par terre, l'étonnement de mon père, puis son rire, bref et froid, sans joie, mais chargé de dégoût, de mépris.

Regarde-toi. Tu es pitoyable. Indigne. Primitif.

C'était pire que tout, pire même que la ceinture dont j'allais tâter à la nuit tombée. Je voulais juste lui montrer mon enthousiasme, et ce qu'il vit, ce fut ma honte.

George

Je fis un tour au centre-ville. Même si « centre-ville » était un bien grand mot, dans la mesure où Autumn se résumait à un simple carrefour. Une route nationale venant du nord en croisait une autre venant de l'est, avec quelques maisons tout autour. J'avais peu d'essence, mais je me refusais à faire le plein. Jamais plus de la moitié du réservoir, c'était une règle que je m'étais fixée depuis peu. Et je roulais jusqu'à ce que ce réservoir à moitié plein soit vide. Comme si ça coûtait moins cher de remplir à moitié un réservoir vide que de faire le plein d'un réservoir à moitié vide.

Les disparitions portaient un nom, désormais. Colony Collapse Disorder. Le syndrome d'effondrement des colonies d'abeilles. Il était sur toutes les lèvres, mais pas sur les miennes. Je me contentais de le retourner dans ma bouche et dans ma tête. Il y avait une sorte d'effet rythmique : C, O, L et S. Une allitération. Colony Collapse Disorder. Dilony Collapse Collorder, Cilono Dollips Cylarder. L'ensemble avait une consonance médicale et aurait semblé plus à sa place dans une pièce remplie de blouses blanches et d'appareils de surveillance que dans mon pré, avec mes abeilles. Quoi qu'il en soit, je n'employais jamais ces mots. Ce n'étaient pas les miens. Je parlais plutôt des *Disparitions* ou du *Problème*, ou, quand j'enrageais – ce qui était souvent le cas –, de *cette saloperie*. Je trouvai une place devant la banque. Il fallait absolument que je m'y rende, j'avais déjà trop repoussé ce moment. Chaque jour qui s'écoulait, je perdais de l'argent, chaque jour qui s'écoulait sans ruche plantée au milieu des fleurs.

Encore une fois, je loupai mon créneau. Dus sortir, re-rentrer…

Une dame passa devant moi en me dévisageant. Je me sentis soudain dans la peau d'un adolescent ayant obtenu son permis le matin même.

Je retentai le coup, en vain.

Eh merde !

La place était trop petite. Je fus contraint d'aller dans le parking plus loin. Pendant que je me garais, j'aperçus dans le rétroviseur une énorme Chevrolet. Celle-ci se glissa dans la place bien trop étroite en une seule manœuvre.

En ouvrant la porte de la banque, je me heurtai à un mur : celui de l'air climatisé. Décidé à ne rien laisser paraître de l'humiliation du créneau raté, j'enfonçai mes mains dans mes poches et je me dirigeai vers le guichet avec assurance.

Comme d'habitude, Allison pianotait sur son ordinateur. Elle avait l'intelligence de s'habiller comme une vraie femme, avec un chemisier fleuri fraîchement repassé qui mettait en valeur sa jeune peau constellée de taches de rousseur et ses yeux verts. Elle avait l'air propre, elle sentait bon. Elle leva la tête et me sourit, dévoilant une dentition digne d'une pub pour dentifrice.

— George. Comment vas-tu ?

Allison réussissait toujours à me donner l'impression que j'étais son client préféré. Elle faisait bien son boulot, en somme.

Je m'installai face à son bureau.

— Ça faisait longtemps.

Ses dents scintillèrent.

— Oui, ça fait un bail.

— Tout va bien chez vous ?

— Pas aussi bien qu'on pourrait l'espérer.

— Ah oui. Désolée. On m'a dit.

La rangée de perles étincelantes disparut brusquement derrière ses jeunes lèvres pulpeuses.

— Mais j'espère que tu vas pouvoir nous aider à nous sortir de là, ajoutai-je en souriant.

— Je vais évidemment faire de mon mieux.

— Alors que demander de plus ? lançai-je dans un rire.

Et voilà que j'essayais de me rendre intéressant.

— OK, fit-elle avant de se tourner vers son écran. Voyons voir.

Elle examina mon compte, en silence. On ne pouvait pas dire qu'elle frôlait l'extase.

— Qu'est-ce que tu avais en tête ? demanda-t-elle.

— Eh bien. Je ne vois pas d'autre solution que de prendre un prêt.

— De combien ?

Je lui annonçai le montant.

Les taches de rousseur bondirent sur son nez. Sa réponse fusa :

— Ce ne sera pas possible, George.

— Tu ne peux pas au moins étudier le dossier ?

— Non. Je peux d'ores et déjà t'assurer que ça sera refusé.

— Et si tu en parles à Martin ?

Martin était son chef – un type qui fuyait les conflits, pas le genre à se battre dans les bars, pour le dire autrement. Il passait le plus clair de son temps dans son bureau et n'en sortait que lorsque de grosses sommes réclamaient sa signature. À chaque fois que je l'apercevais, son crâne était un peu plus dégarni. Je jetai un coup d'œil en direction de son bureau vitré : sa calvitie luisait dans la lumière du plafonnier.

— Ce n'est pas la peine. Crois-moi, insista-t-elle.

Une boule se forma dans ma gorge. Devais-je me mettre à genoux ? C'était ça qu'elle voulait ? Elle avait près de vingt ans de moins que moi. Quand elle était gamine, Emma la gardait. Qui eût cru que cette fillette fragile comme une petite fée deviendrait un tel dragon en grandissant ?

— Sincèrement, Allison.

— Mais, George, il te faut vraiment autant ?

Je ne parvins pas à croiser son regard.

— L'activité est au point mort, dis-je en m'adressant au sol.

— Mais…

Elle se tut un instant, réfléchit.

— Est-ce qu'on ne peut pas essayer de voir comment la redémarrer sans que tu aies besoin d'investir autant ?

J'avais envie de rugir, mais je gardai le silence. Cette gamine ne connaissait rien de rien à l'apiculture !

— À ton avis, qu'est-ce qui pèse le plus lourd dans ton budget ?

— La main-d'œuvre, évidemment. Tu sais bien que je paye deux hommes, non ?

— Oui, oui.

— Et puis, il y a les dépenses courantes. L'alimentation, l'essence, ce genre de choses.

— Mais maintenant ? Dans les investissements que tu *dois* faire ?

— Neuf ruches. Nous avons dû en brûler beaucoup.

Elle mâchouillait un stylo à bille.

— OK. Et combien ça coûte, une ruche ?

— Les matériaux. Difficile à dire. Il faut les construire.

— Les construire ?

— Oui. Je construis mes ruches de A à Z. Toutes. Sauf la grille à reine.

— La grille à reine ?

— Oui. C'est ce qu'il y a entre… Laisse tomber.

Elle sortit le stylo de sa bouche. Encore un peu et elle l'aurait broyé, faisant gicler l'encre sur ses dents blanches. Ç'aurait été quelque chose. De l'encre bleue sur ses dents blanches, son chemisier bien repassé, ses lèvres pulpeuses, comme un maquillage de Halloween.

— Mais…

Elle réfléchit.

— ... Mais j'ai vu des ruches être livrées à domicile chez Gareth, Gareth Green. Je veux dire, je les ai vues arriver, sur un camion. Prêtes à l'emploi.

— C'est parce que Gareth les commande, répondis-je en articulant chaque mot, comme si je m'adressais à un enfant.

— Ça coûte plus cher que de les faire soi-même ?

La boule remontait le long de ma gorge. Bientôt, elle exploserait en plein jour.

— Je voulais juste dire, poursuivit-elle en dévoilant de nouveau ses dents blanches, comme si c'était du plus haut comique, que tu pourrais peut-être économiser un peu d'argent en les achetant toutes faites. Et du temps. Et comme le temps, c'est de l'argent… Bref, ne plus les construire toi-même.

— J'avais compris, murmurai-je. J'avais compris que c'était ce que tu voulais dire.

William

Quand je réussis enfin à m'extraire de ma torpeur, il faisait noir. À l'exception des braillements en provenance de l'auberge un peu plus bas, la rue était silencieuse. Un lieu triste que cet endroit où les ivrognes du village se réunissaient soir après soir pour se ruiner dans la boisson. Certains d'entre eux passèrent devant ma porte en courant, des ombres apparurent derrière la fenêtre, accompagnées de chants et de rires vulgaires qui peu à peu se fondirent dans la nuit.

J'avais froid. La pièce avait eu le temps de se rafraîchir tandis que, pris de court par le sommeil, je reposais menton sur la poitrine, le plastron imprégné de bave.

Et si quelqu'un m'avait découvert ainsi, dormant en pleine journée ? Il n'en fallait pas plus pour que le village se remît à jaser. Je n'avais plus qu'à espérer que l'après-midi avait été aussi calme que la matinée.

Mon ventre criait famine. Il restait un dernier morceau de tourte. La graisse s'était figée et formait comme un liseré desséché, froid, semblable à un ver de terre. Je l'engloutis en me promettant de ne plus jamais me laisser tenter par ces tourtes de Swammer ni par aucun autre gâteau, puis quittai la boutique et rentrai chez moi.

Le brouhaha augmentait à mesure que j'approchais de l'auberge.

Les fenêtres dessinaient des petits carrés jaunes dans l'obscurité. Pour la première fois de ma vie, leur couleur chaude m'attira. Rien qu'un gobelet de vin bon marché. Ça ne pouvait pas faire de mal. Je m'arrêtai, hésitai. Que risquais-je à être considéré comme l'un des leurs ?

La scène qui se jouait aux abords de l'auberge était la même que tous les soirs : deux travailleurs de force se disputaient bruyamment, l'un bousculant le second, le poussant, augure d'une bagarre prochaine, tandis qu'un type replet râlait tout seul en s'éloignant dans la rue et qu'un grand dadais sortait en titubant de la bâtisse et se précipitait au coin du bâtiment pour vomir à l'abri des regards.

Non. J'allais rentrer chez moi. Je n'étais tout de même pas tombé aussi bas.

D'autres silhouettes postées devant l'auberge frappèrent mon attention. Parmi elles s'éleva le cri perçant d'une fille. « Arrête ! Non, mais t'as fini ! » Un non qui disait oui, suivi d'un rire de gorge.

À ce moment-là seulement, je reconnus la voix : celle d'Alberta. Je n'avais même pas besoin de la voir pour imaginer sa volumineuse poitrine débordant de son décolleté, pour sentir son odeur pénétrante.

Quelqu'un l'étreignait et enfouissait ses mains entre les courbes de son corps, en bredouillant dans son cou, sous l'effet de l'alcool, des paroles incohérentes, tout à son désir, son ivresse, sa concupiscence, il s'enfonçait dans ce fruit tombé de l'arbre, ce fruit en train de pourrir, qui bientôt grossirait neuf mois durant jusqu'à en devenir méconnaissable. À en juger par son allure dégingandée et sa voix à peine muée, le garçon ne devait pas avoir plus de seize ans. Que n'était-il chez lui, à lire ou étudier, à faire la fierté de ses parents ? Une porte s'ouvrit, révélant à la lumière l'identité de cette jeune personne, une jeune personne qui avait commencé bien trop tôt à se corrompre, une jeune personne qui, pensant répondre aux exigences de la passion, était en train de mettre son avenir en péril. Une jeune personne qui ne savait pas qu'en ce moment même son père, celui-là même qui croyait avoir déjà touché le fond, sentait le sol se dérober sous ses pieds.

Edmund.

Tao

Les poumons en feu d'avoir couru des kilomètres et un goût de sang dans la bouche, je continuai à longer les rails du métro. Passai plusieurs stations, sans jamais croiser personne, sans détecter le moindre signe de vie. Chaque nouvelle station éveillait en moi un espoir. Mais à chaque fois que je tentais d'ouvrir la porte, d'accéder au quai, c'était la même déception. Je me trouvais en plein no man's land.

À bout de forces, je finis par m'affaler au pied d'un mur. Une bâtisse délabrée se dressait en face de moi, complètement saccagée – peut-être le dernier acte commis par ses occupants avant de partir, comme s'ils voulaient faire table rase du passé. Pourtant le passé était encore là, résistant au temps. De vieilles affiches publicitaires, un vélo démembré, des rideaux derrière une vitre cassée, les noms sur les sonnettes. Où étaient-ils, à présent, tous ces gens qui avaient vécu ici ?

Je m'aperçus d'un détail troublant : les poubelles étaient vides, alignées le long du trottoir. Sans doute les éboueurs avaient-ils fait leur tournée juste après l'exode, afin d'éviter les rats. Ou bien espéraient-ils faire main basse sur les derniers restes de nourriture. Un petit coup de brosse et le tour était joué : ils pouvaient être utilisés pour nourrir les animaux. Ou, éventuellement, les humains, en les mélangeant, mine de rien, à des farces ou des conserves – assaisonnés de ces arômes artificiels et autres produits qui rendaient notre nourriture mangeable.

Ma bouche se remplit de salive. J'avais gardé le paquet de biscuits pour le retour. Maintenant, je n'avais plus rien.

Je tentai de me relever une première fois, mais mes jambes me lâchèrent. Au prix de nombreux efforts, je parvins à me mettre debout et à me diriger vers la porte la plus proche. Elle s'ouvrit sur une arrière-cour dans un bruit fracassant. Je la traversai et débouchai sur une étroite cage d'escalier après avoir hésité entre deux portes.

Le jour baissait à l'extérieur, et la seule lumière qui me parvenait était filtrée par de petites lucarnes.

Je montai en claudiquant jusqu'au premier étage. Là encore, j'avais le choix entre deux portes. La première refusa de s'ouvrir. À ma grande surprise, la seconde céda. Je m'immobilisai un instant sur le seuil. L'odeur de l'appartement se répandit sur le palier, m'assaillit. C'était une odeur banale, ni plus ni moins que l'odeur d'une maison comme il en existe pour chacune. L'odeur de ses habitants. De la nourriture qu'ils ingèrent, des vêtements qu'ils lavent, des chaussures qu'ils portent, de la sueur qu'ils sécrètent, de l'air qu'ils expirent en dormant la nuit, des draps qui auraient dû être changés plus souvent, d'une poêle sale abandonnée dans l'évier jusqu'au lendemain. Cependant, l'odeur avait ceci de particulier qu'elle n'était plus composée que de l'ombre de toutes ces émanations, presque entièrement masquée par la puissante odeur de renfermé.

Je me hasardai à l'intérieur. Comme le nôtre, l'appartement ne comptait que deux pièces. Peut-être avait-il lui aussi abrité une famille de trois personnes. Une chambre donnant sur l'arrière-cour, une cuisine ouverte sur le séjour côté rue.

Je refermai à clé derrière moi et étudiai les lieux. Les plus gros meubles étaient restés après le départ de leurs propriétaires. Un imposant canapé d'angle au tissu gris élimé trônait dans la pièce, occupant près de la moitié de l'espace. En face, une vieille commode laquée de noir contre le mur.

Je fouillai rapidement les placards de la cuisine. J'avais beau savoir qu'ils étaient vides, c'était plus fort que moi. En effet, je ne trouvai qu'une grosse marmite fatiguée, rangée sur une étagère.

Même constat avec la commode, exception faite de quelques vieux câbles et d'un téléphone au cadran fêlé.

Je passai à la chambre à coucher. Les placards y étaient grands ouverts, comme si on n'avait pas eu le temps de les refermer en partant. Il y avait quelques clous aux murs et la trace des cadres qui y étaient autrefois accrochés.

Un lit double étroit était plaqué contre un mur, dont il ne demeurait plus que le sommier. Matelas, couette et oreillers avaient disparu. C'était là qu'ils avaient dormi, lu, ri, fait l'amour, qu'ils s'étaient disputés. Où étaient-ils maintenant ? Vivaient-ils toujours ensemble ?

En face, à peine plus grand qu'un lit à barreaux, se trouvait un lit d'enfant. Il aurait pu appartenir à Wei-Wen. On avait laissé le petit oreiller. Avec un creux au milieu, à l'endroit de la tête.

Mes jambes se dérobèrent sous moi. Je m'effondrai sur le petit lit. J'étais le seul être humain à des dizaines de kilomètres à la ronde. Tout était à l'abandon. Moi comprise.

Et pourtant, je n'étais pas seule.

Mon cœur se serra. Était-ce un sentiment de manque ? J'avais évité de penser à Kuan ces derniers temps ; à chaque fois que son visage surgissait dans mon esprit, je le repoussais. Je m'étais concentrée sur Wei-Wen, sur ma mission.

Je me levai, retournai dans le séjour, pris le téléphone dans la commode et jetai un regard rapide autour de moi. À côté du canapé, j'aperçus une prise. Je savais qu'il y avait peu de chances que la ligne fonctionne encore, mais je me précipitai pour brancher l'appareil.

Une faible tonalité parvint à mon oreille. Je composai le numéro de la maison.

D'abord, un simple crépitement, des signaux silencieux envoyés sur des dizaines et des dizaines de kilomètres de vieux câbles proches de la désagrégation.

Et puis cela se mit à sonner.

Une fois.

Je n'avais pas réfléchi à ce que j'allais lui dire, j'éprouvais juste le besoin de l'entendre.

Deux fois.

Car peut-être y avait-il toujours un nous, peut-être était-ce encore possible, maintenant qu'une telle distance nous séparait.

Trois fois.

Où était-il ?

Les secondes s'écoulaient.

Quatre fois.

Et puis.

— Allô ?

Sa voix dans mon oreille.

Je hoquetai de soulagement.

— Salut...

— Tao !

Ma gorge était envahie par les sanglots.

— Que se passe-t-il ? Il est arrivé quelque chose ?

— Je suis... Je ne sais pas où je suis...

— Qu'est-ce que tu veux dire ?

— Je... Il n'y a personne ici...

Le son se brouilla, les signaux disparurent.

— Kuan ? Non !

Le téléphone émit un léger bourdonnement. Puis la communication fut coupée.

Je recomposai son numéro. Attendis.

Rien.

Je débranchai, rebranchai.

La ligne restait muette.

Je remis le combiné à sa place, posai le téléphone par terre.

Brusquement, mon pied partit en direction de l'appareil et je tapai dedans de toutes mes forces. Encore et encore. Les vieux composants électroniques et des morceaux de plastique cassé volèrent dans tous les sens.

Puis je retournai m'écrouler sur le lit d'enfant et ne bougeai plus pendant ce qui me sembla une éternité. J'avais tout perdu. Même l'argent s'était envolé.

Ce nouveau bébé… Qu'aurait-il été ? Un autre garçon ? Une fille ? Comme moi ? Maladroite, silencieuse, toujours à l'écart… Cet enfant, je n'allais jamais le connaître. Je l'avais sacrifié. Il ne restait plus rien. Ma vie s'arrêtait ici.

Je me couchai sur le côté, ramenai mes jambes sous moi. Je tâtonnai en quête du petit oreiller, l'attrapai, le pris dans mes bras, le serrai contre ma poitrine.

Et c'est dans cette position que je m'endormis.

Les cheveux de Wei-Wen sentaient la sueur d'enfant et quelque chose de plus sec, comme le sable. Je les pressai contre mes lèvres et attrapai quelques mèches avec ma bouche, en tirant légèrement dessus.

— Aïe, maman. Tu manges mes cheveux !

Je desserrai ma prise en riant. À la place, je posai ma bouche sur sa joue. Une joue rebondie d'un moelleux merveilleux. J'avais l'impression de pouvoir y appuyer mes lèvres sans jamais rencontrer la moindre résistance, quelle que soit la pression exercée. J'aurais pu demeurer ainsi des heures.

— Mon chéri. Tu sais que tu as bon goût.

Pour toute réponse, j'obtins un reniflement bruyant. Wei-Wen fixait le plafond, où quelques étoiles phosphorescentes avaient été collées pour représenter le système solaire. C'était moi, petite, qui avais supplié mes parents de m'offrir ça plutôt qu'une poupée. Quand, adulte, j'avais emménagé dans mon propre logement, je les avais soigneusement décollées du plafond de ma chambre et conservées comme un souvenir d'enfance. À la naissance de Wei-Wen, je les avais recollées. C'était comme si je nouais un lien entre mon enfance et la sienne, entre nous et le monde, entre le monde et l'univers.

Je lui avais appris par cœur le nom de chaque planète, je voulais qu'il comprenne combien nous étions petits – et qu'il sache que nous faisions partie d'un tout plus grand. Même s'il était encore trop jeune pour l'appréhender. À ses yeux, les étoiles et les planètes n'étaient encore que des autocollants au plafond. La lune et le soleil étaient les seuls éléments dont il pouvait concevoir l'existence, parce qu'il les voyait chaque jour dans le ciel. Et il trouvait profondément injuste que la lune n'ait pas son propre autocollant. Alors qu'elle était presque aussi grande que le soleil !

— Ça, c'est Jupiter, disait-il, le doigt tendu.

— Hum.

Je ne pouvais pas m'empêcher de mettre le nez dans son cou, dans ses cheveux, de le sentir. Mais il restait imperturbable.

— C'est la plus grande.

— Oui, c'est la plus grande.

— Et là, c'est Satum. Celle avec les anneaux.

— Saturne.

— Satum.

— Oui, c'est celle avec les anneaux.

— C'est la plus belle.

Il réfléchit un instant.

— Pourquoi la Terre elle n'a pas d'anneaux ?

— Euh… je ne sais pas.

— Moi, je trouve qu'elle devrait avoir des anneaux. C'est plus beau.

J'enfonçai mon nez dans sa joue.

Il se débattit légèrement, éloigna son visage du mien.

— Tu peux t'en aller maintenant, maman.

— Je peux rester encore un peu si tu veux.

— Non.

— Même pas jusqu'à ce que tu t'endormes ?

— Non. Tu peux t'en aller maintenant.

Il était prêt, le lit avait été transformé en refuge. Ma mission de mère était accomplie.

Je l'embrassai sur la joue, juste une dernière fois. Il tira la couette sur sa tête avec impatience.

— Va-t'en. Je dors.

— D'accord, je m'en vais. Bonne nuit alors. À demain.

Je n'avais qu'une envie, demeurer ici, sous le système solaire, sous les anneaux de la Saturne en plastique vert d'eau phosphorescent, mais je me réveillai aux premières lueurs du jour. La fenêtre n'avait pas de rideaux, et l'aube s'insinua lentement dans la pièce. Je conservai la même position et essayai de trouver une manière de repartir en arrière, de retourner dans l'autre pièce, celle avec l'autre lit d'enfant, mais sans succès.

Dans ce lit étranger, ce matin-là comme tous les autres, la première chose qui me vint à l'esprit, ce fut son nom. Wei-Wen. Wei-Wen.

Mon petit garçon.

Ses joues douces et potelées. Son visage.

Je ne désirais qu'une chose : retenir cette image. Mais un autre visage s'immisça. Un visage de ce monde-ci. Le garçon, le grand garçon dégingandé, avec le paquet de biscuits dans les mains. Son regard sur moi, prêt à l'attaque.

Et les vieillards. Nombre d'entre eux n'étaient plus en mesure de comprendre la situation, de comprendre qu'on les laissait mourir. La femme, en revanche, qui était venue à ma rencontre, elle, savait. Mon arrivée l'avait ranimée. Avait ranimé l'espoir en elle.

Qu'adviendrait-il d'elle ?

Qu'adviendrait-il du garçon dégingandé ?

Et du jeune serveur ?

De son père ?

Qu'était-il advenu de Wei-Wen ?

Que lui était-il arrivé ?

Quelque chose qui nous touchait tous.

La zone interdite dans la forêt, les militaires, la palissade, le secret qui entourait cette affaire...

Quelque chose qui nous concernait tous.

Je me redressai brusquement.

Je comprenais, maintenant.

J'avais pris le problème à l'envers. J'avais commencé par vouloir le retrouver. Mais pour cela, il fallait que je sache ce qui lui était arrivé. De quoi il souffrait. Ce que cela signifiait.

De nouveau, le visage de Wei-Wen s'imposa à moi. Ce n'était cependant pas son visage habituel, celui de l'enfant aux douces joues potelées. C'était son visage ce jour-là. Wei-Wen dans les bras de Kuan. Sa peau qui pâlissait de minute en minute. Sa respiration lourde. Les images étaient plus nettes, à présent. Ces images auxquelles je m'étais évertuée à ne pas penser, que je n'avais pas eu le courage d'affronter. Je glissai sur le sol, ramenai mes jambes sous moi, fixai un point droit devant.

C'était lui. Ce visage pâle et moite. Les gouttes de sueur perlant sur l'arête de son nez. Ses yeux. Il était encore conscient dans les bras de Kuan. Il luttait de toutes ses forces pour respirer, une respiration qui lui râpait la poitrine, sifflante. Et la peur dans ses yeux. Il me fixait, incapable de demander de l'aide.

Puis, à mi-chemin entre la colline et les maisons, sa tête avait basculé en arrière. Il était inconscient. J'avais vu son regard partir, je l'avais vu partir.

Quand nous étions arrivés, sa respiration n'était plus qu'un léger fil qui le reliait au monde.

J'appuyai ma tête contre mes genoux. Je m'obligeai à revivre chaque minute de ce moment-là, dans les champs. Regarder son visage, le regarder. Qu'est-ce qui avait provoqué cette réaction ? Pourquoi avait-il cessé de respirer ? Que s'était-il passé ?

La pâleur, la peau moite. Cela me rappelait un vague souvenir. Soudain, une image m'apparut. Un autre visage encore. Daiyu. La fête dans le jardin. Daiyu allongée par terre dans sa salopette bleue. Le soleil se réfléchissant sur ses chaussures noires. Elle aussi, elle avait le front moite, en sueur. Elle essayait de remplir ses poumons d'air, elle avait la même respiration sifflante, les mêmes yeux suppliants qui disaient *Aidez-moi*. Nous avions joué au fond du jardin, sous la surveillance des adultes attablés un peu plus loin, et à présent nous formions un cercle autour d'elle. Dans sa main, Daiyu tenait quelque chose. Un morceau de gâteau. La part de gâteau qu'elle s'était servie peu auparavant. Elle venait juste d'en avaler un bout, elle avait soulevé la part dans son assiette et l'avait mangée en se promenant, pendant que nous jouions.

« Daiyu n'arrive plus à respirer. Elle ne respire plus ! »

Brusquement, sa mère avait surgi à nos côtés. Nous l'avions laissée passer.

« Mon sac, apportez-moi mon sac ! » avait-elle crié.

Puis elle avait desserré les doigts de Daiyu et pris le morceau de gâteau dans sa main, avant de se tourner vers nous.

« Il y a des arachides dedans ? »

Des arachides ? Aucun d'entre nous n'en avait la moindre idée. Mais elle nous fixait avec une telle insistance que je me sentis coupable. Comme si, *moi*, j'aurais dû savoir si ce gâteau contenait des arachides.

Entre-temps, quelqu'un était accouru avec le sac. La mère de Daiyu l'avait retourné en faisant tomber tout son contenu par terre. Un tube de rouge à lèvres, une serviette en papier, une brosse à cheveux. Elle avait saisi un petit paquet blanc orné de lettres vertes. Elle l'avait déchiré et en avait sorti une seringue.

Ma mère m'avait rejointe ; serrée contre elle pour m'épargner ce spectacle et entraînée un peu plus loin.

« Qu'est-ce qui se passe ? Qu'est-ce qu'il lui arrive, à Daiyu ? avais-je demandé. Qu'est-ce qu'elle a ? »

WILLIAM

C'était le matin. Le feuillage filtrait la lumière. Tout bougeait autour de moi, les branches ondoyant sous le vent, les nuages glissant dans le ciel. Ce mouvement perpétuel m'étourdissait, je fermai les yeux. Inerte sur le sol froid et humide, je m'abîmai dans le jaune de la forêt. Il n'y avait désormais plus rien qui pût me retenir. Ni la recherche, ma passion. Ni Edmund, qui avait toujours été voué à la perdition. Ni même le désir. Il s'était effacé. Je ne souhaitais plus m'enfoncer dans la terre, euphorique, en quête de jouissance. Je voulais simplement disparaître.

Je n'avais pas mangé, mais cela n'avait aucune importance.

J'avais tant marché la nuit précédente que je me trouvais peut-être à des dizaines de kilomètres de chez moi. Hagard, j'avais longé un sentier qui pénétrait dans la forêt, puis je m'en étais éloigné : je voulais fuir tout ce qui s'apparentait de près ou de loin à la civilisation. J'avais fini par m'effondrer dans l'herbe.

Leur manquais-je ? Me cherchaient-elles ? Peut-être allais-je soudain entendre leurs cris aux timbres différents, de la petite voix pointue de Georgiana à celle de Thilda, grave et dissonante. Ou peut-être ne s'étaient-elles même pas rendu compte de mon absence. Ou bien se tenaient-elles au chevet d'Edmund ? Il était certainement en train de cuver, le teint blafard... Et dire que je l'avais cru malade. J'étais bien le seul à ne pas avoir compris qu'il dormait pour évacuer l'alcool. Il ne s'agissait en aucun cas d'une mélancolie héréditaire : il ne valait pas mieux que les travailleurs de force qui noyaient leur existence dans la bière. Mon fils était un boit-sans-soif.

Des yeux, je suivais la progression du soleil dans le ciel. Bientôt, j'allais être déshydraté. Je respirais la bouche ouverte. Ma langue était semblable à du lichen sec. La journée s'écoula. Le soleil disparut de nouveau derrière les arbres, les ombres s'allongèrent, l'air fraîchit. Mon corps était à la même température que le sol. L'obscurité m'attendait derrière mes paupières. La terre m'avait-elle déjà englouti ?

— Père ?

Un nouveau cri. Une note pure. Un timbre intermédiaire, ni trop grave ni trop aigu.

— Père ?

La voix était plus forte, à présent, et bientôt j'entendis ses pas assurés dans la bruyère.

J'ouvris les yeux et je regardai droit dans les siens, les yeux clairs de Charlotte.

— Bonjour, dit-elle.

Je ne décelai aucune trace de surprise dans sa voix. Peut-être ne m'avaient-elles pas cherché, peut-être n'avaient-elles même pas remarqué que j'avais disparu ?

Elle m'observait en silence alors que je gisais à ses pieds, comme elle aurait examiné un insecte. Subitement, je sentis le sang affluer à mes joues.

— Eh oui. Je suis là.

Je me dressai sur mon séant, époussetai les saletés sur ma chemise, passai la main dans mes cheveux pour en faire tomber la poussière et les aiguilles de pin.

— As-tu eu du mal à me trouver ?

— Que voulez-vous dire ?

— Me cherches-tu depuis longtemps ?

— Non, pas tellement. Le sentier est juste là.

Elle pointa le doigt derrière elle. J'aperçus alors le chemin qui menait à la maison, ainsi que des arbres aisément reconnaissables. Je ne m'étais pas perdu au fin fond de la forêt. Elle s'assit à côté de moi et, à ce moment-là seulement, je découvris le carnet qu'elle tenait dans sa main, celui qui ne la quittait jamais, celui dont sa plume pleine de ferveur remplissait les pages.

— Je souhaiterais vous montrer une chose. Vous permettez ?

Elle l'ouvrit sans attendre ma réponse.

— C'est une question à laquelle je réfléchis depuis longtemps.

J'essayai de me concentrer, mais les traits d'encre rampaient comme des vers sur le papier.

— Attendez.

Elle m'ôta mes lunettes, les nettoya rapidement avec un pan de sa robe et les remit sur mon nez.

Je bombai soudain le torse et me penchai sur ses notes. Cette attention me remplit d'émotion. Comme j'étais heureux d'avoir été retrouvé par elle et par personne d'autre ! Je déglutis et inspectai la page qu'elle me tendait.

Un dessin. Une ruche. Radicalement différente de la mienne.

— Je me suis dit que, si on la retournait, ça changerait tout, expliqua-t-elle. Il serait en effet beaucoup plus facile de surveiller ce qui se passe à l'intérieur de la ruche en l'ouvrant par le dessus plutôt que sur le côté. Même chose pour les rayons : plutôt que de les suspendre au toit, il serait mieux de pouvoir les enlever par le haut.

Je regardais fixement ses dessins Ils se matérialisaient lentement sous mes yeux.

— Non, répliquai-je.

Je m'éclaircis la voix.

— Non… Ça ne fonctionnera pas.

Je cherchais mes mots.

— Les rayons resteront coincés. Les abeilles vont produire de la cire et de la propolis pour les fixer quelque part, et il deviendra impossible de les enlever.

Elle sourit.

— S'ils sont trop près les uns des autres, oui. Soit à une distance égale ou inférieure à cinq millimètres…

— Et s'ils sont trop écartés, la coupai-je avec un sourire indulgent, les abeilles construiront des gâteaux de cire transversaux. Quoi qu'il en soit, ça ne fonctionne pas par en haut. J'ai déjà envisagé cette possibilité.

— Je le sais, rétorqua-t-elle, mais vous n'avez pas essayé de varier les distances. Il s'agit juste de trouver l'espacement idéal entre les rayons.

— Comment ça ?

De nouveau, elle me montra ses dessins du doigt.

— Il faut trouver un point intermédiaire, père. Déterminer l'espacement à partir duquel les abeilles cessent de produire de la cire et de la propolis et celui à partir duquel elles commencent à construire des gâteaux de cire transversaux. Si nous cherchions le point zéro ? Avec le bon écart entre le bord extérieur de la baguette et la paroi interne, nous n'aurons ni propolis ni gâteaux de cire transversaux.

Je la contemplai avec admiration. C'était comme si je la voyais pour la première fois. Elle était parfaitement calme à côté de moi, mais ses yeux brillaient d'une exceptionnelle excitation. Qu'avait-elle dit ? La propolis. Les gâteaux de cire transversaux. Existait-il un écart intermédiaire ?

Je sentis mon énergie affluer à nouveau, me dressai sur mes pieds.

George

Après ma visite dans cette foutue banque, je me rendis dans le pré au bord de l'Alabast River. Il était presque vide, désormais. Il ne restait plus que quelques ruches dans un coin, encore animées – mais pour combien de temps, je l'ignorais. Rien ne les différenciait des autres. Il n'y avait aucune raison qu'elles survivent.

Partout sur le sol, il y avait des empreintes de ruches. De l'herbe aplatie, morte. Mais de nouvelles pousses apparaissaient déjà entre les brins jaunes. Bientôt, ces marques disparaîtraient, et il ne subsisterait plus aucune trace des colonies qui avaient vécu ici.

Je me rapprochai du bourdonnement. J'éprouvais soudain l'envie qu'elles m'attaquent. La douleur cuisante. Le gonflement. Pouvoir jurer haut et fort.

Je n'avais vraiment été piqué qu'une seule fois, à l'âge de huit ans. J'étais assis dans la cuisine. Maman revenait des courses et exceptionnellement, ce jour-là, elle m'avait rapporté quelque chose. J'allais devenir grand frère pour la troisième fois et elle cherchait sans doute à faire passer la pilule. Aussi, ce jour-là, je reçus une petite voiture de compétition, une Hot Wheels dont je rêvais depuis une éternité. J'étais survolté, tellement heureux que j'étais parti en courant dans le pré avant même que ma mère n'ait eu le temps de me parler du petit trésor qui grandissait dans son ventre. Et là, il y avait papa. La tête dans une ruche. Je n'avais pas réfléchi. Je m'étais précipité vers lui en brandissant ma petite voiture. « Regarde ! Regarde ce que j'ai eu ! Regarde, papa ! » J'aperçus alors son regard derrière le voile : *N'approche pas ! Va-t'en !* Mais il était trop tard.

Je demeurai au lit plusieurs jours. Personne n'avait compté le nombre de dards, mais il devait bien y en avoir une centaine. J'avais une fièvre de cheval. On fit venir le médecin. Il me prescrivit des comprimés à même d'assommer un ours. Et je n'appris la grossesse de ma mère que beaucoup plus tard.

J'appris à détester les piqûres, que je percevais comme une punition, comme le signe que je n'avais pas bien fait mon travail. Que je ne m'étais pas protégé. Que je n'avais pas été suffisamment prudent. À chaque saison, j'essayais de les éviter, mais il est difficile pour un apiculteur de passer entre les mailles du filet et je finissais invariablement par me faire surprendre deux ou trois fois par été. Cette année était l'exception à la règle, mais il n'y avait, hélas, pas de raison de s'en enorgueillir…

Je m'approchai d'une des ruches survivantes en décrivant des cercles concentriques. Le bourdonnement manquait d'énergie. Je m'arrêtai, calculai la densité. On était loin des deux abeilles et demie par mètre carré.

Je tapai du pied sur le sol. Une abeille solitaire s'envola.

Pique-moi. Pique-moi !

Elle dévia de sa trajectoire, m'évita. Elle ne voulait pas me faire cette faveur.

Je tournai les talons et partis en direction de la grange.

Je n'avais pas eu besoin d'acheter de nouveaux matériaux. La dernière commande passée au printemps était toujours empilée dans un coin, des tas de planches qui sentaient le neuf et me terrorisaient, avec toutes ces heures de travail qu'elles allaient me réclamer. Car je construirais mes ruches de mes propres mains. C'était ainsi depuis que j'élevais des abeilles et ça allait le rester. Un point c'est tout. Je pris une planche, la soupesai, sentis le bois contre ma peau nue. Toujours humide. Tendre comme il fallait. Vivant.

Puis j'enfilai les gants, à travers lesquels le bois devint un matériau mort. Je sortis le casque antibruit. Mis la scie en marche.

À ce moment-là, la porte laissa apparaître un faisceau de lumière, une ombre se dessina.

Je me retournai.

Emma était là.

Son regard naviguait du tas de planches à moi. Elle secoua légèrement la tête.

— Qu'est-ce que tu fais ?

Elle posait une question dont elle connaissait la réponse.

Elle s'avança de quelques pas.

— C'est de la folie, tout ça.

Elle hochait la tête en direction des planches.

— Il y en a tellement à fabriquer.

Comme si je ne le savais pas. Comme si je n'en avais pas terriblement conscience.

Je haussai les épaules, m'apprêtais à remettre le casque, quand quelque chose dans ses yeux m'arrêta.

— On aurait pu vendre, dit-elle.

Je lâchai le casque de protection. Il tomba par terre dans un bruit retentissant.

— On aurait pu vendre cet hiver. Déménager. Être déjà dans le Sud.

Elle se tut avant de prononcer les mots fatals : Quand nous en avions encore la possibilité. Quand la ferme valait encore quelque chose.

Je me penchai, ramassai le casque antibruit et le posai sur mes oreilles.

Je ne l'entendis pas sortir. Ce furent là ses seuls mots sur la question. Les jours passaient, sans que je sache comment Emma les occupait. Moi, je fabriquais des ruches à m'en faire mal au dos, à avoir des ampoules et des coupures à chaque doigt. Parfois, cependant, Emma me fixait avec des yeux pleins de larmes, des yeux qui disaient : *C'est ta faute.*

Nous essayions de garder notre routine d'avant. Les repas. La télé le soir. Elle adorait les séries, riait et pleurait devant l'écran. Retenait son souffle. M'interpellait. « Non mais, t'as vu ça ? J'y crois pas. Il ne mérite pas ça ! »

Nous continuions à partager le même canapé. Elle aimait que je lui caresse les cheveux, que je les lui ébouriffe. Mais désormais, la majeure partie du temps, mes mains reposaient sur mes genoux. Elles étaient trop douloureuses, trop abîmées.

Un soir, alors que nous regardions la télé, le téléphone sonna. Elle ne fit pas mine de se lever. Moi non plus.

— Va répondre, s'il te plaît, dit-elle, les yeux rivés sur l'écran.

Elle attendait le résultat d'un vote quelconque, la tension montait. Qui allait être éliminée, la blonde ou la brune ? Un grand suspense, apparemment.

— C'est peut-être Tom, répliquai-je.

— Oui, et alors ?

— Il vaut mieux que ce soit toi qui lui parles.

Elle me lança un regard surpris.

— Sincèrement, George.

— Quoi ?

— Tu ne peux pas ne plus lui parler.

Je restai silencieux. Le téléphone continuait de sonner.

— Je n'irai pas répondre, déclara-t-elle en pointant le nez vers le plafond.

— OK. Dans ce cas, laissons-le sonner.

Mais elle finit par l'emporter, évidemment. Je partis dans l'entrée et décrochai.

C'était Lee. Il appelait pour me donner des nouvelles de la récolte.

— Je suis dans les champs tous les jours, dit-il, content. Et ça pousse. Il y a plein de baies qui ne demandent qu'à mûrir.

— Ça alors ! Malgré la pluie ?

— Les abeilles ont dû trimer sec quand le soleil est revenu. En fait, ça va même être une bonne année. Tu y crois, à ça ?

— Tant mieux.

— À qui le dis-tu. En tout cas, sache-le, tu as de bonnes abeilles.

— Avais.

— Quoi ?

— Avais. J'avais de bonnes abeilles.

Il demeura silencieux à l'autre bout du fil, digérant l'information.

— Non, c'est pas vrai, chez toi aussi ? Elles sont parties ?

— Ouais.

— Mais je pensais que ça ne concernait pas le Nord ! Que ça ne touchait que la Floride. Ou la Californie.

— Eh bien, tu te trompais.

Malgré tous mes efforts, ma voix se brisa.

— Oh, George. Mon Dieu. Que dire ?

— Pas grand-chose…

— Tu es assuré, au moins ?

— Pas contre ce genre de phénomènes.

— Comment… Qu'est-ce que tu vas faire ?

J'enroulai le fil du téléphone autour de mon index, blessé plus tôt dans l'atelier. Je ne savais pas quoi répondre.

— Eh bien…

— George. Dis-moi s'il y a quelque chose que je peux faire pour toi.

— Merci.

— Je suis sincère.

— Je sais.

— Je t'aurais volontiers prêté de l'argent, mais…

— Volontiers, volontiers…, plaisantai-je.

Il rit, cherchant lui aussi à alléger l'atmosphère.

— Le problème, c'est que je n'en ai pas non plus. La récolte n'est pas bonne à ce point.

— Même avec la remise que je t'ai faite ?

— Même avec la remise.

Il se tut.

— Je n'aurais pas dû accepter.

— Quoi donc ?

— Cette ristourne.

— Lee…

— Si j'avais su…

— Lee. Oublie.

Je dégageai mon index du fil. Une marque en forme de spirale descendait jusqu'à ma paume.

— Tu sais quoi, déclara-t-il soudain d'un ton léger. À la vérité, je t'appelais pour t'annoncer le contraire. La récolte est complètement pourrie. Tes abeilles étaient vraiment nulles.

Je ne pus m'empêcher de rire.

— Tu m'en vois heureux.

— C'est bien qu'elles aient disparu, ajouta-t-il.

— Ouais, tant mieux.

Un silence s'abattit.

— George, sincèrement. Qu'est-ce que tu vas faire ?

— Je sais pas. Je vais peut-être être obligé de commander des ruches.

— Commander ? Non ! Il s'agit de ton patrimoine familial, là. Les ruches font partie de ton patrimoine familial.

— Elles ne valent pas grand-chose de nos jours.

— Tout de même. Allez, s'il te plaît, ne te laisse pas abattre.

— Non, non…

Ce fut tout ce que je parvins à dire. La chaleur dans sa voix m'empêchait de parler.

— George ? Tu es toujours là ?

— Oui…

J'inspirai profondément.

— Oui, je suis là. Et je n'ai pas l'intention de partir où que ce soit.

Tao

À deux ou trois kilomètres de l'appartement où j'avais passé la nuit, je trouvai enfin une station de métro ouverte. Deux autres personnes patientaient sur le quai, une vieille dame tellement maigre qu'elle en paraissait creuse, et un homme sur le qui-vive chargé de filets lourds et encombrants. Était-il allé faire son marché dans les maisons abandonnées ?

Nous attendîmes le métro une demi-heure – une attente insoutenable quand je n'avais plus qu'une obsession : regagner le centre au plus vite, me ruer dans une bibliothèque, et trouver les réponses à mes questions. Je grimpai à bord sans billet, sans me rendre compte que la vieille dame avait besoin d'assistance pour monter. Au moment où les portes allaient se refermer, je croisai son regard et me précipitai pour l'aider. Elle se confondit en remerciements, mais je ne me sentais pas capable de lier conversation.

Dans cette rame qui semblait ne pas avoir été nettoyée depuis longtemps, dont les fenêtres étaient recouvertes d'une épaisse couche de gras, somme des milliers de doigts qui les avaient ouvertes quand le soleil cognait, ou fermées par temps froid, régnaient une odeur âcre et un vacarme assourdissant. Il était difficile de se concentrer, pourtant j'avais l'impression d'être un animal pistant une proie – le souffle rauque, déterminé. Les deux visages ne cessaient de se bousculer dans ma tête. Wei-Wen et Daiyu. La même pâleur. La même respiration sifflante.

Je dus effectuer trois changements. Les horaires avaient été arrachés, et les panneaux d'affichage électroniques ne fonctionnaient plus depuis des lustres.

J'arrivai enfin. C'était presque comme rentrer à la maison ; quel soulagement d'évoluer de nouveau dans un environnement connu ! Mon corps criait famine, mais je n'avais pas le temps de m'attabler pour manger ; je me contentai donc d'avaler le dernier paquet de biscuits en ma possession avant de demander à la réceptionniste où se trouvait la bibliothèque la plus proche.

Il n'y en avait qu'une. Une seule bibliothèque dans tout Beijing, à un trajet direct en métro depuis l'hôtel. En chemin, je passai devant l'ancien zoo, dévasté par l'exode, les intempéries. La végétation menaçait d'éventrer la clôture. Qu'était-il advenu de tous les animaux ? Les espèces en voie d'extinction ? Le dernier koala ? Peut-être s'étaient-ils réfugiés dans les maisons abandonnées et se promenaient-ils en liberté dans les rues. J'aimais l'idée qu'ils puissent continuer à mener leur vie sur terre alors même qu'il restait aussi peu d'humains.

Le parvis de la bibliothèque était désert. Déserte aussi, l'immense pièce sur plusieurs niveaux plongée dans la pénombre, encombrée de tables et de chaises, les murs entièrement tapissés de livres. Des milliers et des milliers d'ouvrages, dans un endroit qui semblait complètement abandonné.

Je m'avançai de quelques pas.

— Il y a quelqu'un ?

Aucune réponse.

Je haussai la voix.

— Il y a quelqu'un ?

Enfin, un bruit de pas résonna à l'autre bout de la salle. Une jeune gardienne apparut.

— Oui, je peux vous aider ?

Elle portait un uniforme délavé par les lessives successives. À la façon dont elle me fixait, je présumai que j'étais sa première visiteuse depuis un bail.

— Je suppose que vous voulez emprunter un livre ? Allez-y, servez-vous.

— Je n'ai pas besoin de m'inscrire ? Vous ne voulez pas que je vous donne mon nom ?

Elle me regarda, surprise, puis sourit.

— Non, ça ira.

Sur ce, elle me laissa tranquille.

Pour la première fois depuis de nombreuses années, je me laissai happer par les livres. J'aurais pu passer ma vie ici. Tao avec son foulard rouge. Celui qui me distinguait. Mais tout ça, c'était une autre époque.

Je m'attaquai d'abord à la section des sciences de la nature. Wei-Wen avait été victime d'une chose qu'il ne supportait pas, il avait eu une réaction allergique dans les champs. Une morsure de serpent, peut-être ? Je trouvai un vieux livre, gros et lourd, sur les serpents en Chine. Je le parcourus en m'arrêtant ici et là. Je savais que des cobras avaient vécu dans notre région, autrefois ; qu'ils mangeaient des grenouilles, lesquelles se nourrissaient d'insectes – et comme de nombreuses espèces d'insectes s'étaient éteintes, le cobra n'avait plus eu de quoi se nourrir. Je feuilletai l'ouvrage jusqu'à tomber sur une photo : un serpent de couleur sombre dont le cou s'élargissait comme un col de chemise ; tendu, prêt à l'attaque, terrifiant. Pouvait-il en subsister quelques-uns dans les champs ?

Je lus les descriptions des symptômes du venin : insensibilité, œdèmes, douleurs dans la gorge et la poitrine, fièvre, difficulté à respirer. Ça ressemblait à ce que j'avais observé chez Wei-Wen.

Des nécroses, lus-je plus loin : l'attaque d'un cobra chinois se manifestait toujours, chez l'homme, par une nécrose – soit la mort des cellules, un phénomène proche de la gangrène.

Nous n'avions pas vu la moindre morsure. Et quand bien même elle nous aurait échappé, pourquoi garder cette information secrète ? Pourquoi monter une tente, dresser une palissade et nous enlever notre fils ?

Je continuai à fureter dans la section médecine. Alors que je feuilletais les encyclopédies et les manuels médicaux, ma conviction ne faisait que s'affirmer. Peut-être le savais-je depuis le début, sans avoir eu la force de l'accepter, parce que c'était trop énorme, trop important.

Il n'y eut qu'une seule sonnerie, et soudain il fut là.

— Tao, que s'est-il passé ? Nous avons été coupés. Où étais-tu ?

J'avais emprunté le téléphone de la gardienne, dans un bureau au fond de la bibliothèque. Le combiné, poussiéreux, n'avait pas servi depuis des mois.

— Rien de grave, répondis-je, me rappelant alors la conversation de la veille. Tout s'est bien terminé.

— Mais... que s'est-il passé ? Tu avais l'air si...

La sollicitude que j'entendis dans sa voix était d'ordinaire réservée à Wei-Wen.

— Je me suis perdue. Mais j'ai fini par retrouver mon chemin, mentis-je, soucieuse de retourner à ma tâche le plus vite possible.

— J'ai pensé à toi toute la journée.

Je ne supportais pas son inquiétude. Ce n'était pas pour cela que j'appelais. La veille, j'en avais besoin, mais à présent elle m'encombrait.

— Rassure-toi, tout va bien. Je crois que j'ai découvert ce qui est arrivé à Wei-Wen.

— Quoi ?

— Un choc anaphylactique.

— Anaph…

— Une réaction allergique, si tu préfères.

Je m'entendis articuler chaque mot d'un ton didactique.

— Quelque chose dans les champs a provoqué une réaction allergique chez Wei-Wen.

— Pourquoi… Qu'est-ce qui te fait penser ça ?

— Écoute ça.

Je lui lus rapidement un texte sur les symptômes et le traitement à administrer en cas de choc anaphylactique. Les difficultés respiratoires, la chute de tension, la perte de conscience, l'adrénaline.

— Tout concorde, conclus-je. C'est exactement la réaction qu'il a eue.

— Ils lui ont donné de l'adrénaline ? s'enquit-il.

— Pourquoi tu me demandes ça ?

— Quand ils sont arrivés, ils lui ont donné de l'adrénaline ? Tu as dit qu'on donnait de l'adrénaline quand le pronostic vital était engagé.

— Je ne sais pas. Je ne les ai rien vus lui donner.

— Moi non plus.

— Ils l'ont peut-être fait dans l'ambulance.

Il réfléchit un instant.

— C'est possible, oui.

— Bien sûr que c'est possible ! Il n'y a pas d'autre explication.

Il ne répondit pas. Je savais à quoi il pensait. La même question me taraudait depuis que je m'étais réveillée dans l'appartement abandonné. Enfin, il la posa.

— Mais à quoi est-il allergique ? Aux prunes ?

— Si tu veux mon avis, c'est plutôt une chose qu'il a trouvée dans la forêt. Pas quelque chose qu'il a ingéré.

Il n'avait pas l'air de comprendre où je voulais en venir.

— Je doute que le problème soit alimentaire, insistai-je. Je pencherais plutôt pour une cause externe.

— Ah bon ?

— J'ai d'abord songé à une morsure de serpent. Mais ça ne concorde pas avec les symptômes…

Sa respiration s'accéléra.

— C'est pourquoi je pense qu'il s'agissait plutôt d'une piqûre.

WILLIAM

Hertfordshire, le 4 août 1852

Cher et honoré Monsieur Dzierzon,

Je vous écris en ma qualité de confrère, bien que vous ne connaissiez probablement pas mon nom. Pour autant, nous partageons nombre d'intérêts, aussi me paraît-il essentiel d'entrer en contact avec vous. Je suis vos travaux depuis longtemps déjà, et l'élaboration d'un nouveau type de ruche a particulièrement retenu mon attention. Je ne puis qu'exprimer mon infinie admiration devant votre brillant travail, vos analyses et la ruche elle-même, telle qu'elle est présentée dans le *Eichstädter Bienenzeitung*.

J'ai moi aussi conçu une ruche, fondée en grande partie sur les mêmes principes que la vôtre, et je souhaiterais, en toute modestie, vous entretenir de mes propres recherches, en espérant que vous voudrez bien me consacrer un peu de votre précieux temps et me faire part de vos réflexions quant à mon travail.

Très tôt, la ruche de Huber me convainquit qu'il devait être possible de fabriquer une ruche dont on pourrait ôter les rayons sans devoir tuer les abeilles, ni même troubler leur repos. Par ailleurs, vos articles m'apprirent que ces merveilleuses créatures sont plus faciles à apprivoiser que nous ne le pensons – une révélation fondamentale pour la suite de mon travail.

J'ai ainsi construit une première ruche très semblable à la vôtre, avec une entrée sur le côté et des barrettes amovibles accrochées au toit. Ce dispositif, cependant, ne me donna pas entière satisfaction. Comme vous l'avez sans doute vous-même constaté, ôter les rayons se révèle une tâche ardue et pénible, qui doit de surcroît se faire, hélas, au détriment des abeilles et de leurs petits.

Dans une carrière scientifique, il arrive que par extraordinaire un trait de génie vienne rebattre les cartes. Pour ma part, le miracle survint par une fin d'après-midi estivale alors que je m'abandonnais, couché sous les arbres, dans la forêt, à une contemplation académique. Je m'étais toujours imaginé la ruche comme une maison, dotée de fenêtres et de portes, ainsi que l'on peut en observer également sur votre modèle. Un foyer, en somme. Mais pourquoi ne pas envisager la question sous un autre angle ? Vous m'accorderez que notre intention n'est pas de façonner les abeilles à notre image : notre but est de les apprivoiser, de régir leur vie. Il m'apparut soudain qu'il fallait regarder les abeilles d'en haut, les dominer, comme le ciel à ce moment-là me dominait, comme le faisait sans doute Dieu le Père, qui, je le crois, n'était certainement pas étranger à cette illumination.

Cette idée d'ouvrir la ruche par le dessus me conduisit à envisager des *cadres amovibles*, dont j'espère pouvoir bientôt déposer le brevet. Les rayons sont fixés à l'intérieur de ces cadres, ce qui leur évite d'entrer en contact avec le corps de la ruche, que ce soit au-dessus, sur les côtés ou en dessous. Je suis désormais en mesure de manipuler les rayons comme bon me semble, sans nuire aux abeilles. Ce dispositif me permet également de transférer les abeilles dans d'autres ruches et, ainsi, de bien mieux contrôler leur activité.

Vous me demanderez sans doute de quelle façon je puis empêcher les abeilles de construire des rayons transversaux ou de les fixer aux parois avec de la cire et de la propolis. La réponse à cette question me coûta de longs calculs. Je suis en effet parvenu à trouver l'espacement idéal entre les rayons, les parois, le fond et le toit : neuf millimètres, ni plus ni moins.

J'ose espérer que la « ruche modèle de Savage » sera bientôt disponible dans toute l'Europe et je me prends à rêver de la voir traverser les frontières du Vieux Continent. Lors de mes travaux, j'ai érigé la simplicité en principe et privilégié l'aspect pratique, de manière que la ruche puisse être utilisée par tous les apiculteurs, des plus novices aux plus expérimentés. Par-dessus tout, cependant, j'espère que mon travail contribuera à faciliter la tâche des naturalistes que nous sommes, et donnera lieu, à terme, à de nouvelles découvertes sur ces créatures fascinantes et essentielles pour l'humanité.

Le traitement de ma demande de brevet s'éternise. Entre-temps, je serais très curieux de connaître votre avis sur mon travail. Peut-être tenterez-vous à votre tour d'élaborer une ruche en vous appuyant sur mes principes. Si tel était le cas, vous m'honoreriez plus que vous ne pouvez l'imaginer.

Votre très humble confrère,
William Atticus Savage

La première carriole pénétra dans la cour. Mon cœur bondit : nous y étions. Propre et rasé de près, j'avais revêtu mes plus beaux habits, fraîchement repassés. J'avais même épousseté mon haut-de-forme. Je les attendais de pied ferme.

Les ruches étaient installées sur deux rangées au fond de la propriété. Nous en avions beaucoup à présent : Conolly n'avait pas chômé. Le bourdonnement de ces milliers d'insectes, ces chères abeilles que j'avais apprivoisées et qui m'obéissaient au doigt et à l'œil tandis qu'elles continuaient de remplir la ruche d'un miel brillant et œuvraient à l'essor de la colonie, était tel que nous les entendions jusque dans la maison. Ces dernières semaines, j'avais envoyé maintes invitations à ma toute première présentation de la « ruche modèle de Savage ». À des paysans locaux, à des naturalistes de la capitale. Et à Rahm. Nombre d'entre eux m'avaient répondu, mais pas lui. Je comptais néanmoins sur sa venue. Le contraire me paraissait inenvisageable.

Edmund aussi était prêt. Il paraissait avoir compris la gravité de la situation. Même Thilda lui avait parlé, semble-t-il. J'avais replacé de l'espoir en lui : il n'était pas trop tard, il était jeune, il avait l'âge auquel on cède aisément aux plaisirs immédiats. J'espérais que ce contact direct avec la nature et le monde de la recherche l'inspirerait. Que la fierté qu'il pourrait tirer de mon travail, de son appartenance à notre famille, de son nom, le ramènerait sur le droit chemin.

Les femmes de la famille avaient transporté des chaises et des bancs jusqu'aux ruches, pour le public. En cuisine, plusieurs jours durant, elles avaient apprêté toutes sortes de mets. Nous allions servir à manger, dussions-nous pour ce faire dépenser nos derniers sous, y compris ceux qui étaient destinés aux études d'Edmund. Il s'agissait d'un investissement, j'en étais convaincu : à l'issue de cette journée, tous nos problèmes allaient s'évaporer.

De bout en bout, Charlotte m'avait aidé. Sa sérénité était contagieuse, sa ferveur aussi. Ce jour était également le sien, même si nous étions tacitement convenus que sa tenue blanche d'apicultrice restât dans sa chambre. Sa place était parmi les autres femmes et elle semblait parfaitement à son aise avec un plateau entre les mains. Mais je savais que ce jour était aussi important pour elle que pour moi.

Le premier arrivé n'était que Conolly.

— Ça fait une semaine que j'attends ça, me confia-t-il en me tapant sur l'épaule. Je n'ai jamais assisté à une chose pareille.

Nous étions tels deux gamins trépignant d'excitation le premier jour d'école.

Les paysans locaux nous rejoignirent ensuite. Deux d'entre eux élevaient déjà des abeilles, et un troisième y songeait. Peu après, deux étrangers en haut-de-forme arrivèrent à cheval, couverts de poussière. Ils venaient de loin. Ce ne fut que lorsqu'ils descendirent de leur monture que je reconnus mes anciens camarades d'études, cheveux battant en retraite, visage ridé et embonpoint prononcé. Nous nous saluâmes chaleureusement, ils me remercièrent pour l'invitation et s'extasièrent sur les possibilités offertes par la vie à la campagne, si éloignée de l'existence qu'ils menaient au cœur de la forêt urbaine, où les constructions de brique remplaçaient les arbres, les pavés les champs, et où on ne voyait en levant les yeux au ciel que fenêtres, toits et cheminées.

Les gens continuaient à affluer ; des paysans venus par curiosité et trois autres zoologistes de la capitale arrivés avec la diligence du matin.

Mais point de Rahm.

Je me précipitai à l'intérieur, consultai l'horloge sur la tablette de la cheminée. J'avais espéré pouvoir commencer mon exposé devant les invités, devant Edmund, à treize heures pile. Je voulais que mon aîné me vît, debout, seul, face à l'assemblée.

Il était treize heures trente. Les gens commençaient à s'impatienter. Certains tiraient discrètement leur montre de leur poche. Tous avaient fait honneur aux mets et aux boissons que Thilda et les filles avaient servis à la ronde, et ils semblaient à présent repus. Il faisait chaud : plusieurs convives soulevaient leur chapeau, sortaient leur mouchoir et le passaient sur leur nuque humide. Mon propre haut-de-forme me faisait l'effet d'une véritable bouillotte qui me comprimait la tête et ralentissait mes pensées. Je regrettais ma tenue. De plus en plus d'invités m'interrogeaient du regard après avoir jeté un coup d'œil vers les ruches. Les conversations se tarissaient, la mienne la première, je ne parvenais plus à fixer mon attention sur quiconque, mes yeux étaient sans cesse attirés vers la porte. Toujours nul Rahm en vue. Pourquoi ne venait-il pas ?

Je décidai donc de débuter sans lui. Je n'avais pas le choix. Je demandai à Thilda d'aller chercher les enfants. Elle hocha la tête. À voix basse, elle rassembla les fillettes autour d'elle, tandis qu'elle envoyait Charlotte quérir Edmund.

Alors que je rejoignais tranquillement les ruches, les discussions se turent et tous se tournèrent vers moi.

— Chers messieurs, je vous en prie, prenez place, déclarai-je en tendant le bras en direction des sièges.

Une fois le public assis, je me rendis compte que nous avions surestimé le nombre d'auditeurs. Heureusement, les filles se joignirent à nous, ainsi qu'Edmund. Ils comblèrent les plus gros trous en s'égaillant dans les rangs, comme seuls les enfants savent le faire.

— Bien. Il me semble que tout le monde est installé, dis-je, alors que je pensais tout le contraire.

Sans Rahm, cette journée était dénuée d'intérêt. Puis je croisai le regard d'Edmund. Heureusement, Edmund était là, lui.

— Vous m'excuserez juste un instant, prévins-je en esquissant un sourire, le temps que j'enfile ma tenue de protection. Quoi qu'on pense, je n'ai rien d'un Wildman.

Tous, y compris les paysans, s'esclaffèrent. Et moi qui croyais avoir fait une blague destinée aux initiés… Je courus à la maison me changer, me débarrassai de mes lourds vêtements en laine et enfilai la combinaison blanche. L'étoffe fine eut un effet apaisant sur mon corps.

Je regardai par la fenêtre. Ils attendaient en silence sur leurs sièges. Maintenant. Il fallait le faire maintenant. Avec ou sans lui. Au diable Rahm et ses discours pontifiants !

Je descendis le sentier qui menait aux ruches, élargi

depuis quelques mois par les allées et venues incessantes de la carriole de Conolly. L'assistance m'attendait en souriant. Je fus rassuré : j'allais enfin pouvoir parler de ma ruche.

À la fin de mon exposé, tous se pressèrent pour me féliciter en me serrant vigoureusement la main. *Fascinant, étonnant, impressionnant*, les éloges pleuvaient tant que je n'arrivais plus à distinguer qui disait quoi. Le plus important, cependant, ne m'échappa pas : Edmund ne me quittait pas des yeux. Le regard vif et clair, enfin présent.

Je pensais en avoir fini avec les mondanités quand une main toucha la mienne, provoquant une décharge électrique :

— Félicitations, William Savage.

Il me souriait.

Un vrai sourire, cette fois, qui resta sur son visage.

— Professeur Rahm.

— Voilà qui est intéressant, fit-il en indiquant les ruches du menton.

Je peinais à trouver mes mots.

— Mais… quand êtes-vous arrivé ?

— À temps pour saisir l'essentiel.

— Je… je ne vous ai pas vu…

— Moi, je vous ai vu, William. De plus…

Il effleura la manche de ma combinaison, mes poils se dressèrent sous le tissu, dans un délicieux frisson.

— ... vous savez fort bien que je ne me risque jamais à proximité des abeilles sans être dûment vêtu. C'est pourquoi j'ai préféré demeurer en retrait.

— Et moi qui… Je ne croyais pas…

— Non. Mais je suis là, comme vous pouvez le constater.

Il prit ma main entre les siennes, et la chaleur envahit chaque recoin de mon corps. Du coin de l'œil, j'aperçus Edmund. Il n'avait pas bougé. Il était témoin de ce grand moment.

TAO

Je passai la journée entière à la bibliothèque, à lire des livres et des articles, à visionner des films sur un lecteur en mauvais état. Il fallait que je sois parfaitement sûre.

J'avais l'impression d'être de retour à l'école, lors des interminables cours de sciences naturelles assurés par un professeur si soporifique qu'on avait rebaptisé sa matière « sciences du sommeil ». Nous étions trop jeunes pour comprendre l'intérêt de son enseignement. Quand le professeur braquait ses yeux sur nous, nous nous tournions vers la lumière du soleil qui tombait de la fenêtre et jouions à trouver des ressemblances aux nuages qui traversaient le ciel. Nous trépignions.

Et voilà que des dizaines d'années plus tard, je me souvenais de tout. Des dates, particulièrement.

2007. C'était l'année où l'on avait donné un nom à l'Effondrement : CCD – pour Colony Collapse Disorder, soit le syndrome d'effondrement des colonies d'abeilles.

Mais cela avait commencé bien avant, comme je le découvris avec un film sur l'apiculture au XXe siècle. Cette activité avait prospéré de manière spectaculaire après la Seconde Guerre mondiale, les États-Unis à eux seuls comptant alors pas moins de 5,9 millions de colonies. Mais en Amérique comme partout ailleurs, les abeilles se mirent à connaître une forte mortalité. En 1988, le nombre de ruches avait diminué de moitié. Beaucoup de régions étaient touchées par ce phénomène, apparu dès les années 1980 dans le Sichuan. Il fallut cependant attendre que l'hécatombe atteigne les États-Unis – en 2006 et 2007, des milliers de ruches disparurent en l'espace de quelques semaines – pour que l'on nomme enfin le phénomène : l'Effondrement. En ce temps-là, une simple catastrophe en Chine ne méritait pas que tous les chercheurs de la planète se penchent sur la question. Comme les choses avaient changé, depuis.

Des tonnes d'ouvrages avaient été écrits sur ce syndrome. J'en parcourus un grand nombre, mais aucun d'entre eux ne m'apporta de réponse catégorique. Les avis divergeaient sur les causes de l'Effondrement, pour la simple et bonne raison qu'elles étaient multiples. On incrimina d'abord une famille de pesticides. En 2013, ceux-ci furent interdits en Europe, puis dans le reste du monde, excepté aux États-Unis. Selon certains chercheurs, ces substances toxiques affectaient les abeilles en perturbant leur système de navigation interne, les empêchant notamment de retrouver leur ruche. On interdit donc ces produits phytosanitaires au nom du « principe de précaution ». Cependant, cette prohibition faisait peser un autre risque : celui de la destruction des récoltes par des nuisibles et, par conséquent, celui de la pénurie alimentaire. L'agriculture moderne dépendait des pesticides. Et malgré l'interdiction, les abeilles continuèrent à mourir : il fut établi qu'en Europe, en 2014, sept milliards d'abeilles avaient disparu. Comment l'expliquer, alors même que les produits en cause avaient été éliminés ? Certains accusèrent encore les insecticides : la terre en avait été tellement abreuvée pendant des années qu'elle continuait de contaminer les abeilles. Les tenants de cette thèse ne parvinrent toutefois pas à faire entendre leur voix : l'interdiction fut levée.

Un autre ennemi des colonies fut identifié : le varroa, un minuscule acarien parasite qui s'agrippait aux abeilles, les piquait, se nourrissait de leur hémolymphe, et leur inoculait un virus qui n'était souvent découvert que bien plus tard.

Il y avait aussi les phénomènes météorologiques. Le climat se détraquait depuis les années 2000. Les étés secs et chauds, sans fleurs ni nectar, tuaient les abeilles. Les hivers rigoureux tuaient les abeilles. La pluie tuait les abeilles. La monoculture était encore un autre facteur de la surmortalité des abeilles. Pour elles, le monde s'apparentait à un désert vert manquant de jachères, avec des dizaines et des dizaines de kilomètres de champs où la même plante était cultivée à l'infini. L'humanité évoluait à un rythme effréné, les abeilles ne suivaient plus. Et disparaissaient.

Sans abeilles, des milliers d'hectares de terres cultivées n'étaient plus fertiles. Les champs en fleurs ne donnaient plus de baies, les arbres ne donnaient plus de fruits. Les pommes, les amandes, les oranges, les oignons, les brocolis, les carottes, les myrtilles, les noix, le café : tous ces produits agricoles autrefois abondants devinrent brusquement des denrées rares.

À partir des années 2030, faute de fourrage, la production de viande diminua à son tour. Les hommes durent apprendre à vivre sans lait ni fromage. Quant à la production de biocarburants, sur laquelle on avait misé pour remplacer le pétrole, elle ne fut subitement plus qu'un souvenir car elle dépendait elle aussi de la pollinisation. On n'eut plus d'autre choix que de se rabattre à nouveau sur les énergies non renouvelables, ce qui aggrava encore le réchauffement climatique.

Parallèlement, la croissance démographique stagna. Elle commença par se stabiliser, avant de pointer vers le bas. L'espèce était sur le déclin.

La mortalité des abeilles affecta différemment les continents. L'agriculture américaine fut la première touchée. Mais, contrairement aux Chinois, les Américains ne parvinrent pas à mettre en place la pollinisation manuelle.

Leurs ouvriers coûtaient trop cher et se refusaient à un travail long et dur. L'importation de main-d'œuvre se solda elle aussi par un échec, car il fallait nourrir tous ces gens. L'effondrement des colonies aux États-Unis conduisit à une crise alimentaire mondiale. Tandis que les abeilles continuaient à mourir en Europe et en Asie.

L'Australie fut le dernier pays touché, m'apprit un documentaire de 2028. Le reste du monde avait placé tous ses espoirs dans cette nation : le varroa n'existait pas là-bas, et les abeilles y semblaient moins affectées par les pesticides. L'Australie exportait des abeilles saines et devint spécialiste de la recherche sur la pollinisation.

Sans que personne sache pourquoi, un jour du printemps 2027, un apiculteur d'Avon Valley s'aperçut que ses ruches présentaient des symptômes inquiétants. Mark Arkadieff était un producteur de miel biologique, qui œuvrait dans les règles de l'art. De la pollinisation à petite échelle, ne déplaçant qu'un petit nombre de ruches à la fois, avec précaution, et uniquement vers des exploitations qui pouvaient lui garantir qu'elles n'utilisaient pas de pesticides. Il entretenait bien ses ruches, changeait les plateaux régulièrement, veillait à ce que ses abeilles aient toujours suffisamment à manger. Arkadieff disait lui-même que les abeilles étaient ses maîtres, et non le contraire. Il était leur humble serviteur, elles dirigeaient sa vie, rythmaient son année, déterminaient l'heure à laquelle il se levait et celle à laquelle il se couchait. Il avait demandé sa femme, Iris, en mariage alors qu'ils tentaient d'attirer un essaim vers une nouvelle ruche.

L'injustice était cruelle, et pourtant la ferme d'Arkadieff, la Happy Bees Honey Farm, fut le premier endroit d'Australie à être victime de la varroase. La faute fut d'abord imputée à la sœur de Mark. Résidente de Californie, cette dernière, en venant passer deux semaines à la ferme, avait dû apporter le parasite dans ses bagages. Ou bien était-ce la faute des tenues importées de Corée du Sud ? Ou alors des grands sacs d'engrais produits en Norvège que le voisin venait juste de recevoir ?

Mark n'en avait pas la moindre idée, sa femme pas davantage. La seule chose dont tous deux étaient sûrs, c'était que leurs abeilles étaient tombées malades ce printemps-là, et qu'il était déjà trop tard quand ils s'en étaient rendu compte.

À l'équipe télé à qui il racontait son histoire, Mark ne parvint pas à cacher ses larmes. Il faisait visiter l'exploitation en ouvrant les ruches, et dans chacune ne restaient plus que quelques abeilles mourantes sur le plateau.

Plus aucun pays n'était épargné. Le monde se trouvait devant le plus grand défi de l'histoire de l'humanité. On livra une dernière bataille. Le varroa fut en partie combattu. Par endroits, on essaya de diversifier l'agriculture. Des plates-bandes de fleurs furent plantées entre les champs. Les pesticides à nouveau interdits. Mais des insectes nuisibles en profitèrent alors pour dévorer toutes les récoltes.

Des chercheurs anglais avaient réussi à produire des plantes génétiquement modifiées comportant les phéromones des insectes, le E-bêta-farnésène, une substance sécrétée par les bestioles pour signaler à leurs congénères la proximité d'un danger. Ces plantes génétiquement modifiées étaient maintenant utilisées à grande échelle. La Chine, acculée par les pénuries alimentaires, fut la première à y recourir. Les phéromones n'affecteraient pas les abeilles, affirmait-on, celles-ci ne les détecteraient pas. Les défenseurs de l'environnement protestèrent avec force : les abeilles seraient aussi sensibles aux phéromones que les insectes nuisibles, soutenaient-ils. Mais on ignora leurs arguments, jugeant que c'était une situation gagnant-gagnant : les gens pourraient continuer à pratiquer l'agriculture intensive – puisqu'on ne savait pas comment produire autrement – et les abeilles échapperaient aux pesticides qui affectaient leur système nerveux.

Partout, on fit pousser des plantes génétiquement modifiées. Les résultats furent bons, au départ, et ces plantes se propagèrent à la vitesse de l'éclair. Tandis que les abeilles continuaient à mourir. Le phénomène s'intensifiait. En 2029, la Chine déplorait cent milliards d'abeilles en moins.

Il ne fut jamais établi que les abeilles étaient sensibles aux phéromones. De toute façon, il était trop tard. Les plantes poussaient comme du chiendent. Chaque fossé était bordé de végétaux qui faisaient fuir les insectes.

La terre s'arrêta de tourner.

À la bibliothèque, je trouvai des interviews d'apiculteurs originaires des quatre coins du globe. Leur résignation était manifeste. Ils étaient devenus les porte-parole et les représentants de la crise. Certains, furieux, juraient de lutter, mais plus on avançait dans le temps, plus leur renoncement devenait évident. Si j'avais vu ces films plus tôt, je n'y aurais sans doute pas prêté attention. Ils étaient les témoins d'une époque révolue. Je n'avais rien en commun avec ces hommes épuisés en tenue de travail, les traits épais, la peau tannée par le soleil, qui s'exprimaient avec des mots simples. Mais à présent, je voyais l'être humain en chacun d'entre eux, l'être humain brisé par une catastrophe plus grande que lui. Chaque témoignage me bouleversait.

George

Un jour, il débarqua sans crier gare. Je reconnus sa voix en sortant de la grange, où j'avais travaillé de longues heures, casque sur les oreilles, hermétique à tout signal de l'extérieur. Je traversai la cour au pas de course. Il était venu ! Emma l'avait sans doute appelé pour lui raconter dans quel pétrin nous nous trouvions. Il était venu nous prêter main-forte ! Avec lui ici, tout serait plus facile. Avec lui, je me sentais en mesure de relever le défi. De fabriquer des ruches vingt heures par jour si nécessaire. De travailler comme jamais.

Puis j'entendis leur conversation. Il parlait de son boulot d'été. Avec enthousiasme. Je m'arrêtai net ; immobile sur le seuil, je n'arrivais pas à me décider à entrer.

— Certes, c'était un papier sur des tomates, mais quand même, disait-il. D'une certaine façon, tout sujet devient intéressant dès lors que tu te penches dessus. Je n'avais jamais vu d'aussi grosses tomates de ma vie. Le photographe non plus. Et l'agriculteur qui a remporté le concours était tellement fier. L'article a fait la une, tu te rends compte ? Mon premier article, directement en première page !

Je posai la main sur la poignée.

Emma riait et se répandait en louanges, comme si Tom était un gamin de cinq ans qui venait juste d'apprendre à faire du vélo.

J'ouvris la porte d'un geste sec. Un grand silence m'accueillit.

— Salut, dis-je. Je ne savais pas que tu venais.

— Ah, te voilà ! s'exclama Emma.

— Je voulais faire la surprise à maman.

— Figure-toi qu'il s'est coltiné ce long trajet alors qu'il doit être de retour là-bas dimanche !

— Il y avait une raison ? hasardai-je.

— C'est l'anniversaire de maman, quand même.

Je l'avais complètement oublié. Je fis un calcul rapide : heureusement, ce n'était que le lendemain.

— Et puis, je voulais voir comment ça allait, ajouta-t-il tout bas.

— À quoi bon ?

— George ! fit sèchement Emma.

— On s'en sort, dis-je à Tom. Mais c'est bien que tu sois rentré pour l'anniversaire de ta mère.

Nous le célébrâmes le lendemain autour d'un plat de poisson. Je n'en avais pas mangé depuis la dernière visite de Tom. À table, il nous parla longuement du journal local pour lequel il travaillait. Je compris qu'on l'abreuvait de compliments. D'après le rédacteur en chef, il « avait l'œil ». Pour ce que ça voulait dire… Emma riait sans arrêt, j'avais presque oublié ce son.

En vitesse, j'étais allé lui acheter en ville un collant de marque et une crème pour les mains.

— Oh, mais je n'avais besoin de rien, cette année ! s'exclama-t-elle en ouvrant le paquet.

— Allons donc. En plus, c'est un cadeau utile, ça te servira pendant longtemps.

Elle murmura un remerciement, mais je vis ses yeux glisser sur l'étiquette du prix que je n'avais réussi à décoller qu'à moitié. Combien avais-je dépensé de l'argent que nous n'avions pas, semblait-elle se demander.

De Tom, elle reçut un gros livre, dont la couverture représentait une ferme dans le brouillard. Emma aime les livres qui durent longtemps.

— Acheté avec mon premier salaire, annonça-t-il gaiement.

Elle le remercia chaleureusement et il eut droit à un sourire, lui. Puis le silence tomba. Tom se resservit. Je sentais ses yeux sur moi tandis qu'il mâchait lentement.

— Raconte, papa, lança-t-il soudain.

Parlait-il des abeilles ?

— Eh bien. Ouvre bien grand tes oreilles. Il était une fois…

— George ! m'interrompit Emma.

Tom me fixait toujours avec ses satanés grands yeux.

— Maman et moi en avons un peu discuté, mais elle m'a dit que c'était à toi qu'il fallait demander, que c'était toi l'expert.

Il s'exprimait comme un adulte. Comme s'il était cet adulte. Je me tortillai sur ma chaise, j'avais les fesses en compote et mal au dos.

— Ça te passionne, ma parole ! fis-je remarquer.

Il posa ses couverts, s'essuya soigneusement la bouche avec sa serviette.

— J'ai lu pas mal de choses au sujet du syndrome d'effondrement des colonies d'abeilles ces derniers temps. Mais ce ne sont que des hypothèses. Je me disais que toi, qui es sur le terrain tous les jours, tu aurais peut-être une idée des éventuelles raisons…

— Ah, c'est le journaliste qui nous rend visite, si je comprends bien. Tu as l'intention d'écrire un article là-dessus ?

Il cligna des yeux, son visage se crispa. Touché !

— Non, papa. Non. Ce n'est pas pour ça que je suis venu.

Puis il se tut.

Soudain, l'odeur du poisson me devint insupportable,

elle me prenait à la gorge, imprégnait mes cheveux et mes vêtements, je me levai d'un mouvement brusque.

— Il y a autre chose à manger ?

— Il reste du poisson, si tu veux, proposa Emma en posant le livre qu'elle tenait toujours à la main.

Je me dirigeai vers le réfrigérateur, sans leur accorder le moindre regard.

— Je voulais dire autre chose que du poisson.

— Il y a le dessert, indiqua-t-elle de la même voix gaie et légère.

— Ce n'est pas le dessert qui va me caler.

Je me retournai, la fixai, avant que mon regard ne glisse vers Tom. Tous deux me dévisageaient avec la mansuétude qu'ils auraient réservée à l'idiot du village. Tom se tourna vers Emma.

— Tu n'étais pas obligée de faire du poisson à cause de moi. C'est quand même ton anniversaire. Tu aurais dû préparer un plat que tu aimes, plutôt.

— Mais j'aime bien le poisson, moi ! s'exclama-t-elle.

J'avais l'impression de l'entendre lire un texte à voix haute.

— Pour le dîner demain, surtout, ne vous inquiétez pas pour moi, mangez comme d'habitude, ajouta Tom.

Cette foutue politesse !

— De toute façon, tu pars demain, non ? demandai-je.

— Effectivement, répondit Tom à voix basse.

— Mais il aura le temps d'avaler un morceau si on dîne de bonne heure, intervint Emma. N'est-ce pas, Tom ?

— Oui.

— Qu'est-ce que tu entends par de bonne heure ? Je voudrais bien avoir le temps de travailler avant de manger.

Ma voix était bourrue et grinçante.

— On avait dit quatre heures, non ? s'enquit Emma auprès de Tom.

— Je peux peut-être essayer de rester un peu plus longtemps, répondit ce dernier.

J'ignorai sa proposition.

— Quatre heures ? C'est ce que j'appelle le déjeuner, rétorquai-je.

— Je ne veux surtout pas vous stresser, précisa Tom.

— Préparer un repas simple pour mon garçon n'a absolument rien de stressant, mon chéri, gazouilla Emma.

— Ce n'est pas le travail qui manque en ce moment, comme tu l'as peut-être compris, nuançai-je.

Que l'un de nous soit honnête, bon sang !

— Je te donnerais volontiers un coup de main pendant que je suis ici, s'empressa de dire Tom.

— Une demi-journée avec tes muscles d'étudiant, ça ne va pas nous mener bien loin.

Emma ne prit même pas la peine de commenter, elle se tourna vers Tom.

— Oh oui, ce serait fantastique si tu pouvais aider un peu ton père, dit-elle de sa voix mielleuse.

— Oh oui, FANTASTIQUE ! m'exclamai-je.

Aucun d'entre eux ne réagit. Heureusement. Tom saisit sa fourchette, gratta la nourriture. Déplaça quelques arêtes et une peau grise luisante.

— J'aurais aimé pouvoir rester un peu plus longtemps.

Aurais. Comme si c'était du passé. Comme si c'était indépendant de sa volonté.

— Tu ne peux pas les appeler pour leur demander l'autorisation d'arriver un peu plus tard ? suggéra Emma.

— On était trente-huit à postuler pour ce boulot, murmura Tom.

Je me dirigeai vers la porte. J'en avais plein le dos de ses excuses.

J'étais déjà dans la cour quand il me rattrapa.

— Papa… attends.

Je continuai à marcher en direction de la grange, sans me retourner.

— Faut que je travaille.

— Je peux t'accompagner ?

— Ça ne s'apprend pas comme ça, ça demande un gros investissement. Ça ne vaut pas la peine pour aussi peu de temps.

— Mais puisque je te dis que je veux t'aider.

Cette insistance était nouvelle. Les mots s'insinuèrent en moi et je sentis quelque chose se briser. Disait-il vrai ? Je ne pus m'empêcher de me retourner vers lui.

— On va se marcher dessus.

— Papa. Ce n'est pas parce que je suis journaliste. C'est parce que… ça m'intéresse. Vraiment.

Il me regardait. Avec ses grands yeux ronds.

— Cette ferme, c'est aussi la mienne.

Puis il se tut. Il me regardait. Il n'avait pas l'intention d'ajouter quoi que ce soit. J'étais incapable de résister à ce regard, aux beaux yeux de mon garçon. Enfant et adulte à la fois.

Il était sincère.

— OK.

Je hochai la tête, j'avais un gros chat dans la gorge.

— OK, si tu veux.

Je m'éclaircis la voix, mais il n'y avait, semblait-il, rien d'autre à dire.

WILLIAM

La lettre arriva par la diligence de l'après-midi. J'étais toujours sur mon petit nuage. La veille, tout s'était déroulé comme je l'avais souhaité, et peut-être mieux encore. Le souvenir de mon échange avec Rahm, sous le regard d'Edmund, me remplissait de la joie que l'on éprouve quand on atteint la perfection. À ce moment précis, l'idée avait rejoint l'instant pour se fondre en une synthèse supérieure. Mon cœur s'accéléra lorsque je découvris le cachet de la poste. Karlsmarkt. C'était forcément lui. La consécration, le lendemain de cette journée exceptionnelle. C'était trop. Étais-je Icare ? Allais-je me brûler les ailes ? Ou cela n'était-il que le résultat mérité de ce dur labeur ?

J'emportai la lettre dans ma chambre et je m'installai confortablement. Avec la déférence dont j'aurais témoigné pour rencontrer saint Pierre en personne, je brisai le sceau.

Karlsmarkt, le 29 août 1852

Cher et honoré William Savage,

C'est avec un grand enthousiasme que j'ai pris connaissance de votre missive. Le travail que vous avez accompli se révèle fort intéressant. J'ose espérer que les apiculteurs dans votre région sauront tirer profit de vos ruches.

Je suppose que, depuis que vous m'avez écrit, vous avez

eu vent des prouesses du pasteur Lorenzo Langstroth. Peut-être avez-vous même déjà reçu le courrier vous annonçant que votre demande de brevet était refusée. Pardonnez-moi par conséquent si je ne fais que répéter ici des informations que vous détenez déjà.

Vos pensées semblent avoir suivi le même cheminement que celles d'un apiculteur du Nouveau Monde. Je dois dire que c'est avec une certaine surprise que j'ai lu la description de votre ruche. J'ai eu le plaisir de correspondre avec le pasteur Langstroth au cours de cette dernière année, et je sais qu'il a fait breveter ses cadres, identiques en tout point à ceux que vous dépeignez dans votre lettre. Lui aussi, à force de tâtonnements, est parvenu à calculer l'espacement idéal entre les parois de la ruche et les cadres, ainsi qu'entre les cadres eux-mêmes – bien que lui fût arrivé à la distance idéale de 9,5 millimètres.

J'aime à penser que vous poursuivez vos recherches de la plus fructueuse des façons, car je suis convaincu que notre connaissance des abeilles demeure très superficielle. Je serais heureux de recevoir de vos nouvelles et espère que nous pourrons entretenir une correspondance d'égal à égal, entre confrères.

Avec tout mon respect,
Johann Dzierzon

La lettre tremblait entre mes mains, un mauvais rire tintant à mes oreilles. *Entretenir une correspondance. D'égal à égal.* J'avais beau me répéter ces mots, ils n'avaient aucun sens.

Il était trop tard. Je n'étais l'égal de personne.

C'était moi que l'on devait mettre dans une caisse coiffée d'un couvercle, c'était moi que l'on devait observer et commander d'en haut. Il était d'ailleurs inutile de m'apprivoiser : la vie m'avait déjà maté.

Je lâchai la lettre et me levai. Il me fallait renverser, détruire, casser. N'importe quoi qui me permît d'arrêter l'ouragan se déchaînant en moi. Brusquement, mes mains balayèrent les livres, l'encrier et les dessins sur le bureau. L'encre gicla sur le parquet où elle forma une tache qui me rappellerait constamment mon échec. Mais je n'avais nul besoin qu'on me le rappelât : toute ma personne et mon corps aux contours flous l'attestaient.

Le contenu de la bibliothèque prit le même chemin que l'encrier, suivi par le fauteuil de bureau. Je lacérai les planches de croquis accrochées au mur. Déchirai le monstre marin de Swammerdam : plus jamais mon regard ne se poserait dessus, ne chercherait Dieu dans l'infiniment petit.

Puis la tapisserie. Cette maudite tapisserie jaune. Je l'arrachai bande par bande jusqu'à ce qu'elle laissât apparaître le mur qu'elle recouvrait.

Soudain, les plans de la ruche finirent entre mes doigts. Ces plans qui ne valaient rien. Il fallait les détruire, eux aussi.

Les muscles de mes mains se contractèrent. J'aurais voulu les chiffonner, les déchirer, mais j'en étais incapable.

Incapable.

Car ce n'était pas à moi de le faire. Ce n'étaient pas les miens, mais les siens. Tout était sa faute, c'était donc à lui de s'en charger.

Je bondis dans le couloir.

— Edmund !

Sans frapper, je me ruai à l'intérieur, il n'avait pas pris la peine de fermer à clé.

Il sauta de son lit. Les cheveux en bataille, les yeux injectés de sang, il empestait l'alcool. L'époque où je faisais semblant de ne rien sentir était révolue. Une fois les plans en morceaux, il devait être fouetté. Flagellé avec la boucle de la ceinture, jusqu'à en avoir le dos en sang.

— Tiens ! hurlai-je en jetant les dessins sur son lit. Les voilà !

— De quoi parlez-vous ?

— C'est toi qui as tout déclenché. C'est pour toi ! Que veux-tu que j'en fasse ?

— Père… Je dormais.

— Ils ne valent rien. Tu m'entends, rien !

Son regard s'éclaircit, il émergeait. Il saisit une des feuilles.

— De quoi s'agit-il ?

— Ils ne valent même pas le prix du papier sur lequel ils sont dessinés ! Ils ne valent rien, je te dis !

Il observa les taches d'encre dénuées de sens.

— Ah, murmura-t-il enfin, la ruche….

J'ahanais.

— Ces dessins t'appartiennent désormais. C'était toi qui voulais que je me lance là-dedans. Tu peux en faire ce que tu veux.

— Moi qui voulais que vous vous lanciez… Je ne comprends pas.

— Tu as tout déclenché. Maintenant, tu peux les détruire. Brûle-les ! Déchire-les ! Fais-en ce que tu veux !

Il se pencha péniblement et but une gorgée d'eau.

— J'ignore ce que vous voulez dire, père.

— C'est ton œuvre. Je les ai faits pour toi.

— Mais pourquoi ?

Il me dévisageait de ses yeux étrécis. Il paraissait plus que ses seize ans.

— Le livre ! m'écriai-je.

— Quel livre ? De quoi parlez-vous ?

— Le livre de Huber. François Huber ! L'apiculteur aveugle !

— Père. Je ne comprends pas.

Il me contemplait comme si j'étais aliéné. J'étais atterré. Il ne s'en souvenait même pas. Cet instant qui avait tant représenté pour moi.

— Celui que tu as laissé sur mon bureau… après être venu… ce dimanche, quand le reste de la famille était à l'église.

Soudain, il sembla se rappeler.

— Ce jour-là, oui. Au printemps…

J'acquiesçai d'un signe de tête.

— Je n'oublierai jamais ce moment. De toi-même, tu étais venu me voir.

Son regard se fit fuyant, ses mains s'agitèrent comme pour essayer d'attraper quelque chose dans l'air, alors qu'il n'y avait que les grains de poussière.

— C'était à la demande de mère, dit-il enfin. Elle pensait que cette visite vous inciterait à vous ressaisir.

Thilda. Décidément, c'était vraiment son fils à elle, encore et toujours.

George

Jusqu'à la tombée de la nuit, nous fabriquâmes des ruches. Il travaillait dur, sans rechigner. Posait des tas de questions, apprenait vite ; il était précis, rapide.

Le son du marteau sur le clou, rythmique. La scie grinçante, sa musique. Et parfois, le silence. Le vent, les oiseaux dehors.

Le soleil cognait sur le toit de la grange, nous ruisselions de sueur. Il passa la tête sous le robinet pour se rafraîchir, puis s'ébroua comme un chien en riant, faisant pleuvoir sur moi une myriade de gouttes fraîches. Je ris à mon tour.

Nous remîmes ça le dimanche. Nous ne parlions que des ruches. Il avait l'air authentiquement heureux d'être là, heureux comme je ne l'avais jamais vu depuis qu'il était gamin. Il avait bon appétit. Il mangea même un morceau de jambon au déjeuner.

Alors que nous étions assis dehors avec une tasse de café, je contrôlai l'heure : près de quatre heures. Le bus allait bientôt partir. Je ne dis rien. Peut-être l'avait-il oublié. Peut-être avait-il changé d'avis.

Il consulta sa montre, lui aussi.

Puis il la retira. Et la mit dans sa poche.

— Papa. C'était comment la première fois ?

Il me regardait. Il avait retrouvé son air grave.

— Comment ça ?

— Quand tu as ouvert la première ruche ?

— D'après toi ? C'était l'enfer.

— Mais... qu'est-ce qui avait changé ? Comment ce changement se manifestait-il ?

J'eus du mal à avaler ma gorgée de café.

— Je ne sais pas... Elles avaient disparu, c'est tout. Il n'en restait que quelques-unes tout en bas. C'était pitoyable. Il n'y avait plus que la reine et des larves, toutes seules.

Je me détournai pour qu'il ne voie pas mes yeux embués.

— Et tout se passe tellement vite ! Un jour, elles sont en pleine forme, et le lendemain, disparues !

— Rien à voir donc avec la mortalité hivernale, constata-t-il.

J'opinai.

— La mortalité hivernale, en général, on sait à quoi elle est due. Soit au temps, soit au manque de nourriture, soit aux deux.

La tasse entre les mains, il réfléchissait.

— Ce qui n'empêche que tu subiras encore aussi des cas de mortalité hivernale, finit-il par dire.

— Évidemment. Les hivers sont rudes, parfois.

— Et ça ne va pas aller en s'améliorant, ajouta-t-il. Car les hivers deviendront plus rigoureux encore, avec des orages, des tempêtes.

Je ne savais pas quoi dire.

— Et la mortalité estivale, continua-t-il. Tu subiras aussi d'autres cas de mortalité estivale. Car les étés, eux, deviennent plus humides, plus instables.

— Ouais, peut-être. Même si, dans ce domaine, on n'est sûr de rien.

Sans prendre en compte mon intervention, il poursuivit en haussant le ton :

— Et tu subiras aussi de nouveaux effondrements. Ça

se reproduira. Les abeilles sont en train de mourir, papa. Nous sommes les seuls à pouvoir agir.

Je me tournai vers lui. Je ne lui connaissais pas cette fougue.

— Nous ? Toi et moi ?

Il ne sourit pas, mais il ne se braqua pas non plus. Il était juste drôlement sérieux.

— Les hommes, en général. Il faut qu'on change. C'est de ça que je te parlais l'autre fois dans le Maine. Nous ne devons pas intégrer le système. Nous devons changer avant qu'il ne soit trop tard.

Je déglutis. Je me sentais si fier de lui tout à coup.

— On y retourne ? demanda-t-il doucement.

Je lui emboîtai le pas.

Le soir tomba. La nuit aussi. Claire.

Nous étions assis tous les trois sur la galerie.

— Tu te souviens du serpent ? lançai-je.

— Et des abeilles ? répondit Tom.

— De quoi vous parlez ? demanda Emma.

Tom et moi échangeâmes un regard complice.

Le lendemain, je dormis tard et me réveillai souriant, en pleine forme, prêt à fabriquer de nouvelles ruches.

Emma était assise à la table quand j'entrai dans la cuisine. Elle avait commencé le gros livre.

Il n'y avait qu'une assiette devant elle. Je regardai autour de moi.

— Où est-il ?

Elle posa son livre. Les commissures de ses lèvres se recourbèrent en une moue triste.

— Oh, George.

— Quoi ?

— Tom est parti tôt. Avant le petit déjeuner.

— Sans dire au revoir ?

— Il ne voulait pas te réveiller, a-t-il dit.

— Mais je croyais…

— Oui. Je sais.

Elle reprit son livre auquel elle semblait s'agripper, sans faire d'autre commentaire.

Je n'eus pas la force d'ajouter quoi que ce soit.

J'avais l'impression que Dieu s'était moqué de moi. Qu'il avait descendu une échelle du ciel pour me laisser le rejoindre là-haut et admirer à ses côtés une prairie de barbe à papa, avant de me pousser dans le vide pour que je retombe à terre. Dans un monde sous la pluie. Gris. Boueux. Pauvre.

Si ce n'est que le soleil brillait toujours autant. Il tuait la planète avec ses rayons brûlants.

J'avais perdu les abeilles.

Et j'avais sans doute aussi perdu Tom. Depuis longtemps. J'étais juste trop bête pour m'en être aperçu avant.

Tao

— Madame. On ferme.

La gardienne faisait tinter au-dessus de moi son lourd trousseau de clés.

— Vous pouvez revenir demain matin. Ou emprunter des ouvrages.

Je me redressai.

— Merci.

J'étais en train de lire un long article sur la mort des bourdons. L'extinction des bourdons et des abeilles sauvages, survenue en même temps que celle des abeilles à miel, était passée presque inaperçue. Pourtant, les abeilles sauvages étaient responsables des deux tiers de la pollinisation dans le monde – il n'y avait bien qu'aux États-Unis que les abeilles à miel fournissaient le gros du travail. Méconnues, négligées, les abeilles sauvages étaient tout autant victimes des parasites, des virus et du climat incertain. Et des pesticides qui se trouvaient dans la terre, en quantité suffisante pour empoisonner les générations futures, qu'il s'agisse d'abeilles ou d'êtres humains.

De nombreuses recherches furent menées pour essayer de trouver d'autres insectes capables de polliniser. On chercha d'abord à élever les abeilles sauvages qui avaient survécu, en vain. Puis on s'intéressa aux différentes espèces de mouches pollinisatrices, les *Ceriana conopsoides*, les *Chrysotoxum octomaculatum* ou les *Cheilosia reniformis*, toujours sans résultat. Parallèlement, les changements climatiques rendirent le monde de plus en plus inhospitalier. L'élévation du niveau de la mer et les phénomènes météorologiques extrêmes obligèrent des populations entières à fuir, mettant en péril la sécurité alimentaire. Auparavant, les gens se battaient pour le pouvoir ; désormais, ils se battaient pour manger.

Comme tous les autres, cet article s'arrêtait en 2045. Cent ans après la fin de la Seconde Guerre mondiale, la Terre, telle que l'homme moderne l'avait connue, n'était plus en mesure d'accueillir ses habitants. En 2045, il n'y avait plus aucune abeille sur la planète.

J'avais rejoint les rayonnages consacrés à l'Effondrement pour remettre les livres à leur place lorsque je remarquai un volume, ni spécialement épais ni spécialement tape-à-l'œil. Sa couleur, toutefois, ainsi que les idéogrammes qui formaient son titre attirèrent mon attention : *L'Apiculteur aveugle*.

Il émit un petit soupir quand je le détachai du livre voisin, auquel au fil du temps avait adhéré sa couverture plastifiée. Elle était raide sous mes doigts, mais les pages s'écartèrent facilement, comme pour me souhaiter la bienvenue. Ou plutôt pour célébrer nos retrouvailles. Car nous nous connaissions déjà, le livre et moi. La première fois que j'avais lu *L'Apiculteur aveugle*, c'était sous la forme d'un exemplaire en mauvais état. Celui que je tenais entre mes mains était neuf. Je jetai un coup d'œil à la page de titre : 2037. Première édition.

Dès le premier chapitre, je tombai sur des images connues : la reine et les bébés larves, dans des alvéoles entourées de miel doré. Dans une ruche, un cadre grouillant d'abeilles agglutinées les unes aux autres, toutes identiques, impossibles à différencier. Des corps rayés, des yeux noirs, des ailes chatoyantes aux couleurs de l'arc-en-ciel.

Je continuai à feuilleter l'ouvrage et retrouvai les passages dédiés aux bienfaits du savoir, qui m'avaient tant marquée enfant. À présent, les mots produisaient sur moi une impression plus forte encore : pour vivre en harmonie avec la nature, nous devions nous libérer des pulsions propres à notre espèce... L'éducation permettait de refréner nos envies, nos instincts...

Des pas m'interrompirent : la gardienne qui approchait de moi en secouant son trousseau de clés.

— J'emprunterais bien celui-ci, fis-je en montrant le livre.

— Si vous voulez, répondit-elle avec un haussement d'épaules.

Je posai *L'Apiculteur aveugle* sur le lit, à côté d'une pile d'autres livres. J'en avais emprunté autant que je pouvais en porter. J'avais bien l'intention de poursuivre ma lecture. Mais d'abord, j'avais besoin d'une douche.

Je me déshabillai au beau milieu de la pièce, formant au sol une boule de vêtements sales et malodorants.

J'utilisai jusqu'à la dernière goutte d'eau chaude, me lavant les cheveux trois fois de suite, frottant mon cuir chevelu pour en évacuer toute la crasse de la ville morte, puis je me brossai longuement les dents et, la serviette enroulée au-dessus de la poitrine, retournai dans la chambre.

Aussitôt, je remarquai que mes vêtements avaient disparu. Une femme était assise sur mon lit, plus jeune que moi, le teint frais, l'apparence soignée, des vêtements ajustés qui ressemblaient à un uniforme. Cette femme ne travaillait certainement pas dans les arbres.

Dans la main, elle tenait l'un de mes livres. Elle m'observa, l'air neutre. J'avais perdu la capacité de parler, mon cerveau cherchait désespérément à reconstituer le puzzle. Étais-je censée la connaître ?

Elle se leva tranquillement, reposa le livre, puis me tendit mes vêtements, maintenant bien pliés.

— Il serait temps de vous habiller.

Je restai plantée devant elle, interdite. Cette femme se comportait comme si sa présence ici était normale. L'était-elle ? Je scrutai son visage en espérant ranimer des souvenirs. En vain. Ma serviette était en train de se dénouer, de glisser. Bientôt, j'allais me retrouver nue, plus vulnérable encore.

— Comment êtes-vous entrée ? lançai-je avec un aplomb qui me surprit.

— J'ai emprunté une clé.

Elle prononça cette phrase avec un sourire désinvolte, comme si c'était une évidence.

— Que voulez-vous ? Qui êtes-vous ? balbutiai-je.

— Je vous demanderai de bien vouloir vous habiller et de venir avec moi.

Ce n'était pas une réponse, c'était un ordre.

— Pourquoi ? Qui êtes-vous ?

— Tenez.

Une fois encore, elle me tendait mes vêtements.

— Que voulez-vous ? De l'argent ? Je n'ai pas grand-chose.

Je me dirigeai vers le tiroir de la table de chevet et lui présentai le peu de monnaie que je possédais encore.

— C'est le Comité qui m'envoie, dit-elle. Veuillez me suivre, s'il vous plaît.

William

Assis sur un banc dans le jardin, suffisamment près des ruches pour les observer, mais assez loin pour éviter les piqûres, je me tenais immobile, les dessins sur les genoux, telle une proie sur le qui-vive. Mais l'attaque était déjà passée. Je n'étais plus qu'une charogne.

L'abeille meurt quand ses ailes sont usées, déchiquetées par trop de battements, comme les voiles du *Hollandais volant*. Alors qu'elle prend son envol, gorgée de nectar et de pollen, ses ailes, sans prévenir, refusent de la porter. Elle ne retourne jamais à la ruche, mais s'écrase au sol, avec son butin. Si les abeilles étaient douées de sentiments humains, sans doute éprouveraient-elles à ce moment-là un bonheur sans mélange : la satisfaction d'entrer au royaume des cieux en ayant pleinement accompli leur devoir d'abeille, en ayant fourni pour ce faire des efforts gigantesques compte tenu de la petitesse de leur corps.

Je ne connaîtrais jamais une telle fin. Aucune aile déchirée, aucune mort n'attesterait que j'avais accompli la mission pour laquelle j'avais été mis au monde. Je n'avais rien fait. J'allais vieillir, m'empâter, et un jour je disparaîtrais sans avoir marqué mon temps, sans rien léguer à la postérité que la tourte de Swammer, une tarte salée qui vous recouvrait le palais d'une pellicule de graisse.

Autant en finir. Le champignon fatal se trouvait toujours dans le premier tiroir de la commode au fond du magasin, un tiroir verrouillé dont j'étais le seul à détenir la clé. Son action était rapide. En quelques heures, j'aurais perdu conscience. Les médecins attribueraient mon décès à la défaillance d'un organe, personne ne saurait que je m'étais donné la mort. Je serais alors délivré.

Malheureusement, le suicide aussi était au-dessus de mes forces. J'étais cloué au banc, incapable même de déchirer mes dessins. Comme d'habitude, elle arriva sans se faire remarquer. Même sa respiration était inaudible. Ses yeux rapprochés, qu'elle tenait de moi, étaient rivés sur les abeilles. À moins qu'elle ne regardât le vide… Je constatai qu'elle avait à la main la lettre de Dzierzon. Une fois de plus, elle avait dû fouiller dans mes affaires. Car j'avais compris que, depuis le début, c'était à elle que je devais tout : le magasin rangé, le livre sur le bureau. Autant d'attentions, autant de sacrifices que je n'avais pas vus, que je n'avais pas voulu voir. Sa présence me soulagea. Il ne me restait plus qu'elle, à présent.

Je montrai les dessins sur mes genoux.

— Détruis-les pour moi, murmurai-je. Je n'y arrive pas.

Aucune réaction de sa part.

— Aide-moi, l'implorai-je.

Elle posa une main sur les plans, garda le silence un instant.

— Non, répondit-elle enfin.

— Mais ils sont bons à jeter !

Ma voix se brisa, sans que cela semblât l'émouvoir. Elle se contenta de secouer lentement la tête.

— Il est trop tôt pour le dire, père. Ils peuvent peut-être encore servir.

J'inspirai profondément et je parvins à m'exprimer d'une voix calme, en m'efforçant de paraître rationnel.

— Ils ne sont d'aucune utilité. Détruis-les, j'insiste.

Emporte-les, brûle-les, mais fais-le hors de ma vue, là où je ne pourrai pas t'arrêter. Prépare un bûcher et fais monter les flammes jusqu'au ciel.

J'espérais qu'elle accéderait à ma requête, comme elle l'avait toujours fait. Mais pour une fois, elle me tenait tête. Pire : elle feuilletait les dessins, effleurait du doigt les traits que j'avais si patiemment tracés, qui m'avaient coûté tant d'efforts.

— Non, père. Non.

— Mais puisque je te dis que tel est mon souhait !

Aussitôt, mon cœur se serra. J'avais la main de mon père sur la nuque, son rire méprisant dans les oreilles, de la terre plein les genoux et une ceinture qui m'attendait. Elle était l'adulte, j'étais l'enfant. De nouveau j'étais ce garçon de dix ans accablé de honte : une fois de plus, j'avais échoué.

— Brûle-les… s'il te plaît.

C'est alors que je vis les larmes briller dans ses yeux. Quand l'avais-je vue pleurer pour la dernière fois ? Pas cet hiver, quand elle avait passé des heures et des heures à mon chevet, ni quand elle avait ramené à la maison un Edmund ivre mort, ni même quand elle m'avait trouvé par terre dans les bois.

Quel idiot j'étais ! Ces dessins, c'étaient aussi les siens, son œuvre. Elle était à mes côtés depuis le commencement, mais je m'étais pris pour le nombril du monde. Je n'avais eu d'yeux que pour mes recherches, mes plans, mes abeilles. Pourtant, nous étions deux : les abeilles étaient autant les siennes que les miennes.

— Charlotte.

Je déglutis.

— Oh, Charlotte ! Quel père j'ai été pour toi !

Elle leva sur moi un regard étonné.

— Que voulez-vous dire ?

— Tu… tu méritais mieux.

Elle passa la main sur ses yeux, son regard n'exprimait plus que la stupéfaction.

— Mieux ? Non…

J'aurais eu tant à lui dire… Que je m'étais comporté comme un parfait idiot, un égocentrique, que je ne lui arrivais pas à la cheville. Mais ces mots prirent soudain trop d'ampleur pour pouvoir franchir mes lèvres.

Je parvins juste à lui saisir la main. Elle me laissa faire, en prenant soin de retenir de l'autre la liasse de feuilles.

Nous restâmes ainsi sans rien dire.

— Il ne faut pas voir les choses sous cet angle, déclara-t-elle enfin. Vous m'avez offert plus que ce que n'importe quelle fille peut espérer. N'importe quelle fille de ma connaissance. Tout ce que vous m'avez montré, raconté, toutes ces choses auxquelles vous m'avez permis d'assister… Tout ce temps que nous avons passé ensemble, ces discussions, ce que vous m'avez appris… Pour moi, vous êtes… je…

Elle laissa passer un ange avant de déclarer :

— ... je n'aurais pas pu avoir de meilleur père.

J'émis un hoquet. Seule se faisait entendre la nature : le chant des oiseaux, le murmure du vent, le coassement d'une grenouille. Et les abeilles. Leur doux bourdonnement me rassérénait. Doucement, Charlotte retira sa main de la mienne.

— Vous ne les verrez plus, père.

Elle se leva en tenant les dessins à deux mains, comme si elle les considérait encore comme des objets de valeur, puis elle s'éloigna en direction de la maison.

Un profond soupir m'échappa, de reconnaissance et de soulagement : je savais que c'était maintenant terminé, définitivement terminé.

Je restai à admirer les abeilles, leur ténacité, alors qu'elles allaient et venaient sans répit.

Jusqu'à ce que leurs ailes se déchirent.

George

J'étais dans mon lit, incapable de trouver le sommeil. Tous les éléments étaient pourtant réunis pour me garantir une bonne nuit : le silence, la fraîcheur, l'obscurité. Ne faisait-il d'ailleurs pas un peu sombre pour la saison ? Je repensai à la lampe. C'était pour ça. Je n'avais jamais été foutu de la réparer. Les câbles rampaient toujours sur le mur, des vers de terre à la tête ornée d'un ruban adhésif isolant. Chaque jour, leur vue me mettait de mauvaise humeur. Encore un truc que j'aurais dû faire. Même si je savais que ce n'était pas le plus important. Je n'avais pas besoin de cette lumière, aucun d'entre nous n'en avait besoin. Mais les câbles rampants faisaient partie de tout ce qui n'allait pas ici. De tout ce qui ne fonctionnait pas.

Idéalement, il me faut au minimum sept heures de sommeil. Je me tournai vers le réveil. Minuit trente-deux. J'étais couché depuis vingt-trois heures huit. Emma s'était endormie tout de suite, et je m'étais moi-même assoupi relativement vite. Peu de temps après, je m'étais réveillé, la tête claire, l'esprit affûté. Et mon corps infichu de tenir en place.

Si je voulais être productif le lendemain, il fallait que je dorme. Un verre m'aiderait peut-être à trouver le sommeil.

Nous n'étions pas de gros buveurs, à la maison. Nous n'avions jamais d'alcools forts, mais je trouvai une bière dans le frigo. Je pris un verre dans le placard. Ne manquait plus que le décapsuleur. Il n'était pas accroché au mur, à sa place habituelle, à un crochet au-dessus de l'évier, entre les ciseaux et une spatule. J'ouvris le tiroir à couverts, je le sondai de fond en comble. Je tombai sur le tire-bouchon et quelques vieux élastiques, mais pas l'ombre d'un décapsuleur. Je fouillai un autre tiroir. Chou blanc. Emma avait-elle réorganisé la cuisine ? Je posai ma bière et entrepris d'ouvrir tous les tiroirs un par un. Je ne me souciais plus d'être silencieux, à présent. C'était sa faute, elle n'avait qu'à pas tout changer de place. Nom de nom, combien y avait-il de tiroirs dans cette foutue cuisine ? Des ustensiles prétendument utiles qui prenaient la poussière dans un coin. Un cuiseur à œufs, un moulin à poivre électrique, un truc pour diviser les pommes en six. Plein de conneries accumulées au cours des années, la moitié d'une vie. C'était à Emma qu'on devait la plupart de ces trésors. J'avais envie de prendre un sac et de tout jeter. De faire le ménage.

À ce moment-là, je l'aperçus. Il était dans le grand tiroir avec les cuillers en bois, les louches et les fouets. Tout au fond. Tout en dessous. Je m'empressai de décapsuler la bière. J'avais bien envie d'aller réveiller Emma et de lui dire ce que je pensais de sa manie de déplacer sans arrêt les affaires ! Pour me calmer, je me rinçai le gosier d'une longue goulée de bière fraîche. Mon ventre gargouilla, mais je n'avais pas le courage de me mettre en quête de quelque chose à manger. Je décidai de compter sur les vertus nourrissantes de la bière. Je n'étais pas fatigué le moins du monde. J'allais me diriger vers la télécommande quand mon regard se posa sur le mur de la salle à manger. Les plans. La ruche modèle de William Savage. Qui n'était devenue modèle que pour les membres de la famille Savage. Sur leur mur à l'abri du soleil. Dans des cadres dorés imposants, luisants, sans la moindre trace de poussière – Emma y veillait. De l'encre noire sur une feuille de papier jauni. Des chiffres.

Des mesures. Des descriptions rudimentaires. Rien de plus. Mais ces plans abritaient une histoire familiale qui s'était transmise de génération en génération depuis leur élaboration en 1852. La ruche modèle était censée être le coup d'éclat de William Savage, qui lui permettrait de faire son entrée dans les livres d'histoire. C'était compter sans un fringant Américain, Lorenzo Langstroth, qui conçut avant lui une ruche modèle. William Savage était purement et simplement arrivé trop tard, à une époque, sans téléphone, ni fax, ni Internet, où il était impossible de savoir qui travaillait sur quoi.

Ainsi, pour chaque grand inventeur, on dénombre une douzaine d'autres types coiffés au poteau. Savage était l'un d'entre eux. Ses ruches ne lui apportèrent ni gloire ni fortune.

Par chance, sa femme réussit à marier la plupart de leurs filles. Leur aîné Edmund, quant à lui, connut un sort moins heureux. Ce dandy turbulent qui avait pris très jeune goût à l'alcool fut avalé par les bas-fonds de Londres.

Seule une des filles resta célibataire. Charlotte, la plus brillante. La première femme de notre famille. Elle acheta un billet pour l'Amérique. Sa malle se trouve encore au grenier. Celle avec laquelle elle traversa l'Atlantique, accompagnée d'un enfant, dont l'identité du père ne fut jamais révélée. Ils étaient seuls en arrivant aux États-Unis, seuls avec cette malle qui contenait toute leur vie. Y compris les plans de la ruche dessinée par son père.

Et c'est là que tout avait commencé. À côté de son activité de professeur puis de directrice d'école, Charlotte s'était lancée dans l'apiculture. Elle n'avait que trois ruches, mais celles-ci suffirent pour que l'enfant, un garçon, prenne goût aux abeilles et en construise d'autres. Comme le fit plus tard son propre fils. Et le fils de ce fils. Et pour finir, mon grand-père, qui s'établit comme apiculteur et en fit son gagne-pain.

Foutus plans !

Brusquement, je donnai un coup de poing dans un des cadres. Le verre vola en éclats, la douleur fusa dans ma main et irradia dans tout mon corps. Le tableau vacilla, mais resta accroché au mur.

Il fallait les enlever. Il fallait enlever ces trois cadres.

Je les décrochai et les emportai dans l'entrée. Là, je pris mes chaussures, mes grosses chaussures d'hiver à semelles épaisses. Je les enfilai et sortis dans la cour.

J'allais avoir leur peau, les piétiner, les écraser. Et le bruit ? Je me tournai vers la fenêtre de la chambre. Aucune lumière ne brillait derrière la vitre. Elle dormait encore.

Je partis dans la grange. Je posai les cadres sur le sol.

J'aurais pu, bien sûr, me contenter de les ouvrir et d'enlever les feuilles de papier, mais je voulais entendre le bruit du verre. Le bruit du verre broyé sous ma grosse chaussure.

Je les foulai, encore et encore, sautai dessus à pieds joints. Le verre se brisa, les cadres se cassèrent. Exactement comme je l'avais imaginé.

Puis je fis glisser les plans hors des cadres. J'avais espéré que les éclats de verre les lacéreraient, mais non. Les feuilles, étonnamment rigides et robustes, étaient intactes. Je les empilai. Je pouvais les brûler, y mettre le feu et laisser l'œuvre de toute une vie partir en fumée, mais je préférai les placer sur l'établi. Les contempler un bref instant. Des plans minables qui n'avaient jamais rien apporté ici-bas. Et qui méritaient de connaître une fin médiocre. Un bûcher serait trop dramatique, trop digne. Il me fallait trouver autre chose.

Soudain, une idée jaillit dans mon esprit.

Au départ, mes mains refusèrent d'obtempérer. Puis je me fis violence et commençai à déchirer les feuilles en de longues bandes que je m'efforçais de rendre régulières. Mais le paquet était trop épais, et je voulais faire durer le plaisir. Je pris donc les feuilles une à une.

Que j'aimais ce bruit ! J'avais l'impression d'entendre le papier crier : Pitié ! Pitié !

C'était encore mieux que bien. Quel sentiment fantastique. Enfin j'accomplissais quelque chose, j'agissais. J'aurais pu continuer ainsi toute la nuit.

Je dus cependant m'arrêter. Cela ne servait à rien de les réduire en trop petits morceaux, ils deviendraient inutilisables.

Je rassemblai toutes les bandes de papier et les emportai. Je n'avais pas le courage de nettoyer les débris sur le sol, ça attendrait le lendemain. Je sortis dans la nuit, traversai la cour et franchis la porte d'entrée.

Je m'engageai dans le couloir. Là, j'ouvris la première porte sur ma droite et je fis deux pas dans l'obscurité. Un gargouillement m'indiqua que, comme d'habitude, la chasse débloquait. Il fallait probablement la changer. Je ne pris pas la peine d'allumer la lumière et d'y jeter un coup d'œil. Je me contentai de poser les plans, le papier, par terre. Prêts à l'emploi. À leur place. Dans les chiottes.

TAO

Nous étions assises dans l'une de ces voitures électriques qui avaient inondé le marché dans les années 2020, à l'époque où l'énergie solaire était en plein boum. Quand j'avais visité la ville avec mes parents, les rues en étaient encore remplies, même si elles étaient en très mauvais état pour la plupart. Au contraire, celle que nous prîmes ce jour-là, spacieuse, sombre, brillante de propreté, semblait réservée à l'élite. Je n'avais jamais vu un particulier bénéficier d'une voiture aussi haut de gamme. D'ailleurs, chez nous, seuls la police et les médecins possédaient des véhicules, comme celui qui avait transporté Wei-Wen à l'hôpital. Mais il s'agissait de petits cubes fabriqués à partir de matériaux légers afin de consommer le moins d'électricité possible. Cette voiture-là n'avait rien à voir. On ne croisait que rarement des engins pareils dans notre petite ville, et quand on les apercevait, avec leurs vitres teintées, glissant silencieusement dans les rues, on se demandait toujours ce que leurs occupants venaient faire dans un tel coin paumé.

Je passai la main sur le similicuir, qui avait dû être lisse. Car la voiture était luxueuse, mais elle n'était pas de première jeunesse, comme le révélaient le revêtement des sièges et l'odeur de vieux, à peine camouflée par le parfum des produits d'entretien.

La femme m'avait fait signe de m'asseoir à l'arrière, sur la banquette du milieu, tandis qu'elle s'installait à l'avant et dictait à l'autopilote une adresse et le nom d'un endroit qui ne m'évoquaient rien. Puis elle démarra. Je ne voyais que sa nuque. Elle ne parlait pas. J'envisageai un instant de la prier d'arrêter la voiture pour en descendre. Mais je savais que cela ne servirait à rien. On ne me laissait pas le choix. Et puis… peut-être me conduirait-elle à Wei-Wen ? Nous roulâmes pendant près de une heure. Dès que nous fûmes en périphérie, la route ne s'offrit plus qu'à nous. Aucun des feux de signalisation ne fonctionnait, nous traversions les rues à toute vitesse, sans nous soucier des autres véhicules éventuels. D'après les panneaux, nous nous dirigions vers Shunyi. Je ne savais rien de ce lieu mais, à en juger par le paysage qui défilait derrière ma vitre, il s'agissait de l'un de ces quartiers autrefois destinés aux classes supérieures. Les vastes maisons en retrait de la rue, de deux ou trois étages seulement, entourées d'immenses jardins, avaient dû connaître leur heure de gloire. Aujourd'hui, cependant, elles tombaient en ruine. Nous passâmes devant un ancien terrain de golf dévoré par les mauvaises herbes. À certains endroits on avait essayé d'en cultiver des lopins, à d'autres la terre était en friche, abandonnée à elle-même. Les habitants étaient-ils tous partis ? Enfin, la voiture s'arrêta. La femme descendit et m'invita à la suivre. Au centre de la place sur laquelle nous nous trouvions, une fontaine rouillait.

La statue d'un oiseau, une grue cendrée, gisait au fond du bassin. Était-ce l'œuvre de la nature ou de vandales ? Partout autour de nous, le plus grand silence, exception faite du vent qui cinglait les bâtisses aux tuiles et aux fenêtres mal fixées – le bruit des muscles de la Terre, qui, lentement mais sûrement, prenait sa revanche sur la civilisation et cherchait à exterminer les hommes.

Des voix dont je ne pouvais distinguer les propos me

firent lever la tête : deux silhouettes se découpant dans le ciel, sur le toit d'un vaste bâtiment. Les deux silhouettes lâchèrent quelque chose dans l'air. Des ombres rondes s'envolèrent en direction du centre-ville. J'avais lu qu'il existait autrefois des ordinateurs télécommandés, volants. Des drones. Était-ce ça ? Qui étaient-ils censés surveiller ? Et s'ils m'avaient suivie, moi aussi ? Et s'ils m'épiaient, depuis le début, accumulant sur moi tout un tas d'informations ?

— C'est par ici, déclara mon accompagnatrice.

Le bâtiment n'arborait ni nom ni pancarte. La femme posa la main sur une plaque de verre au mur, en plaçant ses doigts sur cinq points différents. Deux grandes portes couvertes de suie s'écartèrent en coulissant. Elles fonctionnaient à l'électricité, bien que tout le quartier aux alentours en semble privé depuis une éternité.

À peine dans l'édifice, je faillis rentrer dans le jeune homme qui montait la garde derrière la porte. Il n'était pas seul : je découvris plusieurs individus vêtus du même uniforme. Tous adressèrent à la femme un bref salut, auquel elle répondit avant de poursuivre son chemin d'un pas pressé.

Nous traversâmes un vaste hall et plusieurs *open space*. Soudain, il y avait du monde partout. C'était irréel, après ces jours et ces jours en ville sans croiser un chat. Pas une de ces personnes ne portait les stigmates du travail physique ou du soleil. Ils semblaient tous très occupés, assis pour la plupart devant de grands écrans, ou s'entretenant à voix basse dans des coins salons, ou autour de grandes tables rondes. Sous mes yeux se déployait un paysage totalement transparent. Cependant, malgré les cloisons vitrées et l'environnement ouvert, l'ambiance était feutrée. Des moquettes épaisses et des meubles lourds étouffaient les bruits. À plusieurs reprises, je manquai de trébucher sur des aspirateurs ronds et plats qui sillonnaient le sol en bourdonnant ; ils avalaient des saletés que je ne voyais pas.

L'Effondrement n'était pas arrivé jusqu'ici. J'avais l'impression de me trouver dans un monde qui appartenait au passé.

La femme s'arrêta au bout d'un couloir, devant le premier mur opaque que je voyais depuis que j'avais mis les pieds dans ces lieux. Elle frappa un petit coup à la large porte sculptée. Celle-ci émit un grondement sourd puis s'ouvrit en un clic. Wei-Wen. Était-il ici ? Je fus soudain prise de tremblements.

— Je vous en prie.

D'un signe de tête, elle m'indiqua la porte ouverte.

J'entrai d'un pas hésitant.

La porte se rabattit derrière moi. J'entendis le même bruit se répéter – le grondement, le clic. Elle m'avait enfermée.

Malgré l'absence de fenêtres, la pièce, spacieuse, était lumineuse. Le sol était moquetté et de lourdes draperies recouvraient les murs du sol au plafond. Que cachaient-elles ? Des gens ? Une porte ? Ne venais-je pas de percevoir un minuscule ondoiement sur ma droite ? Je fis volte-face. Rien qu'une illusion. La pièce semblait avoir été conçue pour qu'aucun bruit n'y pénètre. Ou ne s'en échappe. À cette pensée, mon pouls s'accéléra.

Les pans de tissu à ma droite frémirent, et tout à coup ils s'écartèrent. Une femme d'un certain âge apparut, un délicat sourire aux lèvres. Son visage ne m'était pas inconnu. Ce port de tête, cette chemise au col serré. Le lacis de rides autour des yeux. Je l'avais déjà vue, à maintes reprises, mais jamais en vrai.

Je me trouvais, ni plus ni moins, en face de Li Xiara. La voix à la radio, la chef du Comité, la plus haute autorité de notre pays.

Je reculai d'un pas, ce qui ne lui ôta pas son sourire.

— Je suis désolée de devoir vous rencontrer dans ces conditions, dit-elle, mais il n'était plus possible de ne pas vous parler.

Elle posa la main sur le dossier d'un fauteuil.

— Asseyez-vous, je vous en prie.

Sans attendre, elle prit place dans le fauteuil en face.

— Je sais que vous avez quantité de questions à me poser. Je regrette de n'avoir pas pu venir vous chercher en personne. J'espère que nous allons régler tout cela.

Elle parlait d'une voix douce et contenue, comme si elle lisait un manuel.

Nous étions assises face à face, la tête à la même hauteur.

Je ne pouvais pas m'empêcher de la regarder. Sans le filtre des photos officielles, son visage paraissait si nu. Peu à peu, je pris la mesure de ce qui m'arrivait. Cette femme… Quels choix avait-elle faits ? De quoi était-elle responsable ? De la mort de la ville ? De la situation du jeune garçon du restaurant ? De l'abandon des vieillards à l'hôpital ? De l'état de ces jeunes rôdeurs, désespérés au point de devenir des prédateurs ?

Du sort de ma mère ?

Il fallait que je repousse ces pensées, car elle en savait plus que moi.

— J'apprécierais que vous m'expliquiez la raison de ma présence ici.

J'imitais sa façon de parler, en essayant de paraître aussi sereine que possible.

— Au départ, vous nous avez posé problème.

— Pardon ?

— Surtout lorsque vous êtes arrivée ici, à Beijing.

Elle fit une pause.

— Mais après… Nous pensions vraiment vous contacter, nous n'avions pas l'intention de vous laisser, vous et votre époux, aussi longtemps dans l'incertitude. Mais il nous fallait d'abord être parfaitement, à cent pour cent, sûrs.

— Sûrs de quoi ?

Elle se pencha en avant sur son siège, comme pour se rapprocher de moi.

— Maintenant, nous le sommes.

Je gardai le silence. Sa voix neutre me remplissait de colère.

— Il était important, ajouta-t-elle, que vous cherchiez les réponses par vous-même.

J'inspirai profondément, j'avais besoin d'air.

— Je ne comprends pas ce que vous voulez dire.

— Vous aurez la possibilité de jouer un rôle dans les temps qui viennent. Et nous espérons que vous accepterez de collaborer.

— De quoi parlez-vous ?

— J'y viens. Avant cela, je voudrais savoir ce que vos recherches vous ont appris. Que pensez-vous qu'il est arrivé à votre fils ?

Je m'efforçai de garder mon sang-froid. Elle avait tout planifié, et je n'avais d'autre choix que de la suivre. Que se passerait-il si je refusais ?

— Je crois que je ne suis pas la seule, que Wei-Wen et moi ne sommes pas les seuls à être concernés par ce qui lui est arrivé, déclarai-je lentement. Que cela va bien au-delà.

Elle hocha la tête.

— Quoi d'autre ?

— Je crois que c'est pour cette raison que vous l'avez emmené. Et que ce qui est arrivé pourrait être… pourrait tout changer.

Elle attendit.

— Ne pouvez-vous pas me dire où il se trouve ?

Je l'implorais maintenant.

— Je ne sais rien de plus !

Elle demeurait silencieuse, le regard dans le vide.

Brusquement, ce fut comme si tout mon corps se braquait : sa voix calme, monotone, ses mystères, ce regard impassible et ce sourire insondable, tout cela me devint insupportable.

— Puisque je vous dis que je ne sais rien !

Je bondis sur elle.

Elle sursauta sur son siège.

Je l'empoignai par les épaules. Pour la première fois son expression se modifia, laissant place à un soupçon de peur.

— Où est Wei-Wen ? criai-je. Où est-il ? Que lui est-il arrivé ?

J'essayais de la soulever de son fauteuil.

— Je n'en peux plus ! Vous comprenez ? C'est mon fils !

Je l'avais forcée à se lever et je la secouais par le col. J'étais plus forte qu'elle après une vie de labeur dans les champs : elle n'avait aucune chance. Je la poussai contre la porte, la plaquai contre le bois. Son visage se crispa, enfin. Je ne desserrai pas pour autant mon étreinte.

— Où est Wei-Wen ? Où est-il ? hurlai-je à nouveau.

Au même instant, les gardes apparurent. Ils me forcèrent à lâcher mon emprise et me firent tomber à genoux tandis que de profonds sanglots se pressaient dans ma poitrine.

— Wei-Wen… Wei-Wen… Wei-Wen…

Elle se tenait au-dessus de moi. Elle avait retrouvé son calme, réajusté ses vêtements, repris son souffle.

— Laissez-la.

Perplexes, les gardes me lâchèrent. Je restai assise, pliée en deux, sans plus opposer la moindre résistance. Lentement Xiara s'avança vers moi, se pencha et posa la main sur ma nuque. Elle la laissa là un moment, puis elle me caressa la joue et me prit par le menton. Tendrement, elle me força à lever le visage vers elle.

Et elle m'adressa un petit signe de tête.

Il était allongé sur un drap blanc dans une pièce à l'éclairage cru. Il dormait. Une couverture dissimulait son corps. Seule sa tête dépassait. Il avait toujours ses joues douces et potelées, même s'il avait maigri. Ses orbites creusées étaient cernées de gris. Je m'approchai et vis qu'ils lui avaient rasé un côté de la tête. Un pas de plus et je compris pourquoi.

Derrière son oreille, à la racine des cheveux, sa peau était rouge. La piqûre. Je résistai à l'envie de me jeter sur lui. J'étais seule, mais je savais qu'ils me surveillaient. Comme toujours. Mais ce n'était pas par crainte des représailles que je restais immobile. Tant que je conservais cette distance de deux mètres entre lui et moi, je pouvais continuer à m'imaginer qu'il dormait.

Je pouvais continuer à faire abstraction des cristaux de glace et des stalagmites qui, telles des plantes grimpantes, montaient le long des pieds du lit.

Je pouvais continuer à ne pas voir le nuage blanc qui restait suspendu dans l'air à chaque fois que j'expirais.

Je pouvais continuer à ignorer qu'au-dessus de son lit, au-dessus du drap blanc, l'air restait limpide et froid. À m'imaginer qu'il dormait.

George

Ça sentait le brûlé à la ferme de Gareth. L'odeur douceâtre du miel chaud mêlée à celle de l'essence. La fumée fondit sur moi au moment même où j'ouvris la portière.

Le visage face au feu, il me tournait le dos. Le bûcher s'élevait sur plusieurs mètres, les ruches n'étaient pas empilées, mais jetées en vrac les unes sur les autres. Le feu grondait, crépitait, craquait. Joyeusement, m'apparut-il soudain. Comme s'il n'en faisait qu'à sa tête. Comme s'il appréciait de détruire l'œuvre d'une vie. Gareth tenait un jerrycan à la main.

Il se retourna et m'aperçut. Il n'eut pas l'air surpris.

— Combien ? demandai-je en hochant la tête en direction du feu.

— Quatre-vingt-dix pour cent.

Pas le nombre de ruches, pas le nombre de colonies, mais le pourcentage. Comme s'il s'agissait d'une question purement mathématique. Mais ses yeux disaient autre chose.

Il s'éloigna de quelques pas, posa le jerrycan. Puis le reprit, conscient sans doute qu'il ne pouvait pas le laisser traîner au milieu de la cour.

Sa peau écarlate était si sèche qu'elle commençait à se craqueler, une éruption cutanée s'étendait de la base de son cou bronzé jusqu'au haut de sa nuque.

— Et toi ?

Il releva la tête.

— La plupart.

Il hocha la tête.

— Tu les as brûlées ?

— Je ne sais pas si ça sert à grand-chose, mais bon…

— Ça ne vaut pas le coup de réutiliser les ruches. Elles en sont imprégnées.

Il avait raison. Elles puaient la mort.

— Je ne croyais pas que ça arriverait jusqu'ici, dit-il.

— Je pensais que c'était dû à un mauvais entretien.

Gareth esquissa ce qui était censé ressembler à un sourire.

— Moi aussi.

Il me rappela le petit garçon qu'il avait été, le gamin seul dans la cour de l'école. Son cartable vidé devant lui, les livres piétinés, les crayons éparpillés, le tout couvert de boue. Mais il gardait toujours la tête haute, s'agenouillait, ramassait ses livres, essuyait la boue avec la manche de son pull, rassemblait ses crayons, les rangeait dans sa trousse, comme il l'avait déjà fait des centaines de fois.

Guidé par une pulsion inexplicable, je tendis la main et la lui posai sur le bras.

Alors il courba la tête, son visage se contracta, j'eus presque l'impression de le voir se décomposer sous mes yeux.

Il laissa échapper trois hoquets profonds.

Son corps tressaillit sous mes doigts. Je me contentai de lui serrer le bras. Mais ce fut tout. Trois hoquets, rien de plus.

Puis il se redressa, passa le dos de sa main sur ses yeux sans me regarder. Au même instant, un coup de vent balaya la cour et la fumée s'abattit sur nous. Les larmes se mirent à couler.

— Foutue fumée ! m'exclamai-je.

— Ouais. Foutue fumée.

Nous restâmes ainsi, sans rien dire. Son corps fut parcouru d'un frisson, puis son visage se para à nouveau de son masque ironique.

— Dis-moi, George, que puis-je faire pour toi ?

Gareth avait raison. Les ruches arrivèrent aussitôt. Allison m'accorda le prêt sans ciller et, deux jours plus tard seulement, un camion gris pénétrait dans ma cour. Un gars bougon en descendit et me demanda où il devait les mettre.

Il les déchargea dans le pré avant même que je l'aie rejoint. Sans un mot, il me tendit une planche à pince sur laquelle était fixée une feuille. Il fallait que je signe pour en accuser réception.

Elles étaient donc là. Rigides. Du même gris acier que le camion dans lequel elles étaient arrivées. Elles dégageaient une odeur de peinture industrielle. Une longue rangée. Toutes identiques les unes aux autres. La seule chose que j'espérais, au point où j'en étais, c'était que les abeilles ne sentiraient pas la différence.

Mais évidemment qu'elles la sentiraient.

Elles sentaient tout.

TAO

Le garçon posa le riz devant moi sur la table. La fois d'avant, le bol était agrémenté de quelques morceaux de légumes et d'un peu d'œuf. Ce jour-là, je n'eus droit qu'à de la sauce de soja artificielle. Pourtant, l'odeur me prit à la gorge. Je n'avais pratiquement rien mangé depuis des jours. Ce n'était pas l'argent qui me manquait : Xiara m'avait fourni le nécessaire, et bien plus encore. Mais je ne parvenais à avaler que des biscuits secs. J'avais les nerfs à vif, la bouche sèche, la peau des mains craquelée. Je ne savais pas si j'étais déshydratée parce que je ne buvais pas assez ou parce que j'avais trop pleuré. J'avais les yeux secs, à présent. La voix de Xiara avait tari mes larmes. Elle m'avait rendu visite tous les jours, m'avait parlé, encore et encore, expliqué, convaincue. Et lentement, au fur et à mesure que le temps passait, j'avais réussi à trouver un sens à ses paroles. Je m'en emparais, presque avec avidité. Peut-être *voulais-je* leur prêter un sens. N'avoir qu'à la suivre, ne plus devoir penser par moi-même.

« Vous l'avez trop aimé, dit-elle.

— Peut-on aimer trop quelqu'un ?

— Vous étiez comme tous les parents. Vous vouliez tout donner à votre enfant.

— C'est vrai.

— Or tout, c'est beaucoup trop. »

Pendant une fraction de seconde, j'avais l'impression de saisir la signification de ses propos, avant de me heurter à nouveau au vide, à l'absence de sens. Les paroles qu'elle prononçait ne devenaient alors plus que des mots, et je n'avais plus qu'une pensée en tête : Wei-Wen. Wei-Wen, mon enfant.

La veille, elle m'avait rendu sa dernière visite. Elle voulait que je regagne mon village, où une tâche m'attendait. Elle voulait que j'aille à la rencontre du public, que je parle de Wei-Wen. Du retour des abeilles. Du but que nous nous étions fixé, qu'elle s'était fixé : les élever, dans un environnement surveillé, et faire tout ce qui était en notre pouvoir pour qu'elles se reproduisent à nouveau, afin que tout redevienne comme avant. Wei-Wen serait un symbole, m'assura-t-elle. Et je serais la mère qui aurait réussi à relever la tête, à tourner le regard vers l'avenir, à faire passer l'intérêt général avant son propre chagrin. *Si moi qui ai tout perdu je peux, alors vous aussi vous pouvez.* Elle ne me laissait pas le choix. D'une certaine façon, je comprenais pourquoi. Je comprenais qu'elle ne faisait que son devoir, ou ce qu'elle croyait être son devoir. Mais je n'étais pas sûre d'être capable de répondre à son attente.

Car la seule chose qui donnait un sens à tout cela, c'était lui. Son visage. Je tentais de m'y raccrocher. Son visage entre Kuan et moi. Ses yeux levés vers nous. *Encore. Encore. Un, deux, trois et hop !* Le foulard rouge gonflé par le vent.

Je devais partir le lendemain. Wei-Wen, lui, resterait ici. Plus tard, j'allais peut-être avoir le droit de lui offrir un véritable enterrement. Mais peu m'importait au fond, car ce petit corps froid recouvert d'une couche de givre, ce n'était pas lui. Ce visage n'était pas le sien, pas celui que j'essayais de garder en mémoire.

Je poussai le bol vers le garçon.

— C'est pour toi.

Il me lança un coup d'œil interrogateur.

— Mais vous, vous ne mangez rien ?

— Non, je l'ai pris pour toi.

Il resta à me regarder, en se balançant d'un pied sur l'autre.

— Assieds-toi donc.

J'entendis le ton suppliant de ma voix.

Il tira la chaise d'un geste vif et saisit le bol. Ça me faisait du bien de le voir manger. S'alimenter. Je l'observais alors qu'il enfournait le riz dans sa bouche, prenant à peine le temps de mâcher entre deux bouchées.

Une fois sa voracité en partie rassasiée, il se calma et porta les baguettes plus lentement à ses lèvres, comme soudainement guidé par un manuel de bonnes manières interne.

— Merci, murmura-t-il.

Je lui souris en guise de réponse.

— Tu es un peu plus avancé ? demandai-je après l'avoir laissé mastiquer les derniers grains de riz.

— À quel propos ?

— Sur votre sort. Vous avez l'intention de rester ici ?

— Je ne sais pas.

Il baissa les yeux.

— Je sais juste que pas un jour ne s'écoule sans que papa regrette son choix. Nous nous pensions en sécurité, dans ce lieu, nous pensions que notre place était ici, mais tout a changé. On ne sert plus à rien, on gêne.

— Vous ne pouvez pas partir ?

— Où ça ? Nous n'avons pas d'argent, ni d'endroit où aller.

De nouveau, un sentiment d'impuissance m'envahit. Encore une chose contre laquelle je ne pouvais rien.

À moins que… Tout à coup, le problème ne me parut plus insurmontable. Il existait une solution, j'étais enfin en mesure d'aider quelqu'un !

Je levai la tête.

— Venez avec moi.

— Pardon ?

Il me fixait avec étonnement.

— Rentrez avec moi.

— Vous rentrez chez vous ?

— Oui. Je rentre à la maison.

— Mais… nous n'avons pas le droit – ils ne voudront jamais nous laisser partir. Et pour le travail ? Il y a du travail pour nous là-bas ?

— Je vous promets de vous aider.

— Mais la nourriture ?

— Ça ne pourra pas être pire qu'ici.

Il posa les baguettes. Le bol de riz était vide. Il ne demeurait plus qu'un grain solitaire au fond. Il le vit, attrapa les baguettes, puis les reposa quand il remarqua que je l'observais.

— Vous n'avez pas le choix, murmurai-je. Vous allez mourir si vous restez là.

— Ce n'est peut-être pas plus mal.

— ... Que veux-tu dire ? me forçai-je à demander.

Qu'un être aussi jeune puisse nourrir de telles pensées m'était intolérable.

— Peu importe ce qui nous arrive, répondit-il, le nez sur sa poitrine. À papa et moi. L'endroit où nous vivons. Que ce soit ici. Ensemble. Ou seuls. Peu importe.

Sa voix soudain s'enroua. Il se racla la gorge.

— Plus rien de tout ça n'est important à présent. Vous ne l'avez toujours pas compris ?

Je ne trouvai rien à répliquer. Ses propos étaient le reflet déformé de ceux de Xiara. *Nous ne sommes pas importants en tant qu'individus*. Mais quand elle parlait de communauté, de collectivité, lui parlait de suicide.

Je me levai brusquement et me dirigeai vers la porte. Qu'il se taise ! L'espoir fragile auquel je me cramponnais était sur le point de voler en éclats.

— Faites vos valises, dis-je tout bas. Nous partons demain.

D'un geste vif, je sortis mon sac. Rassembler les quelques affaires que j'avais emportées ne me demanda pas beaucoup de temps. Les vêtements, quelques articles de toilette, la deuxième paire de chaussures. J'inspectai la chambre, je voulais m'assurer que je n'avais rien oublié. C'est alors que je les découvris. Les livres. Ils étaient là depuis le début, mais je ne les voyais plus, ils faisaient comme partie du décor à présent, empilés sur la table de nuit. Je n'y avais pas touché depuis qu'on était venu me chercher. Avais-je encore le temps de passer à la bibliothèque ? J'hésitai, les ouvrages toujours entre les mains. Je sentis le plastique lisse qui recouvrait l'un d'eux coller à mes doigts.

Je posai les autres sur le lit, ne gardai que celui-là. C'était *L'Apiculteur aveugle*. Je n'avais jamais réussi à le lire jusqu'au bout. Je l'ouvris.

GEORGE

Emma pleurait de nouveau. Elle épluchait des pommes de terre en me tournant le dos et elle pleurait. Les larmes coulaient, elle ne faisait rien pour les retenir, et de temps en temps un petit hoquet lui échappait. Ça lui arrivait souvent en ce moment. Elle pleurait comme à un enterrement, n'importe quand, n'importe où, au-dessus du seau en passant la serpillière, en préparant le repas ou en se brossant les dents. À chaque fois que ça se produisait, je n'avais qu'une envie, fuir.

Par chance, j'étais assez rarement dans la maison. Je bossais du matin au soir. J'avais embauché Rick et Jimmy à temps plein. L'argent, l'argent emprunté, s'évaporait. Peu à peu, j'avais fini par ne plus regarder notre compte en banque. Je n'avais pas le courage de voir le solde s'amenuiser. L'important, pour le moment, était de travailler. Sans boulot, pas de revenus. Je pouvais encore sauver une partie de la récolte. Gagner l'argent qui me permettrait de rembourser l'emprunt.

Je perdais des kilos. Mon corps fondait de jour en jour. Et de nuit en nuit, car je dormais mal. Emma me dorlotait, me préparait des petits plats décorés de tranches de concombre et de fines rondelles de carotte, mais la nourriture n'avait aucun goût, j'avais l'impression d'avoir de la sciure de bois dans la bouche. Je mangeais parce qu'il fallait bien se nourrir, prendre des forces si je voulais trimer. Je savais qu'Emma aurait préféré me servir un steak à chaque repas, mais elle économisait, elle aussi. Nous n'en parlions pas, mais nous étions deux à voir le solde de notre compte se réduire comme peau de chagrin.

L'état de nos finances n'était malheureusement pas le seul sujet dont nous ne parlions pas. Entre nous, la communication semblait au point mort. J'ignorais ce qui nous arrivait. Ma femme me manquait : elle était là, certes, tout en ne l'étant pas. Ou peut-être était-ce *moi* qui étais absent.

Elle reniflait. J'aurais voulu la serrer dans mes bras, comme je le faisais normalement. Mais mon corps regimbait. Toutes ses larmes alimentaient l'immense océan qui nous séparait.

Je sortis de la cuisine à reculons, en espérant qu'elle ne le remarquerait pas.

Mais elle se retourna.

— Tu vois bien que je pleure.

Il n'y avait pas grand-chose à répondre.

— Allez, viens ici, me dit-elle doucement.

C'était la première fois qu'elle me le demandait. Et pourtant, je restai où j'étais.

Elle attendait. Elle tenait encore l'économe dans une main, une pomme de terre dans l'autre. J'attendais moi aussi. Dans l'espoir sans doute que ça passe.

— Tu t'en fiches, gémit-elle tout bas.

— Bien sûr que non, je ne m'en fiche pas, me défendis-je, alors même que j'évitais de croiser son regard.

Elle tendit les bras encore un peu plus haut.

— Pleurnicher est contre-productif, dis-je.

— Ne pas nous consoler est contre-productif.

Elle détournait mes mots, comme souvent.

— Ce n'est pas un câlin qui nous apportera plus de

ruches, répliquai-je. Plus de reines, plus d'abeilles. Plus de miel.

Ses bras retombèrent. Elle me tourna le dos.

— Bon, eh bien, va travailler, alors.

Mais je restai sans bouger.

— Va travailler, je te dis !

Je m'avançai vers elle. D'un pas. Puis d'un second. Je pouvais au moins poser une main sur son épaule. Ça lui ferait sans doute du bien. Ça nous ferait du bien à tous les deux.

Je tendis la main vers son dos. Elle ne le vit pas, elle pelait les pommes de terre, elle en prit une autre dans l'eau sale de l'évier. Elle les épluchait en les faisant tournoyer entre ses doigts, avec des gestes vifs, que l'habitude rendait mécaniques.

La main en l'air, je n'arrivais pas à me résoudre à la toucher.

Au même moment, le téléphone sonna.

Je laissai retomber mon bras et allai répondre.

La voix était jeune, presque celle d'une gamine. Elle me demanda si c'était bien moi. Je confirmai que oui.

— C'est Lee qui m'a donné votre nom, expliqua-t-elle. On était à l'école ensemble.

— Ah bon.

Autrement dit, elle n'était pas aussi jeune que sa voix le laissait penser.

Elle parlait vite. Elle s'exprimait bien, avec aisance. Elle travaillait pour la télé, ils préparaient un film, expliqua-t-elle.

— À propos du CCD.

— Ah bon.

— Le Colony Collapse Disorder. Le syndrome d'effondrement des colonies d'abeilles.

— Je sais ce qu'est le CCD.

— Nous réalisons un documentaire sur la mortalité des

abeilles, et les conséquences d'un tel phénomène. Vous l'avez vous-même vécu intimement.

— Lee vous a dit ?

— On voudrait faire quelque chose d'assez personnel.

— Personnel, ah oui.

— Nous souhaiterions passer une journée avec vous, vous accompagner sur le terrain, que vous nous racontiez ce que vous avez vécu.

— Ce que j'ai vécu ? Il n'y a pas grand-chose à dire.

— Pas grand-chose à dire ? Il me semble que si, au contraire. Et c'est justement ce que nous voulons montrer. Les répercussions que peut avoir un tel phénomène sur chacun d'entre nous. Comment toute une profession peut s'en trouver détruite. Est-ce ainsi que vous l'avez vécu ? J'imagine que ça a été dur ?

— On ne peut pas vraiment dire que j'ai perdu mon boulot.

Son ton tout à coup me déplaisait. J'avais l'impression qu'elle s'adressait à un chien blessé.

— Ah bon ? J'avais cru comprendre que presque toutes vos abeilles avaient disparu.

— Oui, mais je les ai en grande partie remplacées.

— Ah.

Un silence s'ensuivit.

— La durée de vie des ouvrières pendant l'été n'est que de quelques semaines. Mettre en route une nouvelle ruche ne prend donc pas tant de temps que ça.

— Ah, d'accord. C'est donc ce que vous faites en ce moment, vous mettez en route de nouvelles ruches ?

— Exact.

— Super !

— Pardon ?

— On pourra l'utiliser. Génial ! Ça vous va si on vient la semaine prochaine ?

Je raccrochai. Le combiné était humide de sueur. J'allais passer à la télé. J'étais devenu une de ces personnes « qu'on peut utiliser ». Je n'allais pas y couper. J'avais essayé, mais elle s'était montrée plus finaude que moi. Elle était pire qu'Emma.

La télé à l'échelon national. Tout le pays me verrait. Mon Dieu.

Emma était entrée dans la pièce. Elle s'essuyait les mains sur un torchon. Ses yeux étaient rouges mais secs, heureusement.

— Qui c'était ?

Je lui racontai.

— Une interview ? On est vraiment obligés ?

— Pas nous. Ils n'interrogeront que moi.

— Mais pourquoi as-tu accepté ?

— Ça peut aider à faire bouger les choses. Pousser les autorités à réagir, dis-je en me surprenant à reprendre les mots de mon interlocutrice.

— Mais pourquoi nous ?

— Moi, répondis-je durement.

Je me détournai. Elle me fatiguait avec ses questions, ses crises de larmes, à être toujours sur mon dos.

Elle était réapparue. De nouveau, la fatigue m'accablait. Elle ne s'était pas fait sentir durant toutes ces dernières semaines. Depuis la venue de Tom cet hiver. Mais elle était de retour. Si je m'allongeais par terre dans l'entrée, je pourrais m'endormir sur place. Le plancher usé me faisait de l'œil. Je pensais au thermomètre de Tom décoré de nounours. J'aurais souhaité qu'il indique une température élevée, une forte fièvre. Pour que je puisse rester au lit. Un oreiller douillet, une couette chaude, comme un couvercle que l'on poserait sur moi. Prendre la température d'une fièvre qui ne baisserait jamais.

Malheureusement, je ne pouvais pas aller me coucher. Je ne pouvais même pas m'asseoir.

Car les ruches m'attendaient. Vides et grises. Bien trop légères. Il fallait les remplir. Or j'étais le seul à pouvoir le faire. Et maintenant, j'allais passer à la télé. Il fallait que je montre que l'activité battait son plein. Que je ne me laisserais pas abattre par un petit syndrome d'effondrement des colonies d'abeilles.

La combinaison pendait mollement à sa patère. Avec le voile et le chapeau accrochés juste au-dessus et les bottes rangées en dessous, on avait l'impression qu'un homme en deux dimensions se cachait dans le mur. Je pris ma tenue de travail et me changeai. Je remontai la fermeture Éclair, en veillant à ce que tout soit bien fermé ; je me calfeutrai.

— Mais on va bientôt manger, protesta Emma.

Elle me regardait, les mains vides, les bras ballants.

— Je mangerai ce soir.

— Mais c'est un pain de viande. Je t'ai préparé un pain de viande.

— Il y a le micro-ondes.

Sa lèvre inférieure trembla, mais elle ne répondit pas. Pendant que j'enfilais le chapeau et fixais le voile, elle resta juste à me regarder, sans un mot.

Je passai le reste de la journée sur le terrain au bord de l'Alabast River. Au début, j'avais travaillé. Il faisait un temps magnifique, c'en était lassant. Cet énorme soleil dans le ciel, au-dessus du pré en fleurs, n'était pas de circonstance. On aurait cru une photo de calendrier.

Soudain, tout me parut très lourd. Comme si j'avais les bras paralysés. J'étais rompu de fatigue. Je n'étais plus capable que d'une seule chose : marcher. Marcher autour des nouvelles ruches. Vides. Grises. Une montagne géante.

Je restai là jusqu'au retour des premières abeilles, tandis que la nature devenait peu à peu silencieuse.

Alors seulement je partis à l'autre bout du pré. Je le traversai. Sans réfléchir. Mes jambes me portèrent jusqu'aux ruches aux couleurs de fête foraine. Celles qui grouillaient encore de vie.

Pourquoi ces ruches-là avaient-elles été épargnées ? Qui avait décidé qu'elles avaient le droit de vivre ?

Je poussai un profond soupir et m'arrêtai devant une ruche jaune. À chaque fois que je venais contrôler que tout allait bien, c'était comme si je rapetissais. Car à chaque fois, je m'attendais à découvrir le même spectacle. Je m'imaginais les abeilles bourdonnant, apathiques, tout au bas de la ruche ; les hausses vides, la reine seule, entourée de quelques jeunes.

Quelque chose clochait. Ce silence. Cette ruche aussi avait un problème, à coup sûr. Je jetai un coup d'œil au plan d'envol. Quelques abeilles seulement. Pas assez.

Je ne m'en sentais pas la force.

Et pourtant, je n'avais pas le choix.

Les yeux fermés, je saisis le toit. Le soulevai. Le bruit me sauta aussitôt aux oreilles, le bourdonnement, le vrombissement. Comme avais-je pu le rater ? Comment avais-je pu penser qu'il y avait quelque chose d'anormal ? Alors que tout était parfaitement, on ne peut plus normal. Les abeilles s'activaient à l'intérieur. Certaines dansaient. Je distinguai la reine, la marque turquoise sur son dos. Le couvain. Plein de miel clair, doré. Elles travaillaient, elles vivaient. Elles étaient là.

La tête me tournait. Comme j'étais fatigué. Je m'affaissai par terre. Je restai avachi sur le sol. Il était chaud, l'herbe tendre. Mes yeux se fermèrent.

Mais je ne m'endormis pas. Car j'avais la poitrine très oppressée. Toutes les larmes versées par Emma déferlaient dans ma direction. L'eau montait. Clapotait contre mes pieds.

Je déglutissais sans fin. Je n'arrivais plus à respirer. Je me noyais. Redoublant d'efforts, je me relevai et restai à regarder les abeilles, qui luttaient elles aussi pour leur survie. Quotidiennement. Depuis toujours. Pour nourrir les larves, avoir suffisamment de pollen, de miel.

Elles mourraient, elles aussi. Je ne pouvais pas continuer comme ça. À chaque fois que j'ouvrirais une ruche, ce serait pareil. J'éprouverais la même chose, qu'elles soient vivantes ou non. À quoi bon ?

À quoi bon ?!

Tous mes muscles se contractèrent. Toutes mes forces convergèrent sur une de mes jambes, sur mon pied, et soudain celui-ci partit en avant.

La ruche s'écrasa au sol avec fracas et une nuée d'abeilles jaillit dans l'air.

Je secouai les rayons. Les abeilles étaient partout à présent. Furieuses et affolées. Elles cherchaient à m'attaquer, à se venger. Je les piétinais, je piétinais le couvain, leurs petits. Mais le bruit était étouffé, presque inaudible. Contrairement à celui du verre brisé. Je continuais malgré tout. Je continuais à les détruire. À les écraser. À leur arracher les ailes. Car elles me détruisaient.

Comme c'était facile, m'apparut-il soudain.

Nous pouvions nous anéantir mutuellement.

Je me trouvais au milieu d'une nuée d'abeilles furieuses. Elles se déchaînaient contre moi.

Comme c'était facile.

Je levai la main vers la fermeture Éclair, le voile.

Il suffisait de le soulever.

D'enlever le chapeau.

Les gants.

De baisser d'un coup sec la fermeture Éclair, d'ôter la combinaison.

De se débarrasser des bottes.

Et de rester là, de les laisser faire le boulot.

Elles me piqueraient pour se défendre. Elles planteraient leur dard en moi, donneraient leur vie pour m'ôter la mienne. Et cette fois-ci, mon père ne serait pas là pour me prendre dans ses bras et s'enfuir avec moi tandis que la nuée d'abeilles nous pourchasserait jusqu'à la rivière dans laquelle nous plongerions tête la première et attendrions qu'elles se calment.

Cette fois-ci, je tomberais. Je resterais couché à terre. Le poison circulerait dans mes veines. Je les laisserais me piquer et, si elles s'arrêtaient, je leur donnerais des coups de pied, avec mes orteils nus, je les piétinerais, afin qu'elles continuent, me piquent jusqu'à ce que je devienne méconnaissable.

Elles tiendraient leur vengeance. Elles la méritaient.

Et puis tout serait terminé.

Allez.

Maintenant.

Mes doigts saisirent le voile. L'étoffe fine sous les gants épais.

Je le soulevai.

Allez, maintenant !

Et puis…

Des pas dans le pré. Quelqu'un cria.

Il se dirigeait vers moi.

Tranquillement, d'abord, puis il accéléra. Haussa la voix.

En combinaison blanche. Le chapeau, le voile. Tout habillé, prêt à travailler. Une fois encore, il était venu sans prévenir. Ou peut-être Emma était-elle au courant.

Il était venu. Il était rentré. Pour de bon ?

Il courait maintenant. Me voyait-il ? Voyait-il ce qui était sur le point de se produire ?

Ses cris redoublèrent. Fendirent l'air.

— Papa ? Papa !

Tao

Le garçon et son père se tenaient derrière moi quand j'introduisis la clé dans la serrure et ouvris la porte sur une pièce plongée dans l'obscurité.

Le blouson de Kuan n'était pas suspendu au portemanteau dans l'entrée. Ses chaussures n'étaient pas là.

J'allai voir dans la salle de bains.

Son étagère au-dessus du lavabo était vide. Il ne restait plus qu'une trace de savon à l'endroit où se trouvait autrefois son rasoir.

Il avait déménagé sans rien dire. Parce qu'il le souhaitait ? Parce qu'il pensait que c'était ce que moi je souhaitais ? Parce que tout en moi lui rappelait Wei-Wen, comme tout en lui me rappelait notre enfant ?

Parce qu'il m'en voulait ?

Encore une personne qui avait disparu. Seulement, cette fois-ci, je ne pourrais pas me lancer à sa recherche. Ni le contacter pour lui poser des questions. C'était son choix, je n'avais pas le droit de le remettre en cause. Car c'était toujours ma faute.

Le garçon et son père étaient restés dans le couloir. Ils me regardaient, dans l'expectative, il fallait que je leur dise quelque chose.

— Vous pouvez prendre la chambre à coucher.

Je posai mon sac sur le sol du séjour et fis mon lit sur le canapé. J'entendais le garçon parler dans la pièce voisine. Sa voix excitée me parvenait par intermittence ; régler des détails pratiques lui donnait de l'énergie. Il avait retrouvé un avenir. Toute noirceur en lui s'était dissipée. Ou peut-être avais-je simplement accordé trop d'importance à ses mots de la veille. En y projetant mes propres pensées.

J'allai à la fenêtre. La palissade était toujours là. Un hélicoptère sillonnait le ciel. Les abeilles étaient encapsulées, comme dans un cocon ; il était hors de question qu'une seule d'entre elles s'échappe. Pas tant qu'elles ne s'étaient pas reproduites, en très grand nombre, et que la situation n'était pas totalement sous contrôle. Telle était la volonté de Xiara.

Elle voulait les domestiquer. Elle y voyait notre salut. Elle voulait les apprivoiser, comme elle m'avait apprivoisée. Et je m'étais laissé faire. C'était le plus simple. La suivre, ne pas réfléchir.

Dans la chambre, le garçon s'esclaffa. C'était la première fois que je l'entendais rire. Un rire si jeune, si cristallin... Je leur avais apporté quelque chose, à lui et à son père. Le bruit s'amplifia, et je trouvai soudain plus facile de respirer. Quand quelqu'un avait-il ri ici pour la dernière fois ?

Derrière moi, il y avait mon sac. Et dans mon sac, il y avait le livre. Je ne l'avais pas rendu. Je l'avais lu en entier, de bout en bout. Où que j'aille, ses mots désormais m'accompagnaient, mais que devais-je en faire ? Je l'ignorais. C'était trop lourd, je ne m'en sentais pas capable.

Ils aménageaient la place, la dégageaient. Une estrade fut dressée, des caméras furent installées. Plusieurs équipes travaillaient en même temps, car le discours serait retransmis dans le monde entier. Une chargée de production énergique dirigeait tous ces gens. Elle demanda qu'on mette à l'arrière-plan des piles de corbeilles remplies de poires fraîchement cueillies. N'était-ce pas un peu exagéré ? Mais peut-être fallait-il en passer par là.

On m'avait octroyé une loge. Une femme m'apporta quelques vêtements. Je pouvais choisir la tenue que je préférais. Rien de tape-à-l'œil, mais tous ces habits étaient flambant neufs. Leur coupe sobre évoquait celle de l'uniforme du Parti, autrefois, comme pour rappeler au public d'où je venais, que j'étais l'une des leurs, une femme du peuple.

— C'est du coton, m'informa la femme. Du coton recyclé.

Je n'avais jamais eu de vêtements en coton. Chaque mètre de ce tissu coûtait un mois de salaire. J'optai pour un tailleur bleu, je le passai. L'étoffe respirait, je la sentais à peine sur ma peau. On aurait pu me prendre pour l'une des leurs. Non plus pour une ouvrière dans les champs, mais pour une Xiara bis. Celle que j'étais peut-être censée devenir.

Je me retournai, regardai par-dessus mon épaule dans le miroir, la veste tombait bien au niveau des épaules, le pantalon était parfaitement ajusté au niveau des hanches. Je tirai un peu sur les manches, elles s'arrêtaient pile là où il fallait.

Puis je croisai mon propre regard. Mes yeux… Comme ils ressemblaient aux siens. Mais qui étais-je ? Je fixai mes pieds. Wei-Wen n'avait jamais possédé le moindre vêtement en coton. Il n'avait jamais possédé le moindre vêtement en coton, et sa courte vie n'avait eu aucun sens.

Je me forçai à relever la tête, à m'examiner. De nouveau, un pantin me renvoya mon regard.

Non. Brusquement, le tissu me grattait. J'enlevai le chemisier, puis le pantalon, et je les abandonnai par terre.

Sa vie devait avoir un sens. Et je savais comment faire pour que ce soit le cas.

J'enfilai mon pull élimé, mon vieux pantalon, je le boutonnai rapidement et je laçai mes chaussures.

Puis j'attrapai mon sac et je sortis de la loge au pas de

course. J'allai voir la chargée de production, je lui saisis le bras.

— Où est Li Xiara ? Il faut que je lui parle.

On lui avait attribué le plus grand bureau dans le bâtiment du comité local. Trois hommes furent chassés de la pièce à mon arrivée, même si la discussion n'était de toute évidence pas terminée.

Xiara bondit de sa chaise, s'avança vers moi, chercha à m'amadouer avec un de ses doux sourires, mais cette époque était désormais révolue.

— Tenez.

Je lui tendis le livre.

Elle le prit, mais ne l'ouvrit pas, elle n'y jeta même pas un coup d'œil.

— Tao, je suis impatiente d'entendre votre discours.

— Il faut absolument que vous lisiez ce livre.

— Si vous souhaitez le répéter encore une fois, ce sera avec plaisir. Sa teneur. Peut-être devrions-nous reformuler quelques phrases…

— Je vous demande juste de le lire, insistai-je.

Elle baissa enfin les yeux sur l'ouvrage, passa un doigt sur le titre.

— *L'Apiculteur aveugle* ?

Je hochai la tête.

— Je ne ferai rien, je ne prononcerai aucun discours tant que vous ne l'aurez pas lu.

Elle leva les yeux.

— Pardon ?

— Vous faites tout de travers.

Ses yeux s'étrécirent.

— Nous faisons tout ce que nous pouvons.

Je me penchai vers elle et chuchotai, en soutenant son regard :

— Elles mourront. De nouveau.

Elle me dévisageait en silence. J'attendais une réponse de sa part, qui ne vint pas. Réfléchissait-elle ? Était-elle en train d'assimiler ce que je venais de lui dire ? Mes propos revêtaient-ils même une quelconque importance à ses yeux ? Je sentis la colère sourdre en moi. Pourquoi n'était-elle pas fichue de me répondre ?

Je ne pouvais pas rester dans cette pièce une seconde de plus. Je tournai les talons et me dirigeai vers la porte quand, enfin, elle réagit.

— Attendez !

Elle ouvrit le livre et le feuilleta tranquillement, jusqu'à la page de titre.

— Thomas Savage.

Elle jeta un coup d'œil au nom de l'auteur.

— Américain ?

— C'est le seul livre qu'il ait écrit, m'empressai-je de préciser. Mais il n'en est pas moins important pour autant.

Elle leva la tête et m'observa de nouveau. Ensuite, du menton, elle désigna un siège.

— Asseyez-vous et parlez-moi de lui.

Je commençai par débiter mon histoire à toute allure, de façon saccadée et en sautant du coq à l'âne. Puis je compris qu'elle me laissait le temps. À plusieurs reprises, on frappa à la porte, beaucoup de gens désiraient la voir, mais elle leur demanda à tous de repasser plus tard. Peu à peu, je me calmai.

En quelques mots, je lui présentai l'auteur, Thomas Savage. Le livre s'inspirait de sa propre expérience. Dans la famille Savage, on était apiculteur depuis des générations. Son père avait été l'une des premières victimes de l'Effondrement et l'un des derniers à jeter l'éponge. Jusqu'au bout, Savage avait travaillé à ses côtés. Ils s'étaient convertis assez tôt au bio, à la demande du fils ; ils ne transportaient jamais les abeilles sur de longues distances, ne prélevaient pas plus de miel que nécessaire. Et pourtant, ils n'avaient pas été épargnés. Les abeilles mouraient. Chaque année, le même scénario se répétait. Pour finir, ils furent obligés de vendre la ferme. À ce moment-là seulement, alors qu'il était âgé d'une cinquantaine d'années, Savage se lança dans l'écriture d'un livre où il parlait de tout ce qu'il avait vécu, du futur. *L'Apiculteur aveugle* était visionnaire, mais néanmoins concret, car il s'appuyait sur l'expérience de toute une vie.

Le livre sortit en 2037, huit ans seulement avant que l'Effondrement ne devienne une réalité. Son auteur prédisait déjà où tout cela nous mènerait et comment nous pourrions, éventuellement, nous relever.

Quand j'eus terminé, Xiara garda le silence. Elle avait les mains à plat sur le livre. Son regard, impossible à déchiffrer, était rivé sur moi.

— Vous pouvez disposer.

Me jetait-elle dehors ? Si je refusais, irait-elle chercher les gardes en leur donnant pour ordre de me reconduire chez moi ? Exigerait-elle que je reste confinée dans mon appartement jusqu'à l'heure de monter sur scène et me forcerait-elle ensuite à prononcer ce discours et tous ceux qui suivraient ? M'obligerait-elle à aller à l'encontre de mes convictions ?

Elle se contenta de tourner les pages jusqu'au premier chapitre et se plongea dans sa lecture.

Je restai plantée là, sans savoir quoi faire. Alors elle releva les yeux, m'indiqua la porte d'un signe de tête.

— Maintenant, je souhaiterais être seule. Merci.

— Mais…

Elle posa une main sur le livre, comme pour le protéger.

— Moi aussi, j'ai des enfants, murmura-t-elle.

William

Même en lambeaux, la tapisserie jaune m'agressait. Et aujourd'hui, comme tous les jours, elle chantonnait, un murmure mélodieux et discret, alors qu'elle balayait le sol avec des gestes précis. J'étais couché, face à la fenêtre, des feuilles marron voletaient devant les carreaux.

Elle ramassa la poussière à l'aide d'une pelle, la déposa près de la porte et se tourna vers moi.

— Souhaitez-vous que j'aère votre édredon, père ?

Sans attendre ma réponse, elle l'ôta prestement. Je me sentais nu dans ma simple chemise de nuit, mais elle avait les yeux ailleurs.

Elle ouvrit la fenêtre, l'air s'engouffra dans la pièce. Depuis la veille, le temps s'était rafraîchi. Les poils de mes jambes se hérissèrent.

Elle secoua l'édredon avec des mouvements amples, le faisant gonfler comme une voile. Quand elle eut terminé, elle l'étendit sur moi. Le tissu était aussi froid que l'air l'extérieur. Puis elle tira une chaise près du lit.

— Souhaitez-vous que je vous fasse la lecture ?

Elle n'attendit pas la réponse, elle n'attendait jamais la réponse. Elle se dirigea simplement vers la bibliothèque, où les ouvrages étaient de nouveau bien rangés, hésita un instant en effleurant les livres de son index. Puis elle s'arrêta, en choisit un.

— Celui-ci.

Je ne voyais pas le titre et elle ne prit pas la peine de me le montrer, elle avait compris que c'était inutile. L'important n'était pas ce qu'elle lisait, mais qu'elle lise.

— Charlotte, chuchotai-je de cette voix rouillée de vieil homme qui n'était pas la mienne. Charlotte…

Elle leva les yeux. Secoua doucement la tête. Ce n'était pas la peine. Je l'avais déjà répété tellement de fois, elle savait parfaitement ce que je m'apprêtais à lui dire, que j'allais la supplier de partir. De me quitter. De penser à elle. De vivre, non pas pour moi, mais pour elle.

Sa réponse était invariablement la même, alors j'insistais, je ressassais mon petit discours. En vain.

Elle voulait rester auprès de moi.

Sa voix qui emplissait la pièce se mêlait à l'air frais automnal, mais je n'avais pas froid. Ses paroles m'enveloppaient. Elle était maintenant partie pour lire longuement, imperturbablement.

Je tendis la main en sachant qu'elle la saisirait.

Aujourd'hui comme les autres jours, elle était assise à mon chevet, sa main dans la mienne, tandis que les mots se répandaient dans le silence. À cause de moi, elle gaspillait sa salive, perdait son temps, gâchait sa vie. Ces seules raisons auraient dû m'inciter à reprendre pied. Mais j'en étais incapable. On m'avait ôté toute volonté, privé de ma passion… ou plutôt, je les avais perdues, l'une et l'autre.

Soudain, un bruit nous parvint de l'étage inférieur. Un bruit que je n'avais pas entendu depuis des années. Des pleurs de nourrisson. Un bébé ? Pas le mien, en tout cas. Avions-nous de la visite ? Mais de qui ? Cela faisait des mois que je n'avais pas entendu de voix étrangères dans la maison.

Charlotte interrompit sa lecture. Elle se pencha en avant, comme prête à bondir.

Quelqu'un berçait l'enfant. Thilda ?

Ce dernier geignit mais, à force de cajoleries, peu à peu, se calma.

Charlotte se laissa retomber contre le dossier de sa chaise et reprit sa lecture.

Je fermai les yeux. Je sentais sa main sur la mienne et ses mots ondulaient dans l'air. Elle lisait et je demeurais silencieux, la bénissant pour ses attentions.

Puis les gémissements de l'enfant repartirent de plus belle. Charlotte s'arrêta, retira sa main.

Les pleurs redoublèrent, désespérés, inconsolables, ils transperçaient les murs.

Elle se leva, posa le livre et se précipita vers le palier.

— Je suis désolée, père.

Elle ouvrit la porte. Les pleurs envahirent la chambre.

— Ce bébé…, dis-je.

Elle s'arrêta sur le seuil. Je cherchai mes mots.

— Nous avons de la visite ?

Elle secoua vivement la tête.

— Non… je… Cet enfant fait désormais partie de notre famille.

— Mais comment… ?

— Sa mère est morte en couches. Et le père… est incapable de s'en occuper.

— Qui est-ce ? Est-il ici ?

— Non, père…

Elle hésita.

— Il est à Londres.

Subitement, je compris. Je me redressai dans le lit, cherchant à la regarder d'un air sévère, exigeant d'elle la vérité.

— C'est son fils, n'est-ce pas ? Le fils d'Edmund ?

Ses yeux papillotèrent. Elle ne répondit pas, mais c'était inutile.

— Désolée, répéta-t-elle.

Puis elle sortit, sans refermer la porte derrière elle. Je l'entendis descendre l'escalier à pas rapides et traverser hâtivement la pièce en bas.

— J'arrive.

Elle s'arrêta.

— Donne-le-moi…

Sa voix se fit plus douce.

— Voilà… comme ça… comme ça… chuuut…

Et puis.

Son chant discret, son murmure mélodieux.

Enfin, elle ne chantait plus pour moi.

Enfin. Elle chantait pour l'enfant qu'elle berçait doucement dans ses bras.

George

Les tremblements. Ils ne me quittaient pas. Ils persistèrent pendant des jours.

J'avais du mal à tenir mes couverts. Emma le voyait, mais ne disait rien. J'avais du mal à manipuler les outils, le tournevis m'échappait des mains, la scie partait de travers.

Chaque matin, je me réveillais avec de la tachycardie.

Je quittais le lit, je descendais et je le croisais. Il se contentait de lever les yeux et de m'adresser un signe de tête, avant de se replonger dans son livre. Mais ça ne me dérangeait pas.

Car *lui* ne tremblait pas.

Il n'hésitait pas. Même quand il feuilletait un ouvrage, ses gestes étaient sûrs, déterminés et calmes. Il tenait sa tasse de café d'une main ferme. Il se dirigeait vers le pré, les ruches, en marchant d'un pas égal, les pieds bien ancrés dans le sol.

Et je le suivais. Agité de tremblements, en permanence.

Cependant, à force de le voir marcher dans le pré, de le voir saisir les caisses en poussant sur ses jambes et non en tirant sur son dos, de le voir fléchir les genoux, soulever, poser, et recommencer inlassablement, peu à peu mes tremblements s'atténuèrent. Avec le temps, il devint plus facile de tenir ma fourchette.

Et puis un jour, alors que nous centrifugions le miel sous le doux soleil d'automne, bas dans le ciel, aussi doré que les gouttes que nous récoltions en secouant les cadres, je me rendis compte qu'ils avaient disparu. Les tremblements avaient disparu.

Je travaillais à gestes calmes et assurés. Comme lui. À côté de lui.

À l'unisson.

TAO

La ruche était gardée, mais on avait enlevé la tente : tout le monde pouvait la voir, à présent, en bordure de champ, en lisière de forêt.

Les gens, attroupés à bonne distance, regardaient tranquillement les abeilles. Personne ne les craignait, elles ne représentaient aucun danger, l'allergie de Wei-Wen était un cas à part. Nous étions entourés de fleurs, de jeunes buissons rouges, roses, orange : l'univers merveilleux que j'avais entrevu sous la tente s'étendait désormais jusque dans les champs, où les arbres fruitiers avaient été abattus et remplacés par de nouvelles plantes.

Les militaires étaient repartis, on avait démantelé la palissade, démonté la tente. La bulle protectrice avait volé en éclats et les abeilles vivaient désormais parmi nous. Elles pouvaient se promener là où elles le souhaitaient, en toute liberté.

La ruche se trouvait à dix mètres de moi, à l'ombre, éclairée par le soleil qui filtrait à travers le feuillage des arbres ; elle se situait à proximité de l'endroit où le premier essaim avait été découvert, à proximité de l'endroit où Wei-Wen avait été piqué. Elle était l'exacte réplique de la ruche de Savage que Thomas Savage avait reproduite dans *L'Apiculteur aveugle*, un modèle qui était dans sa famille depuis 1852, mais dont les plans avaient disparu dans les méandres de l'histoire. Savage, qui se souvenait de ses dimensions et de son apparence, les avait restituées. Ces ruches étaient à l'origine réservées à la production de miel et à l'observation. Leur inventeur les avait conçues dans l'espoir de domestiquer les abeilles.

Or les abeilles ne se domestiquent pas. On ne peut que les élever et en prendre soin. La ruche n'en demeurait pas moins un bon foyer pour elles. Tout y était pensé pour favoriser leur reproduction. Et on ne devait en aucun cas toucher au miel, le récolter ou l'exploiter. Il fallait le laisser être ce à quoi il était naturellement destiné : de la nourriture pour les larves.

De ma vie, je n'avais jamais entendu un son semblable. Les abeilles entraient, sortaient, entraient, sortaient. Elles apportaient le nectar et le pollen qui servaient à alimenter les petits. Non pas les leurs, mais ceux de la colonie, car les abeilles travaillaient de concert pour l'organisme qu'elles formaient.

Le bourdonnement ondulait dans l'air, faisait vibrer quelque chose en moi. Ce son m'apaisait, m'aidait à respirer.

Je restai là, à essayer de suivre des yeux les abeilles, de suivre le trajet de chacune d'entre elles, alors qu'elles volaient de la ruche jusqu'aux fleurs, puis de fleur en fleur, avant de retourner à la ruche. Mais à chaque fois, je les perdais de vue. Elles étaient trop nombreuses, je n'arrivais pas à comprendre les lois qui régissaient leurs déplacements.

Je posai donc mon regard sur l'ensemble de la ruche, et la vie tout autour, cette vie dont elles prenaient si grand soin.

Je sentis soudain une présence, non loin de moi. Je tournai la tête. Kuan. Il observait la ruche avec curiosité, en tendant le cou pour mieux voir. Puis il m'aperçut.

— Tao…

Il s'avança vers moi. D'une démarche inconnue, plus lourde, comme s'il était déjà vieux.

Nous étions maintenant l'un en face de l'autre. Il soutint mon regard, il ne baissa pas les yeux, comme il le faisait si souvent. Ses yeux cernés de noir. Il avait les traits tirés, il était pâle.

Il me manquait. Celui qu'il avait été me manquait. Sa nature lumineuse, sa légèreté, la satisfaction, la joie que lui procurait l'enfant qu'il avait eu. Et l'enfant qu'il aurait. J'aurais aimé prononcer les paroles susceptibles de raviver la lumière en lui, mais je ne trouvai pas les mots.

Notre attention se reporta sur la ruche. Nous nous tenions côte à côte, nos mains se frôlaient presque, mais aucun d'entre nous ne saisit celle de l'autre, nous étions comme deux adolescents timides. La chaleur entre nous. Elle était revenue.

Une abeille vola devant nos yeux en bourdonnant, à un mètre seulement, puis elle vira à droite, dans un mouvement qui ne semblait pas prémédité, passa entre nous – je sentis le courant d'air sur ma joue – avant de disparaître en direction des fleurs.

Il prit alors ma main.

Ma respiration s'accéléra. C'était lui qui faisait le premier pas, cette fois-ci.

Enfin, il me touchait. Ma main était petite dans la sienne. Il partageait sa chaleur avec moi.

Sans rien dire, main dans la main, nous contemplions la ruche.

Et puis.

Enfin, il proféra les mots que j'avais tant souhaité entendre.

Tout bas mais distinctement, avec une gravité qui ne lui ressemblait guère. Non pas comme un discours qu'il se sentait obligé de débiter, mais comme des paroles qu'il pensait sincèrement :

— Ce n'était pas ta faute, Tao. Ce n'était pas ta faute.

Après avoir dit au revoir à Kuan, je redescendis la colline en suivant les ornières. Les abeilles vibraient toujours en moi. Ses mots avaient comme délié mes propres pensées.

Peu à peu je ralentis l'allure, puis m'arrêtai au milieu des arbres fruitiers. Tout était ouvert, il ne restait plus aucune trace de la palissade, des militaires, tout était comme auparavant, comme l'année précédente à la même époque. Il neigeait des feuilles jaunes. Le sol en était tapissé, et les arbres seraient bientôt nus. Les poires avaient été récoltées, soigneusement cueillies et emballées. Des poires en or.

Mais j'entrapercevais des changements à l'horizon. Les alignements sans fin de fruitiers étaient rompus. Les ouvriers étaient en train de déterrer les racines et d'arracher les arbres. La vision de Thomas Savage devenait enfin réalité. La nature allait pouvoir reprendre ses droits et la forêt s'étendre. D'autres végétaux seraient plantés, tandis que de vastes espaces demeureraient en friche.

Et maintenant, je voulais bien le faire. Prononcer un discours, comme elle le souhaitait. Car je le souhaitais moi aussi, je souhaitais parler de Wei-Wen. De ce qu'il représentait pour nous tous, de ce qu'il était appelé à devenir. Sa photo avait été imprimée sur de grandes bannières déployées sur la place, sur des affiches placardées aux murs des maisons, sur des étendards au-dessus de l'entrée des bâtiments publics.

Il s'agissait de l'une des rares photos que nous avions de lui. Elle était floue, terne, avec un fond gris, neutre, mais sur les affiches les couleurs étaient plus claires, les contrastes plus marqués et ses yeux plus lumineux.

Cette photo nette aux couleurs vives était ce que le monde voyait, et c'était justement de cette image que j'avais l'intention de parler. Et non de Wei-Wen. Lui, je ne le partagerais pas. Ces gens-là ne sauraient rien de sa fougue, de son entêtement, de son caractère bravache. Ils ne sauraient pas qu'il se réveillait parfois en chantant, plein d'entrain.

Ils n'entendraient jamais parler de son nez de petit garçon de trois ans qui coulait sans arrêt, de ses pantalons trempés de pipi qu'il fallait changer, de ses pieds glacés qu'il demandait qu'on lui frictionne, ou de ce que l'on éprouvait en sentant son corps chaud de sommeil contre soi la nuit. Pour eux, Wei-Wen n'évoquerait jamais cela. C'est pourquoi il ne servait à rien d'en parler. C'est pourquoi parler de l'enfant qu'il *avait été* ne servait à rien. Peu importaient la chair, le sang, les fluides corporels, les signaux nerveux, les pensées, les peurs et les rêves d'un simple individu. Ainsi que les rêves que j'avais nourris pour lui. Ce qui comptait, c'était que ces rêves deviennent réalisables. Et qu'ils soient partagés par nous tous.

Dans tout ça, Wei-Wen jouerait un rôle majeur. Sa photo. Le garçon au foulard rouge, son visage : il incarnait la nouvelle époque. Pour des millions de personnes, sa bouille ronde, ses grands yeux levés au ciel, un ciel d'un bleu intense, seraient associés à un seul mot. Un seul sentiment, fédérateur : l'espoir.

Remerciements

Je tiens ici à remercier vivement tous les spécialistes qui ont pris le temps de lire le manuscrit et de répondre à mes questions : les historiens Ragnhild Hutchison et Johanne Nygren, la spécialiste de la Chine Tone Helene Aarvik, le zoologiste Petter Bøckman, le médecin Siri Seterelv, le consultant senior auprès de Norges Birøkterlag (l'Union nationale de l'apiculture) Bjørn Dahle, la consultante de Bybi Ragna Ribe Jørgensen, l'essayiste Roar Ree Kirkevold, les apiculteurs Ingar Tallakstad Lie et Per Sigmund Bøe, et surtout Isaac Barnes de la Honeyrun Farm en Ohio.

Merci aussi à toutes les personnes engagées qui ont lu, commenté et soutenu mon travail en cours de route : Hilde Rød-Larsen, Joakim Botten, Vibeke Saugestad, Guro Solberg, Jørgen Lunde Ronge, Mattis Øybo, Hilde Østby, Cathrine Movold, Gunn Østgård et Steinar Storløkken.

Et enfin, je tiens à remercier mon éditrice éclairée, Nora Campbell, et tous ses formidables collègues chez Aschehoug, qui dès le premier jour ont témoigné un immense enthousiasme pour *Une histoire des abeilles*.

Je me suis appuyée sur de nombreuses sources pour écrire ce roman. Parmi les plus importantes, citons les ouvrages spécialisés *The Hive* de Bee Wilson, *Ingar'sis birøkt* de Roar

Ree Kirkevold, *Langstroth's Hive and the Honey-Bee* de Rev. Lorenzo Lorraine Langstroth, *A World without Bees* d'Allison Benjamin et Brian McCallum, *Det nye Kina* de Henning Kristoffersen, ainsi que les films documentaires *Vanishing of the Bees*, *More than Honey*, *Who Killed the Honey Bee, Silence of the Bees* et *Queen of the Sun.*

Oslo, mai 2015
Maja Lunde

Composition et mise en pages
Nord Compo à Villeneuve-d'Ascq

MIXTE
Papier issu de
sources responsables
FSC™ C003309
www.fsc.org

Dépôt légal : août 2017

Achevé d'imprimer en France par EPAC Technologies

N° d'édition: 4550414334217

Dépôt légal: août 2017